KB266561

로봇과 살아갈 아이의 세상

글 김영란

로봇과 살아갈 아이의 세상

좋은땅

로봇이 곁에 서는 시대,

우리 아이는 어떤 어른이 될까?

이 작고 부드러운 손이 앞으로 어떤 세상을 만지며 살아가게 될까?

내가 자랄 때만 해도 세상은 사람의 손으로 천천히 움직이던 곳이었습니다. 전화는 집에만 있었고 답을 모르는 질문은 사전에서 찾아야 했고 일은 시간이 걸리는 만큼 묵직한 의미를 품고 있었습니다. 그런데 지금의 아이는 태어나자마자 화면을 먼저 배우고 말보다 빠르게 검색하고, 사람보다 인공지능과 먼저 대화를 나눕니다.

기계가 사람의 일을 대신하는 시대 세상은 더 편리해졌고, 더 빠르게 변하고 있습니다. 그 변화 앞에서 나는 종종 작아지는 모습이 보입니다.

아이는 과연 자기만의 자리를 찾아 살아갈 수 있을까?

아이의 미래를 생각하면 마음이 자주 조급해집니다.

뒤처질까 봐, 상처받을까 봐, 길을 잃을까 봐. 그래서 더 많은 것을 시키고, 더 앞서가게 하고, 더 안전한 길로 몰아 주고 싶어집니다. 그런데 그렇게 바쁘게 아이를 미래로 밀어 넣을수록 나는 자꾸 현재의 아이를 놓치고 있다는 느낌이 들었습니다.

어느 날 아이가 울면서 이렇게 말했습니다.

로봇은 혼나도 안 슬프지?

순간 나는 아무 말도 할 수 없었습니다.

맞아요, 로봇은 혼나도 슬프지 않습니다.

하지만 아이는 슬픕니다. 아주 깊게, 오래, 그리고 진짜로 그때 깨달았습니다. 아무리 세상이 변해도 아무리 기술이 발달해도 아이가 느끼는 기쁨, 두려움, 외로움, 설렘, 좌절, 기대는 그 무엇으로도 대신할 수 없다는 것을 압니다. 로봇은 계산할 수 있지만, 아이의 마음은 계산으로 자라지 않습니다. 인공지능은 정답을 내놓을 수 있지만, 아이의 삶에는 언제나 정답 없는 순간이 찾아옵니다.

이 아이에게 정말 필요한 준비는 무엇일까.

더 많은 문제집일까, 더 빠른 선행일까,

아니면 넘어졌을 때 다시 일어날 수 있는 마음일까.

틀렸을 때 스스로 미워하지 않는 힘일까.

혼자일 때도 자신을 잃지 않는 용기일까.

이 책은 완벽한 미래를 준비하는 방법을 알려 주지는 않습니다. 대신, 불완전한 세상을 살아갈 아이의 마음을 어떻게 지켜 줄 것인지 부모로서 매일의 일상생활 속에서 무엇을 놓치지 말아야 하는지를 천천히 함께 생각해 보려 합니다. 로봇이 옆에 서 있는 시대에도 아이의 곁에 끝까지 남아 있어야 할 존재는 여전히 사람, 그리고 부모이기 때문입니다. 오늘도 완벽한 엄마는 아니지만, 아이의 마음 곁에 머물 줄 아는 엄마로 하루를 살아가고 싶습니다.

이 책은 그 다짐에서 시작되었습니다.

교육학 박사 **김 영 란**

차례

AI 시대,
우리 아이
어떻게 키울까?

1.

우리 아이, 지금 무엇을 배워야 할까?

부모라면 한 번쯤 이런 고민을 합니다.

우리 아이, 지금 공부만 시키면 되는 것일까?

AI가 다 아는 세상에서, 아이가 꼭 배워야 할 건 무엇일까?

사실 지금 우리 아이에게 필요한 건 단순한 지식보다 스스로 배우고 생각하는 힘입니다. AI가 대신할 수 없는 능력, 즉 질문하고 해결하는 힘, 협력하고 공감하는 능력, 실패해도 다시 도전하는 힘이 아이의 미래를 결정합니다. 하루 10분이라도 아이가 관심 있는 주제를 함께 찾아보고 이야기해 봅니다.

AI 시대, 아이가 무엇을 배워야 하는가는 과거와 크게 달라졌습니다. 지식을 암기하는 시대는 끝났고, 이제는 지식과 활용력, 그리고 인성을 함께 갖춘 아이가 미래를 주도하게 됩니다.

아동이 살아갈 인공지능(AI) 시대에 아이를 어떻게 지도하고 교육해야

로봇과 살아갈 아이의 세상

하는지 여러 가지로 고민이라면 급속도로 성장하고 있는 미래 사회에서 살아갈 방법을 가르쳐야 합니다. 삶의 기본적인 도덕적 태도, 생각하고 실천하는 창의적인 사고, 자기감정 절제할 수 있는 능력을 가르쳐 주는 것이 중요합니다.

인공지능이 많은 일을 대신하게 될 미래에는 단순한 지식보다 사람만이 할 수 있는 능력이 더욱 중요해질 것입니다. 아이의 하루 속에서 작은 순간들을 함께 바라보는 것만으로도 부모와 아이 사이에는 특별한 연결이 생깁니다. 예를 들어, 아이가 작은 벌레를 바라보며 호기심을 보일 때, 잠시 시간을 내어 아이와 함께 그 벌레를 관찰하여 아이와 공감을 형성해 봅니다. 아이가 "왜 이렇게 움직일까?"라고 묻는다면, 바로 답을 알려 주기보다 아이에게 왜 그럴까? 어떻게 생각해? 같은 질문을 던져 생각을 열어 줍니다. 아이가 자신 생각을 말할 때, 그것이 정답이든 아니든, 과정 자체를 함께 즐기며 그렇게 생각했구나, 재미있네! 하고 인정해 줍니다. 또한, 아이가 스스로 해 볼 수 있는 작은 도전을 만들어 줍니다. 블록을 쌓거나, 간단한 실험을 해 보거나, 종이로 무엇인가를 만들어 보는 활동처럼 작은 문제를 해결하는 경험을 자주 하게 하면, 아이는 내가 해냈다는 자신감을 조금씩 쌓아 갑니다.

이때 결과가 완벽하지 않아도 괜찮습니다.

부모의 칭찬은 결과가 아니라 아이가 시도한 노력과 생각 과정에 집중되어야 합니다. 핵심은 아이가 자신의 속도대로 호기심을 따라가고, 스스로 질문하며, 작은 도전을 즐길 수 있도록 지켜봐 주는 것입니다.

지금 당장은 아주 짧은 관찰 시간, 몇 가지 질문, 작은 실험만으로도 충분합니다.

아이에게 이런 경험을 허용하고 존중해 주는 것만으로도, 아이는 점점 더 자신만의 생각과 호기심을 마음껏 펼칠 힘을 가지게 됩니다. 아이의 호기심을 존중하는 부모의 작은 실천은 아이를 행복하게 합니다.

아이에게는 매일 작지만 소중한 호기심의 순간들이 있습니다. 그 순간을 함께 바라보고, 느끼고, 이야기 나누는 것만으로도 아이에게 큰 힘이 됩니다.

지금 당장은 아주 짧은 시간, 작은 호기심과 질문을 존중하는 것만으로도 아이는 큰 자신감과 배움의 힘을 키워 갈 수 있습니다.

1) 생각 잘하고 문제 잘 푸는 똑똑한 힘 기르기

질문할 기회를 만들어 줍니다

공부의 기초가 되는 힘은 기초 학습역량입니다.

읽기, 쓰기, 수학, 논리력 등 모든 배움의 기반이 되며, 단순 암기가 아니라 이해, 적용, 표현 중심으로 익혀야 합니다.

생각을 잘하고 문제를 잘 푸는 똑똑한 힘은 단순한 머리 좋음과 다릅니다. 이는 지능, 인지 능력, 문제해결력 등 여러 능력이 모여 만들어지는 힘입니다. 핵심을 빨리 이해하는 이해력, 글이나 말을 듣고 핵심을 파악하고, 문제의 조건을 정확히 이해하는 능력을 길러야 합니다.

하루 짧은 글 읽고 이 글은 무슨 말을 하고 싶을까? 한 문장으로 정리해 보고, 친구나 가족의 말을 듣고 그러니까 네 말은 이런 거지? 하고 요약해 보고 질문하고 궁금한 것을 찾아보아야 합니다. 생각을 차근차근 정리하는 논리적 사고력을 통해 정보를 연결하여 문제를 분석하고, 논리적으로

 로봇과 살아갈 아이의 세상

생각해 결론을 도출하는 능력으로 틀린 그림 찾기, 미로, 추리 문제 풀기 왜 고양이는 낮잠을 자주 잘까? 같이 질문을 던지고 스스로 답 찾아봅니다. 단서를 바탕으로 보이지 않는 정보나 숨겨진 의미를 유추하는 능력을 기르는 훈련 방법으로 만화나 동화책에서 다음 장면 예측하기, 등장인물의 감정을 행동만 보고 추측해 볼 수 있습니다. 어려운 상황에서도 방법을 찾아내고 실행하며, 포기하지 않고 스스로 답을 찾아가는 유연하게 대처하는 능력의 방법입니다.

하루 하나씩 문제 만들어 해결해 보기, 만약 친구가 지갑을 잃어버리면 어떻게 도와줄까? 등 상황 문제를 생각해 보고 코딩 게임, 보드게임, 퍼즐 등 다양한 방법으로 시도해 볼 수 있습니다. 이야기와 규칙과 주의의 필요한 정보를 잘 기억하고, 집중해 실수를 줄이는 능력의 훈련 방법으로 짧은 문장, 전화번호 등 외우고 기억하기, 순서 맞추기, 틀린 거 찾기 등 집중력 게임 하기가 있습니다. 자신 생각과 행동을 스스로 점검하고 감정을 조절하는 자기 점검 능력을 길러야 합니다,

내가 지금 잘하고 있나?

다른 방법이 나을까? 스스로 질문해 봅니다.

생각하는 힘을 키우는 하루

오늘도 민준이는 학교에서 새로운 이야기를 배웠습니다.

선생님이 짧은 글을 읽어 주셨습니다.

민준아, 이 글은 무슨 말을 하고 싶을까?

민준이는 잠깐 생각한 뒤 말했습니다.

음… 친구가 서로 도와야 한다는 이야기인 것 같아요. 집에 돌아오는

길, 동생이 장난감을 자꾸 빼앗자 민준이는 속으로 생각했습니다.

동생은 왜 화가 났을까?

나는 어떻게 하면 같이 놀 수 있을까? 민준이는 동생에게 다가가 말했습니다. 그러니까 네 마음은 장난감을 혼자 갖고 놀고 싶다는 거지? 동생은 고개를 끄덕였고, 두 사람은 번갈아 가며 장난감을 가지고 놀기로 했습니다. 집에 와서 민준이는 책상 앞에 앉았습니다. 오늘 배운 것처럼 문제를 해결하여 보기 위해서였습니다. 만약 친구가 길에서 지갑을 잃어버리면 어떻게 도와줄까?

민준이는 여러 가지 방법을 떠올리고, 하나씩 종이에 적어 보았습니다. 친구에게 먼저 물어보고, 찾을 수 있는 곳을 같이 살펴보고, 없으면 선생님께 알린다! 그다음에 퍼즐과 다른 그림 찾기를 하며 집중력을 길렀습니다. 이 장면에서 고양이가 낮잠을 자는 이유는 뭘까? 민준이는 상상하며 고양이가 낮잠을 통해 힘을 비축하고, 하루를 더 활기차게 보내려는 하는 것으로 생각했습니다. 마지막으로 민준이는 오늘 하루를 돌아보며 스스로 질문했습니다. 내가 오늘 친구랑 잘 놀았나? 문제를 풀 때 포기하지 않고 노력했나? 스스로 점검하고, 잘한 점과 조금 더 노력할 점을 적어 보았습니다. 내일은 동생과 조금 더 친절하게 놀아야겠다. 그리고 문제를 더 빨리 해결해 볼래!

민준이는 하루 동안 작은 질문과 생각, 문제해결을 통해 조금 더 똑똑해지고, 마음도 자라나는 기분을 느꼈습니다. 오늘도 민준이는 스스로 생각하며 배우는 법을 하나씩 익혔답니다.

     로봇과 살아갈 아이의 세상

이 이야기를 하루 활동 카드처럼 만들 수 있도록 짧은 읽기, 질문에서 추리까지 문제 해결에서 집중으로 자기 점검 활동으로 활동마다 단계, 설명, 질문, 연습 방법까지 넣어서 바로 활용하게 구성했습니다.

하루 생각 & 자기 점검 카드

짧은 글 읽기 & 핵심 파악

활동: 하루 한 편 짧은 글을 읽어요.

질문: 이 글은 무슨 말을 하고 싶을까?

연습 방법: 한 문장으로 글의 핵심을 정리해 보기

예시) 글에서 친구를 도와야 한다고 이야기하면 친구는 서로 도와야
해요.

말 듣고 요약하기

활동: 친구, 동생, 가족이 말할 때 잘 듣고 요약합니다.

질문: 그러니까 네 말은 이런 거지?

연습 방법: 상대방의 말을 자신 말로 바꿔 말해 보기

예시) 장난감을 혼자 갖고 싶다. 그러니까 네 마음은 혼자 놀고 싶은 거
구나.

문제 해결력 기르기

활동: 생활 속 문제를 스스로 해결해 보기

질문: 만약 이런 일이 생기면 나는 어떻게 할까?

연습 방법: 하루 하나씩 문제 만들고, 여러 방법을 떠올리고, 가장 좋은

방법의 선택하기

예시) 친구가 길에서 지갑을 잃어버리면, 물어보기, 같이 찾기, 선생님
　　에게 알리기

논리적 사고 & 추리

활동: 틀린 그림 찾기, 미로, 추리 문제 풀기, 만화, 동화 장면 예측합니다.

질문: 왜 그럴까? 다음 장면은 어떻게 될까?

연습 방법: 장면이나 문제의 단서 연결해서 결론 도출

예시) 고양이가 낮잠을 자는 이유, 힘을 비축하고 하루를 활기차게 보
　　내기 위해서입니다.

집중력 & 기억력 훈련

활동: 짧은 문장, 전화번호, 순서 맞추기, 틀린 거 찾기

질문: 내가 놓친 게 없을까?

연습 방법: 실수를 줄이기 위해 천천히, 집중하며 확인

자기 점검 & 감정 조절

활동: 하루 행동과 생각 돌아보기

질문: 내가 오늘 잘했나? 다른 방법이 나았을까?

연습 방법

- 오늘 잘한 점 1~2가지 적기

- 내일 개선할 점 1~2가지 적기

예시) 동생과 친절하게 놀았는지, 문제를 포기하지 않고 해결했는지

　　　　　　　　　　　　　　　　로봇과 살아갈 아이의 세상

활동 마무리

- 하루 활동을 끝낸 후 스스로 칭찬하기
- 오늘 배운 것을 짧게 말하거나 그림으로 표현하기

메타인지(Metacognition) 훈련

메타인지 훈련을 하면 이러한 부분이 좋아집니다.

첫째, 아이들은 내가 지금 뭘 잘 모르고 있지? 스스로 알아차리는 힘을 느낄 수 있습니다.

이 힘이 생기면 어려운 부분에서 포기하지 않고 조금 더 노력하거나, 쉬운 건 빠르게 넘어가면서 자기 속도로 배우는 즐거움을 느낄 수 있습니다.

둘째, 문제를 풀다가 막히면 이 방법이 맞을까? 하고 스스로 돌아보며 다른 방법을 찾아보게 되고 문제를 해결하는 힘이 생깁니다. 실패해도 금세 바로잡고 다시 시도할 수 있어, 작은 성공과 경험이 쌓이면서 자신감이 생깁니다.

셋째, 화가 나거나 집중이 흐트러질 때, 아, 지금 나는 조금 화가 났구나. 잠깐 숨을 쉬어야겠다. 라고 스스로 알아채고 조절할 수 있으며 마음을 다스리는 힘이 생깁니다,

이 힘 덕분에 감정을 잘 관리하고, 마음이 흔들려도 다시 집중할 수 있습니다.

넷째, 자신의 장점과 약점을 알게 되고, 나는 이런 방식이 잘 되는구나 깨닫고 알아가며 나를 이해하는 힘이 생깁니다. 스스로 문제를 해결하고, 작은 목표를 이루면서 자기 자신을 믿는 힘이 키워집니다.

다섯째, 친구가 느끼는 마음을 이해하며 내가 이렇게 느끼는 것처럼 친

구도 느낄 수 있겠구나, 하고 생각할 수 있고 다른 사람과 함께하는 힘이 생깁니다. 이런 힘이 생기면 함께 놀거나 협동할 때 서로 배려하며 더 즐겁게 지낼 수 있습니다.

메타인지는 단순히 공부 잘하는 방법이 아니라, 스스로 생각하고, 마음을 살피고, 친구와 관계를 맺는 힘까지 키워 주는 훈련입니다. 특히 ADHD 아동이나 집중이 어려운 아이들에게는 마음을 다스리고, 자신감을 키우며, 즐겁게 배우도록 도와주는 중요한 힘이 됩니다.

메타인지 훈련은 하루 10분씩만 해도 충분합니다. 무언가를 한 뒤에 꼭 물어보고 내가 뭘 잘했지? 뭘 고치면 더 좋을까? 오늘 공부나 활동을 자기 점검 일기로 간단히 쓰기로 스스로 자기를 돌아보는 습관 만들어 봅니다. 똑똑한 힘은 타고나는 것도 있지만 꾸준한 훈련으로 누구든지 훨씬 더 강하게 키울 수 있습니다. 메타인지는 스스로 생각을 살펴보는 것으로 내가 알고 있는 것과 모르는 것을 구별할 수 있는 능력입니다.

공부할 때 '이게 맞나? 더 좋은 방법은 없을까?' 하고 스스로 자신을 돌아보고 조절하고 생각해 보는 힘입니다. 아이들이 이 능력을 기르도록 돕는 훈련은 일상 속 대화, 학습 활동, 반성 기회에서 자연스럽게 이루어질 수 있습니다.

생각을 말로 표현하게 하기(생각 꺼내기 훈련)

질문

- 어떻게 풀었는지 말해 줄래?

- 왜 그렇게 생각했어?

- 다른 방법도 있었을까?

효과

아이가 자신의 사고 과정을 인식하고 말로 정리하는 연습입니다.

모르는 것을 인정하고 점검하는 연습

질문

- 어떤 부분이 어려웠어?

- 이 문제는 얼마나 자신 있어?

- 모르는 부분은 어떻게 해결하면 좋을까?

효과

모름을 부끄럽지 않게 느끼고, 자신에게 맞는 학습 전략을 찾아가는 과정입니다.

학습 전·중·후 점검 루틴 만들기

단계적으로 질문

- 첫째: 오늘 뭘 배우게 될까?

　　　　이건 내가 아는 내용일까?

- 둘째: 지금 제대로 이해하고 있나?

　　　　다른 방법은 없을까?

- 셋째: 내가 무엇을 알게 됐지?

　　　　다음에 다시 한다면 어떻게 할까?

효과

계획하고 실행하여 반성의 구조 훈련으로 스스로 점검하는 습관 형성합니다.

자기 평가 활동

질문

- 오늘 활동에서 가장 잘한 점은?

- 어려웠던 점은? 왜 그랬을까?

- 다음엔 어떻게 해 보면 좋을까?

효과

자기 피드백 능력 향상과 학습 책임감이 증가합니다.

틀린 문제를 보물로 삼기

틀린 문제 되짚기 활동

- 이건 왜 틀렸을까?

- 생각했던 것과 뭐가 달랐지?

- 다음엔 어떻게 풀면 좋을까?

효과

틀린 문제를 회피하지 않고 학습 전략을 되돌아보는 힘으로 강화됩니다. **정답보다 과정을 칭찬하여 봅니다.** "맞았네! 잘했어!"보다는 "네가 스스로 방법을 찾아낸 게 더 멋져. 생각을 정리해 말하는 모습이 정말 좋았어." 결과보다 사고 과정에 집중하게 유도하고 메타인지 발달을 자극하여 줍니다.

2) 좋은 정보 찾고, 나쁜 건 구별하는 똑똑한 힘

우리가 컴퓨터나 스마트폰을 사용할 때, 인터넷에는 많은 정보가 있습

  로봇과 살아갈 아이의 세상

니다. 어떤 정보는 우리에게 도움이 되고, 어떤 정보는 잘못됐거나 위험할 수도 있습니다.

그래서 좋은 정보는 찾아서 쓰고, 나쁜 정보는 피해 가는 힘이 필요합니다. 정보 찾기에서 궁금한 걸 빠르고 정확하게 찾을 수 있고 정보 판단하기는 어떤 정보가 믿을 만한지, 혹은 거짓인지 구별할 수 있습니다. 그리고 정보 활용하기는 찾은 정보를 나만의 방식으로 정리하고, 글이나 그림으로 표현할 수 있습니다. 또한 가짜 뉴스나 거짓 정보를 알아보고, 친구에게도 알려 줄 수 있어야 합니다.

이렇게 정보를 똑똑하게 골라 쓰는 힘은 단순히 공부만 잘하는 힘이 아니라, 컴퓨터와 스마트폰을 똑바로 사용하는 능력을 길러 디지털 세상에서 정보를 찾고, 평가하고, 가공해서 표현하는 능력으로 길을 찾아가는 힘을 길러야 합니다.

즉 디지털 이해력, 활용 능력, 시대의 기본 소양, 디지털 문해력을 키우고 또한 정보사회의 핵심 역량과 디지털 환경적응, 활용 능력, 콘텐츠탐색, 평가활용 능력을 배워야 합니다.

디지털 정보를 바르게 사용하고 좋고 나쁨의 정보 고르고 바르게 쓰는 방법을 알려 주는 것이 중요합니다.

(예: 검색법, 가짜 뉴스 구별, 디지털 예절, 저작권 인식)

좋은 정보 찾고, 나쁜 걸 구별하는 똑똑한 힘은 정보력이나 정보 판단력, 그리고 비판적 사고력과 관련 있습니다.

요즘처럼 정보가 넘치는 시대엔 이 능력이 진짜 중요합니다. 좋은 정보 찾고, 나쁜 걸 걸러내는 똑똑한 힘은 이건 단순히 정보를 많이 아는 게 아니라, 어떤 정보가 진짜고, 어떤 정보는 믿을 수 없을까? 판단하는 능력입니다. 무엇을 믿어야 하고, 무엇을 의심해야 할지 아는 힘.

정보에 속지 않고, 제대로 판단하는 힘은 매우 중요합니다. 믿을 수 있는 정보인지 살펴보는 힘으로 정보가 어디서 왔는지 출처를 확인하는 습관과 믿을 수 있는 곳인지, 누가 말했는지 따져 보고 판단하는 힘을 말합니다.

인터넷, 유튜브, SNS에는 사실이 아닌 정보, 가짜 뉴스, 과장된 말이 많기 때문입니다. 그냥 믿어 버리면 속을 수 있고, 잘못된 판단을 하게 됩니다. 생각을 멈추지 않고 확인하는 습관이 스스로 지키는 힘이 됩니다.

어디서 들은 말인지 확인해 볼까?

이 글은 누가 쓴 거지?

진짜 그런 일인지 다른 데도 찾아볼까?

이런 질문을 통해 비판적으로 정보를 받아들이는 습관을 길러 줄 수 있습니다. 출처 확인하는 것은 생각을 멈추지 않고 정보의 얼굴을 확인하는 것으로 세상을 똑똑하게 살아가기 위한 기본 능력입니다. 믿을 수 있는 정보인지 살펴보는 힘은 아이의 비판적 사고력과 디지털 시민의식을 길러 주는 출발점 됩니다. 또한 성급한 결정을 피하고 깊이 생각하는 사고력을 길러야 합니다. 어떤 일을 할 때, 서두르거나 급하게 결정을 내리지 않고 충분히 생각하고, 여러 가지를 잘 살펴본 뒤에 신중하게 판단하는 마음과 머리의 힘입니다. 성급하게 결정하면 실수할 가능성이 크고 깊이 생각하면 더 좋은 선택을 할 수 있습니다. 문제의 진짜 원인이나 핵심을 잘 찾아낼 수 있어서 나중에 후회하는 일이 적어집니다. 이렇게 하면 될까? 하고 여러 가지 방법을 비교해 볼 수 있습니다. 한 가지 생각만 믿지 않고, 다른 의견도 들어 보고 결과를 상상하며 좋고 나쁜 점을 따져 보고 너무 빨리 결론 내리지 않고, 차분히 고민해 봅니다. 마구잡이로 서두

 　　　　　　　　　　　　　　로봇과 살아갈 아이의 세상

르지 않고, 머리를 쓰면서 차근차근 생각하는 힘을 말합니다. 아이에게 이렇게 말해 줄 수 있습니다.

생각을 빨리 끝내지 말고, 천천히 잘 살펴보자.

이 방법 말고 다른 방법도 있을까?

이걸 하면 어떤 일이 생길지 미리 생각해 보자.

서두르면 실수할 수 있으니까 차분하게 하자.

균형 잡힌 시각으로 한쪽 정보만 보고 믿는 게 아니라, 다른 입장도 찾아보고 양쪽 말을 다 들어 보고 비교할 수 있는 능력을 길러 판단해야 합니다.

3) 목적에 맞게 정보 고르기

우리가 사는 세상에는 수많은 정보가 흘러 다닙니다.

뉴스, 글, 영상, SNS 매 순간 수많은 소리가 우리 귀에 들어옵니다. 그런데 모든 소리가 똑같이 믿을 만한 건 아닙니다. 어떤 정보는 우리를 현혹하고, 감정을 흔들지만, 사실과 다르거나 과장된 경우가 많이 있습니다.

좋은 정보를 찾는 힘은 단순히 아는 것이 아니라, 판단하고, 질문하고, 비교하는 능력에서 나옵니다. 지금 내가 필요한 정보가 뭔지를 먼저 정하고, 그 목적에 맞는 정확하고 구체적인 정보를 고르는 능력을 길러야 합니다. 나쁜 정보의 특징을 살펴보면 출처가 불명확하거나 누가 썼는지 확인 안 되는 정보 너무 자극적이거나 감정적인 말(이건 무조건 사실이다! 충격!), 논리 없이 감정만 자극하는 글, 진짜처럼 보이지만 사실과 다르거나 과장된 내용입니다.

뉴스 비교하기

같은 사건을 여러 기사로 비교해 보고 어떤 게 더 믿을 수 있는지 판단해 봅니다. 같은 사건이라도 신문, 방송, 인터넷 기사마다 조금씩 다르게 전합니다. 여러 소리를 들어 보고 무엇이 더 믿을 만한지 스스로 판단해 보는 것입니다.

출처 찾기 훈련

정보를 만났을 때 누가 말했을까? 왜 이런 말을 했을까? 하고 의문을 가져 봅니다. 전문가인지 일반 사람인지에 따라 신뢰도가 달라지기 때문에 사실과 의견을 구별해야 합니다.

사실 vs 의견 구별하기

사실은 실제로 일어난 일이나 검증 가능한 내용을 말해야 하고 의견은 그 사람이 느끼거나 생각하는 것입니다. 정보를 볼 때, 이 두 가지를 구분하는 습관 가지도록 지도해야 합니다. 이건 사실인가? 아니면 그냥 이 사람 생각인가? 구별해 봅니다.

비판적 질문하기

단순히 믿지 말고, 이렇게 물어보는 것입니다.

다른 관점은 없을까?

내가 필요한 정보일까?

예를 들어 누군가 이 음식을 먹으면 공부가 잘돼! 라고 말하면, 그냥 믿지 말고 이렇게 생각해 보는 것입니다.

로봇과 살아갈 아이의 세상

누가 말했지? 전문가인가, 아니면 그냥 유튜버인가?

근거가 있나? 연구 결과가 있나?

반대되는 자료는 없나?

내 목적에 맞는 정보인가?

다른 관점도 있을까? 즉 좋은 정보를 찾고, 나쁜 걸 구별하는 힘은 그냥 아는 것이 아니라, 판단하는 힘, 질문하는 힘, 비교하는 힘이 됩니다. 결국 좋은 정보를 찾는 힘은 단순히 아는 것이 아니라, 판단하고, 질문하고, 비교하는 힘에서 나옵니다. 이 힘을 길러 두면, 세상의 소음 속에서도 필요한 진짜 정보를 찾아낼 수 있습니다.

4) 생각을 톡톡! 문제를 뚝딱

새롭게 생각하고 다르게 해 보는 힘은 창의력이라고 한마디로 표현할 수 있습니다. 조금 풀어서 말하면, 생각하는 힘은 무슨 일이든 스스로 생각해 보는 힘 다르게 생각하는 힘은 남들과 다르게 생각해 보는 힘 상상하는 힘은 마음속으로 그림을 그리듯 새로운 걸 떠올리는 힘, 아이디어 힘은 새로운 방법이나 생각을 만들어 내는 힘, 새로운 길 찾는 힘은 문제를 해결할 때 새로운 방법을 찾는 힘입니다. 새롭게 생각하고 다르게 해 보는 힘 즉 창의적 사고 능력을 이해할 수 있으려면 작은 시도와 실험을 허용해 주어야 합니다. 창의적인 아이디어 도출과 실행 능력으로 복잡한 상황을 분석하고 해결하는 능력을 길러야 합니다.

즉 어려운 일도 스스로 생각하고 문제를 풀어 가는 힘, 새로운 방법을 찾고 실천하는 힘, 유연하게 생각하고 궁리하며 해답을 찾는 머릿속 마법을 부릴 수 있어야 합니다. 정답 찾기보다 새로운 질문 만들기 다양한 해결법 찾기가 중요합니다.

메이커 활동이나 프로젝트 학습, 로봇 코딩, 창작 글쓰기 등, 이건 단순히 기발한 아이디어를 떠올리는 게 아니라, 정해진 틀에서 벗어나 새롭게 생각하고, 문제를 색다르게 해결해 보는 힘을 말합니다.

즉, 다른 각도에서 보기, 평범한 방법 대신 새 길 찾기, 실패해도 다시 도전해 보기 이런 태도와 생각이 진짜 창의적인 힘이 됩니다.

뚝딱 해결하는 뇌를 만들려면 어떻게 훈련해야 할까?

다르게 보기 연습해 봅니다. 어떤 상황이나 사물, 생각을 기존의 틀이나 관점에서 벗어나 여러 가지 다른 시각으로 바라보는 훈련입니다. 이 연습을 통해 고정관념에서 벗어나 창의적인 생각이 가능해지고 문제를 다양한 방향에서 해결할 수 있으며 다른 사람의 입장이나 감정을 이해하는 공감 능력도 키워집니다. 예를 들어, 어떤 문제가 있을 때 "왜 안 될까?"가 아니라 다른 방법은 없을까? 이 상황에서 좋은 점은 무엇일까? 만약 내가 상대방이라면 어떻게 느낄까? 하고 질문해 보는 것입니다. 아이들과 할 때는 그림이나 사진, 이야기, 장난감 등 친숙한 소재를 활용해서 이 장난감이 사람이라면 어떤 기분일까? 이 그림을 다른 각도에서 보면 어떻게 보일까? 같이 말하게 하면서 자연스럽게 시야를 넓히게 도와줄 수 있습니다.

평범한 물건 하나를 보고, 다른 용도로 상상해 보면, 예로 우산은 비 막기 말고 또 어디에 쓸 수 있을까?(낙하산, 바람개비) 또는 사물의 숨은 이야기 만들기로, 예를 들어 지우개는 왜 도망가고 싶을까? 이와 같은 정해진 틀에서 벗어나 유연한 상상력 키우기로 훈련 효과를 볼 수 있습니다.

　로봇과 살아갈 아이의 세상

왜 꼭 그래야 해? 질문합니다

아이의 생각이나 행동에 대해 이유를 묻고 스스로 이유를 찾게 도와주는 대화 방법입니다. 아이가 어떤 행동이나 주장을 할 때 "왜 그렇게 해야 해?"라고 물어보면 아이가 생각을 더 깊게 들여다보고, 이유를 스스로 설명하도록 유도합니다.

단순히 "왜?"라고 묻는 것보다 "왜 꼭 그래야 해?"라고 하면 더 명확한 이유를 찾게 만드는 효과가 있습니다. 아이가 자신 행동이나 생각에 대해 이유를 생각하도록 도와주고 무조건적인 고집이나 주장 대신 논리적 사고를 키우게 하며 감정적 반응이 아닌 합리적인 설명을 할 기회를 줍니다.

아이가 어떤 요구나 행동을 할 때 가볍게 왜 꼭 그래야 해?질문해 봅니다. 아이가 답을 하면 그 답에 대해 다시 한번 관심 보이고 들어 줍니다. 아이가 이유를 말할 수 없거나 모를 때는 함께 생각해 보며 방향을 잡아 줍니다. 대답이 감정적일 경우 그렇구나, 그래서 그런 기분이구나 같이 감정을 먼저 인정해 주고 다시 질문해 볼 수 있습니다. 아이가 나는 이 장난감만 가지고 놀 거야 하면 부모는 왜 꼭 그 장난감만 가지고 놀아야 해? 아이가 이게 제일 재미있고, 다른 건 재미없어. 부모는 아, 그 장난감이 제일 재미있구나. 다른 것도 재미있을 수 있어, 한번 해 볼까? 이 질문은 아이가 자신의 주장이나 고집을 돌아보고 새로운 생각을 열 수 있도록 도와줍니다.

왜 꼭 이렇게 해야 해? 다르게 하면 안 될까? 예를 들어, 숙제를 책상에서 꼭 해야 해? 바닥에서 하면 안 돼? 학교나 일상 규칙에 꼭 그래야 하는 이유 물어보며 고정관념을 깨고, 새로운 관점에 관심을 보여 줍니다.

실험해 보고 실패도 해 봅니다

실험해 보기란?

새로운 방법이나 아이디어를 직접 시도해 보는 겁니다.

아직 결과가 확실하지 않은 것을 확인하기 위해 해 보는 행동으로 이렇게 하면 어떻게 될까? 하며 궁금한 것을 실제로 해 보는 과정입니다. 예로 요리할 때 새로운 레시피를 따라 해 보거나, 공부할 때 새로운 방법으로 문제를 풀어 보기입니다.

실패해 보기란?

실험하다 보면 원하는 결과가 나오지 않을 때가 있습니다. 이때 실패했다고 생각하지만, 사실은 배우는 중요한 과정입니다. 실패를 통해 무엇이 잘못됐는지 알 수 있고, 다음에 더 잘할 수 있는 방법을 찾을 수 있습니다.

시험에서 틀린 문제를 다시 풀어 보면서 왜 틀렸는지 이해하고 실험과 실패는 두려워할 일이 아니라 새로운 것을 배우는 밑거름으로 여기게 됩니다. 실패해도 다시 도전하면 점점 더 나아질 수 있다는 것을 알게 됩니다.

실패는 성공의 어머니라는 말처럼 실패가 있어야 성장할 수 있습니다.

그림 그릴 때 평소와 다르게 그려 보기(손으로 그리기 왼손으로 해 보기, 눈감고 그려 보기 등), 일상 속 문제에 여러 방법으로 시도해 보기(예: 물건 떨어졌을 때 주워 주는 방법 3가지 생각하기), 실패를 두려워하지 않고 시도해 보는 용기 기르기가 필요합니다.

무관한 것 연결해 봅니다

창의력을 키우는 대표적인 사고 훈련입니다. 서로 관련이 없어 보이는

로봇과 살아갈 아이의 세상

두 가지 또는 여러 가지를 연결해서 새로운 생각이나 아이디어를 만들어 내는 활동입니다.

서로 전혀 관련이 없어 보이는 개념, 사물, 사건 등을 억지로라도 연결해 보며 상상하고 이야기해 보는 훈련입니다.

전혀 다른 두 가지를 연결해 이야기 만들어 보겠습니다.

우산과 냉장고는 비 오는 날 차가운 우산 보관함에, 냉장고와 구름은 하늘에 떠 있는 시원한 음식 저장소, 연필과 구름은 하늘에서 아이디어가 떨어지는 연필, 즉 서로 다른 분야(예: 과학과 미술, 음악과 수학)를 섞어서 상상의 날개를 펼쳐 보게 합니다. 이러한 작업은 창의력과 융합적 사고를 키워 주며 고정된 사고방식을 깨고, 새로운 시각을 만들어 줄 뿐만 아니라 문제해결력, 상상력, 표현력이 자라납니다. 무관한 것 연결해 보기 이렇게 할 수 있습니다.

무작위로 두 가지 단어 고르기

예시) 토끼와 자동차 카드나 단어 주사위를 활용해도 좋습니다.

두 단어의 공통점과 차이점 생각해 보기

공통점: 둘 다 빠르게 움직일 수 있습니다.

차이점: 하나는 동물, 하나는 기계

이 둘을 합쳐서 새로운 물건과 이야기 그리고 개념 만들기

예시) 토끼 자동차 보면 귀가 달리고 점프하는 자동차, 아이들이 타면 신나게 뛰며 여행할 수 있는 미래 이동 수단으로 말할 수 있습니다.

예시) 바나나와 의자를 합쳐 바나나 쿠션 의자, 시계와 나무를 합쳐 시간을 알려 주는 나무, 책과 바람을 합쳐 바람이 넘겨 주는 책

이렇게 가정에서 활용할 때 아이들이 친숙한 단어를 사용하고 정답이 없음을 강조해 주는 것이 중요합니다. 친구들과 서로 만든 아이디어를 공유하면 더 즐거워합니다. 확장 활동으로 그 물건을 사용하는 이야기를 만들어도 좋습니다.

5) 기발한 응용력, 새 아이디어 발명하는 힘

기발한 응용력과 새 아이디어를 발명하는 힘은 오늘날 매우 중요한 창의적 사고력의 핵심 요소입니다. 아이들이 상상력을 바탕으로 세상을 새롭게 바라보고, 아무도 생각하지 못한 새로운 것을 떠올릴 수 있는 능력을 말합니다.

기발한 응용력이란?

서로 관련 없어 보이는 것들을 연결해서 새로운 의미나 아이디어를 만들어 내는 힘입니다. 예를 들어 구름과 사탕은 하늘에서 비 대신 떨어지는 달콤한 구름 사탕, 또는 신발과 지도는 걸으면 자동으로 길을 알려 주는 똑똑한 신발. 이렇게 상상으로 기존의 것들을 다르게 조합해 보는 능력이 바로 기발한 응용력입니다.

반면 새 아이디어를 발명하는 힘이란?

기존에 없던 방식으로 문제를 해결하거나 새로운 물건, 이야기, 놀이, 도구 등을 만들어 내는 힘입니다. 이건 타고나는 것보다 연습과 놀이로 기를 수 있습니다. 예를 들어 종이컵과 실은 친구와 멀리서도 이야기할 수 있는 비밀 전화기 양말과 인형 눈알은 손가락 인형 극장 만들기로 놀이와 연습이 가능해집니다. 이렇게 길러집니다.

무관한 것 연결해 보기

위에서 설명한 대로 서로 다른 두 가지 단어를 조합해 새로운 것을 상상하기입니다. 단어 두 개 합치면 어떤 모습일까? 연결해 봅니다.

쓰레기와 재활용품으로 발명품 만들기

- 휴지심, 병뚜껑, 상자 등으로 새로운 물건 만들어 보기

- 이건 무슨 용도로 쓰일까? 하고 역할 붙이기

만약 ~라면? 질문 놀이

- 만약 사람들이 하늘을 날 수 있다면?

- 만약 자동차가 말을 할 수 있다면?

이런 가정 놀이를 자주 해 보면 아이 머릿속이 부드럽고 유연해집니다.

발명가 되기 놀이

- 이 세상에 없는 물건을 만들어 보자!

- 이름, 모양, 쓰임새까지 이야기해 보기

예시) 슬픔을 빨아들이는 기계, 마법 물감

마음속 생각을 나눠 보는 시간

서로 다른 생각이 나올 수 있는 질문으로 토론에 대한 문제를 놓고 이야기해 봅니다. 토론의 주제로 학교에 지각하는 학생이 많아요. 어떻게 해결할 수 있을까요? 평범한 생각은 아침 일찍 일어나라고 한다. 반면 톡톡 생각은 학교를 오후부터 시작해 보기입니다.

힘을 기르는 습관은 매일 이상한 질문 1개 써 보기

(예: 벽에 눈이 있다면 무슨 일이 생길까?)

또는 평범한 것을 새롭게 바꾸기

(예: 가방이 말을 한다면 어떤 말부터 할까?)

다양한 사람 의견 들어 보기

(예: 친구, 가족은 어떻게 생각할까?)

다양한 분야 접하기

(예: 과학, 미술, 이야기, 역사 등)

새로운 연결 만들기로 아이의 창의력, 상상력, 문제해결력이 자라납니다. 새로운 시대(인공지능·디지털 사회)에는 정해진 답보다 새롭게 연결하고 창조하는 힘이 더 중요합니다.

친구와 함께하면 협업력과 발표력도 함께 길러집니다.

생각을 톡톡! 문제를 뚝딱! 하는 힘은 틀 밖에서 보기, 실패해도 도전하기, 다르게 상상해 보기에서 나옵니다.

 로봇과 살아갈 아이의 세상

6) 배려하며 말하고 협력하는 힘 기르기

　사람과 함께하는 힘은 혼자 잘하는 것과는 또 다른 아름다움이 있습니다. 함께 일하고, 같이 생각하며 서로의 마음을 나누는 동안 아이는 조금씩 자라납니다. 친구와 문제를 함께 풀고 작은 결정 하나도 함께 나누면서 서로의 생각을 이해하고 때로는 양보하며 때로는 의견을 나누는 법을 배우게 됩니다. 이 과정에서 아이는 단순히 문제를 해결하는 기술을 넘어 진심으로 마음을 주고받는 법을 알게 되고 서로를 배려하며 존중하는 법을 익힙니다. AI는 혼자서도 많은 일을 해낼 수 있지만, 인간은 함께 웃고 함께 고민하며 함께 성장하는 존재입니다. 그래서 배려하며 말하고 협력하는 힘은 우리 삶을 더욱 풍요롭게 하고 친구와 함께 목표를 이루며 마음을 나누는 데 꼭 필요한 능력이 됩니다. 이 힘은 단순한 기술이 아닙니다. 타인의 입장 이해하고 존중하며 함께 소통하고 협력하는 작지만 따뜻한 마음의 씨앗입니다. 아이들도 이 씨앗을 따라 한 걸음씩 심어 가면서 서로에게 힘이 되어 주고 함께 세상을 조금씩 아름답게 바꾸어 갈 수 있습니다. 공동 문제 해결하기 위한 의사소통과 집단 의사결정에 협력하며 친구와 함께 문제를 풀어 가는 능력같이 잘 지내고 마음을 나누는 능력을 길러야 합니다.

　즉 배려하며 말하고 협력하는 힘은 사람들과 좋은 관계를 맺고 함께 문제를 해결하거나 목표를 이루는 데 꼭 필요한 능력입니다. 이 힘은 타인의 입장 이해하고 존중하면서 함께 일하는 데 필요한 소통과 협력의 기술을 포함합니다.

　아이들이 순서대로 쉽게 따라 할 수 있게 구성했습니다.

경청하기(진심으로 듣기)

단순히 말을 듣는 것이 아니라 상대의 마음을 진심으로 함께 듣는 태도입니다. 상대가 말할 때 중간에 끼어들지 않고, 끝까지 차분히 들어 주는 것이 기본입니다. 이때 눈을 마주치고 고개를 끄덕이거나 짧은 반응을 보이면 당신의 말을 소중하게 듣고 있다 메시지를 전할 수 있습니다. 또한 말의 내용뿐 아니라 그 안에 담긴 감정과 기쁨, 속상함, 불안함까지 이해하려 노력하는 것이 중요합니다. 이렇게 진심으로 귀 기울여 들을 때, 상대방은 존중받고 있다고 느끼게 되고 마음을 더 편안하게 열 수 있습니다. 경청은 서로를 깊이 이해하게 해 주며, 불필요한 오해와 갈등을 줄이는 데에도 큰 도움이 됩니다. 결국 경청은 관계를 더 단단하게 만드는 가장 기본적인 소통의 힘입니다.

공감 표현하기

맞아, 그렇게 생각할 수도 있어.

속상했겠다.

고생했구나.

그랬다면 나도 그렇게 생각했을 것 같아.

응, 그런 생각이 들 수도 있지.

이처럼 같은 말로 감정을 인정해 주는 표현은 상대의 마음을 이해하고 있음을 전달합니다. 조언이나 해결책을 제시하기 전에 먼저 감정을 받아들이는 태도를 보이는 것이 중요합니다. 공감은 신뢰를 쌓는 출발점이며, 공감 없이 건네는 말은 아무리 옳은 말이라도 공격처럼 느껴질 수 있습니다. 먼저 공감, 그다음 조언이 순서가 관계를 지키는 핵심입니다.

존중하는 말 사용하기

존중하는 말은 대화의 분위기를 부드럽게 만들고, 서로 협력할 수 있는 관계를 형성하는 데 큰 역할을 합니다. 반말보다는 존댓말을 사용하고, 표현은 최대한 부드럽게 선택합니다. 의견이 다를 때도 단정적으로 말하기보다

내 생각은 조금 다른데요.

다르게 생각해도 괜찮아요. 제 생각은 이렇습니다.

혹시 이렇게 해 보는 건 어떨까요?

생각이 조금 다르네요. 그것도 재밌어 보입니다.

위와 같이 완곡하게 표현합니다.

이처럼 말투를 조절하는 것만으로도 상대는 존중받고 있다고 느끼며, 대화는 대립이 아닌 협력으로 이어질 수 있습니다. 반대로 공격적인 언어는 상대를 방어적으로 만들고, 소통의 문을 닫게 할 수 있습니다. 말투 하나가 관계와 협력의 방향을 결정합니다.

책임감 있게 협력하기

내가 맡은 일을 성실히 하면서, 다른 사람과 힘을 모아 함께 해내는 것입니다. 아이가 자신의 역할을 이해하고 팀이나 친구들과 함께 일하며 약속을 지키는 태도를 기르는 것입니다. 내가 할 일은 내가! 친구 도와주는 건 함께! 공동의 목표를 의식하고 행동하며 맡은 역할을 성실히 수행하고 필요한 경우 도움을 요청하거나 제공합니다.

역할 나누기 연습하기

공동 활동이나 놀이(예: 블록 쌓기, 미술, 청소)에 역할을 정해 줍니다.

"○○는 색칠 담당, △△는 오려 붙이기 담당이야!"

맡은 일 끝까지 해 보기

활동 중간에 포기하지 않도록 격려합니다.

"조금 어려워도 끝까지 해 보면 멋질 거야!"

완료 시 "네가 끝까지 책임졌구나. 정말 대단해!"

도와달라는 친구 도와 보기

친구의 요청을 듣고 도와주는 행동을 격려합니다.

"○○가 도와달라고 했는데 도와줄 수 있을까?"

"함께 하면 더 빨리 끝나겠지?"

함께 결과를 기뻐하기

협력 결과를 함께 보고 칭찬합니다.

"우리 다 같이 힘 모아서 멋진 걸 해냈네!"

"서로 맡은 일 잘해서 성공했어!"

협동 훈련

한 장의 큰 종이에 각자 맡은 부분 채우기

협력하여 각자 퍼즐 조각 나눠 맞춰 보기

친구 생일 카드 만들기, 풍선 불기 역할 나눠 준비하기

 로봇과 살아갈 아이의 세상

우리 반 청소 반으로 구역 나눠 청소하기

"네가 맡은 걸 스스로 해내니 멋지다! 친구랑 사이좋게 나눠서 하니 보기 좋다. 끝까지 책임지는 모습이 정말 대단해." 아이에게 말해 줄 수 있습니다.

협력은 같이하는 일이기 때문에 각자의 성실함이 전체 분위기에 영향을 미칩니다. 사회성 발달과 함께 어울리며 공동의 목표를 이루고 책임감 형성으로 자신의 역할을 인식하고 성실히 수행합니다. 함께 생각하고 조율하며 해답을 찾아가는 것으로 문제해결력이 향상되는 것을 볼 수 있습니다.

갈등이 생기면 차분하게 해결하기

감정적으로 반응하지 않고 짜증 나도 바로 소리 지르지 않고, 한 번 쉬어 가며 화를 내거나 소리 지르기 전에, 잠깐 멈추고 내 감정을 들여다보며 생각하는 것입니다.

"화가 나도 잠깐 멈출 수 있으면 진짜 멋진 거야."

"짜증 날 땐 소리 지르기보다 말로 표현해 보자."

"지금은 마음을 진정시킬 시간이야. 숨 쉬어 볼까? 네 말도 이해되지만 내 입장도 들어 봐 줘." 식의 균형 잡힌 말을 사용 합니다. 감정을 말로 표현하는 연습을 합니다. "지금은 혼자 있고 싶어. 이건 마음에 안 들었어." 마음이 가라앉은 뒤 차분한 마음으로 상황을 해결하는 방법을 함께 이야기해 봅니다.

"다음엔 어떻게 말하면 좋을까? 다른 방법으로 도와달라고 해 볼까?" 갈등은 피할 수 없지만, 해결 방식에 따라 관계가 더 깊어질 수도 있습니다.

배려하며 말하고 협력하는 힘이란, 다른 사람의 입장을 고려하며 의사소통하고 함께 목표를 향해 책임감 있게 행동하는 능력입니다. 이 힘이 있으면 친구든 누구와도 건강하고 긍정적인 관계를 유지할 수 있습니다. 중요한 것은 분노, 짜증, 슬픔 등을 스스로 다스리고 친구와의 갈등 상황에서 문제를 더 잘 해결할 수 있습니다. 또한 침착하게 말하고 행동하는 아이는 신뢰받는 아이로 성장하여 또래나 어른에게 칭찬받게 됩니다.

7) 마음을 가라앉히고 기다릴 줄 아는 힘 기르기

'마음을 가라앉힌다.'라는 것은 감정이 격해졌을 때, 즉각적으로 반응하지 않고 자신의 감정을 알아차리고 흥분이나 충동을 조절하는 힘입니다.

기다릴 줄 안다는 것은 지금 당장 원하는 걸 하지 않거나 받지 않더라도 참을 줄 아는 능력이며 미래의 더 큰 만족이나 안정된 관계를 위해 지금을 조절하는 힘입니다. 오늘 당장 만족보다 내일의 더 큰 기쁨과 더 깊은 관계를 위해 스스로 조절할 줄 아는 능력입니다.

이 두 힘이 함께할 때 아이는 세상의 소란과 혼돈 속에서도 흔들리지 않고 자신과 다른 이의 마음을 존중하며 올바른 선택을 내릴 수 있게 됩니다. 그렇게 조금씩 자란 마음은 삶 속에서 흔들림 없는 따스한 배려로 세상을 마주하게 됩니다.

친구를 때리고 싶거나 울고 싶을 때, 한 걸음 멈추고 선택할 수 있게 해줍니다. 그것은 충동 조절력의 핵심입니다. 차례를 기다리고 친구와 협력하며 규칙을 지킬 수 있는 것은 사회성의 기초입니다.

집중해서 듣고 문제를 끝까지 풀며 좌절했을 때 포기하지 않는 힘은 학습 태도 형성에서 옵니다.

유명한 마시멜로 실험에서도 기다릴 줄 아는 아이들이 학업 성취도와 사회적 성공이 높았습니다. 이것은 미래 성공 예측 지표가 되어 있기 때문입니다.

이런 능력을 키워 나가려면 어떤 방법이 좋을까요?

감정이 격할 때: 지금 속상하구나. 숨 한번 쉬고, 천천히 말해 보자. 기다려야 할 때는 조금만 기다리면 더 재미있는 걸 할 수 있어!

차례를 기다릴 때: ○○도 하고 싶지? 지금 ○○ 차례야. 네 차례 오면 알려 줄게.

실망했을 때: 원하는 걸 못 받아서 속상할 수 있어. 그래도 잘 참아 냈어.

인내심을 키우는 경험 중심 활동으로 마음 차분히 하기 연습으로 풍선 호흡, 눈 감고 5초 숨 고르기, 감정 색칠하기 등, 기다리는 놀이, 간식 가위, 바위 보. 타이머 사용하기, 타이머가 땡 하면 바꾸자 놀이처럼, 시각적 도구로 시간 인식 훈련 등, 칭찬으로 잘 참았을 때 작게라도 인정을 받아 반복 동기 부여해 줍니다. 자기조절은 자기를 통제하고 감정과 행동을 조절하는 능력으로 자기를 조절하고 통제 기술을 스스로 조절하는 힘을 길러야 합니다.

스스로 조절하고, 실패를 이겨 내는 힘이 필요합니다. 기분이 너무 화가 나거나, 하고 싶은 게 있어도 바로 하지 않고 잠깐 멈추는 힘을 말합니다.

속이 답답하고 조급해도 마음을 조용히 만드는 힘, 친구가 끝날 때까지 기다려 주는 힘으로 감정이 폭발하지 않고, 스스로 진정할 수 있습니다.

자기 조절력이 잘 길러지면 친구를 기다리고 배려하는 마음이 자라고 집중력과 인내심이 길러지며 과제나 놀이에 꾸준히 참여할 수 있습니다.

친구 마음을 알아주는 힘은 세상에서 가장 소중한 마음의 다리입니다. 친구가 슬플 때 그 곁에 함께 앉아 눈빛으로 위로하고 친구가 기쁠 때 그 기쁨을 함께 나누며 웃을 수 있는 아이는 자연스럽게 따뜻한 관계를 맺어 갑니다. 상대의 마음을 헤아릴 줄 알면 작은 오해에도 화내기보다 왜 그랬을까? 하고 생각할 수 있습니다. 그래서 다툼 대신 이해를 선택하고 친구와 더 깊은 마음의 이야기를 이어 갈 수 있습니다.

친구 마음을 알아가는 방법은 멀리 있지 않습니다. 표정을 보고 지금 기분이 어떤 것 같아? 하고 묻는 연습, 그랬구나 하고 공감의 말을 건네는 순간, 늘 가장 기뻤던 순간은 언제였어? 하고 서로의 하루를 나누는 시간, 또 내가 친구라면 어떤 기분일까? 하고 역할 놀이 속에서 아이들은 조금씩 마음을 배우고 자라납니다. 친구 마음을 알아주는 것은 얼굴과 말 행동 속에 담긴 감정을 바라보며 그 마음에 함께 머물러 주는 일입니다. 괜찮아? 도와줄까? 한마디의 말로 친구의 마음에 작은 등불을 켜 주는 일입니다. 친구가 울면 같이 울어 주고 웃을 땐 함께 웃어 주는 것, 그것이 곧 진짜 우정의 시작이며 세상을 함께 살아가는 가장 따뜻한 힘입니다. 친구 마음을 알아주는 힘은 감정지능(Emotional Intelligence) 중에서도 공감 능력에 해당하는 부분으로 아이들이 친구의 감정을 이해하고 배려하며 관계를 잘 맺을 수 있게 도와주는 중요한 힘입니다. 감정 지능이 높아

로봇과 살아갈 아이의 세상

아동은 친구와 더 잘 어울리고 갈등도 줄어들고 서로 돕고 배려하는 관계를 만들 수 있습니다. 나도 친구도 마음이 따뜻해지는 경험을 할 수 있습니다.

친구 마음을 알아주는 힘은 왜 중요할까요?

좋은 친구 관계를 만드는 힘은 친구가 슬플 때 함께 슬퍼하고 친구가 기쁠 때 함께 기뻐할 수 있는 아이는 자연스럽게 친밀한 관계를 맺을 수 있습니다. 상대 마음을 이해하면 쉽게 화내거나 오해하지 않습니다. 왜 그랬을까? 생각하며 다툼 대신 이해를 선택할 수 있습니다. 함께 놀이하거나 팀으로 과제 할 때 친구의 감정에 민감하게 반응하는 아이는 더 원활한 협력자가 됩니다.

어떻게 친구 마음을 알아주는 힘을 기를 수 있을까요?

감정 그림 카드, 표정 따라 하기 게임을 할 수 있습니다. 공감할 수 있는 말 연습으로 그랬구나. 이럴 땐 뭐라고 말해 줄까? 상황극을 연출합니다.

감정 공유 시간으로 오늘 가장 기뻤던 순간은? 하루 감정 일기 나누기. 역할 바꾸기 놀이는 내가 친구라면 어떤 기분일까? 인형극, 역할 놀이, 갈등 상황을 다루어 봅니다. 그럴 때 어떻게 도와줄 수 있을까? 이야기 나누며 해결 방법 찾기 등을 통해 친구의 마음 알아갑니다. 그리고 그 마음을 느끼고, 괜찮아? 도와줄까? 하고 말해 주고 친구가 슬플 때 같이 슬퍼해 주고 기쁠 때 같이 기뻐해 주는 것도 친구 마음을 알아주는 것입니다.

마음의 힘, 바른 선택의 길

올바른 행동을 선택하려는 마음의 힘은 아이들 안에 숨겨진 작은 씨앗과도 같습니다. 그 씨앗은 자기 조절력, 양심, 그리고 도덕성으로 자라납니다. 이 힘은 누가 시켜서가 아니라, 스스로 옳고 바른 길을 고르려는 마음에서 시작됩니다.

누가 보든, 보지 않든 다른 사람에게 해가 되지 않고 바르게 살아가고자 하는 내면의 의지입니다. 윤리적인 책임감을 가진 아이는 양심을 키우고 스스로 행동을 조절하며 친구와 공동체 속에서 신뢰받는 사람으로 자랍니다.

잘못된 유혹을 구별하고 멈출 줄 아는 힘이 생겨 납니다. 때로는 쉬운 길을 택하고 싶을 때가 있습니다. 하지만 마음의 힘은 묻습니다. 지금은 싫어도 나중에 돌아봤을 때 기분 좋은 선택은 무엇일까? 바로 그 순간 아이는 마음속의 바른 목소리를 듣는 연습이 됩니다. 이 힘은 단순히 자기조절이 아닙니다. 하고 싶은 것을 참아 내고 해야 할 일을 선택하게 하며, 남을 배려하고 존중하는 따뜻한 마음을 키웁니다. 그래서 좋은 친구를 만나고, 함께 행복을 나눌 수 있습니다. 이 힘은 또한 내면의 브레이크입니다.

거짓말, 괴롭힘, 물건을 빼앗는 행동 같은 잘못된 길을 막아 주는 마음속의 멈춤 신호입니다. 그렇다면, 어떻게 이 힘을 기를 수 있을까요?

선택과 결과를 연결해 주기

네가 그렇게 말해서 친구가 속상했을 거야. 다음엔 어떻게 말할까? 아이 스스로 행동의 결과를 깨닫게 도와줍니다.

양심의 소리에 귀 기울이기

마음속에서 뭐라고 했어? 괜찮다고 했을까, 다시 해 보자고 했을까? 내면의 목소리를 들어 보는 연습을 합니다.

모범적인 이야기 만나기

동화, 역사 속 인물, 영화 속 주인공처럼 옳은 선택을 한 사람들을 통해 아이 마음속에도 모델이 자라나고 있습니다.

감정과 도덕성 연결하기

"올바른 행동을 선택한다는 건 마음속에서 이건 옳아하고 느낀 것을 용기 내어 행동으로 옮기는 거야. 아무도 보지 않아도 너 스스로 좋은 선택을 할 수 있는 거지. 그리고 꼭 기억해. 우리는 실수할 수 있지만, 다시 선택하는 힘도 가지고 있어. 그게 바로 마음의 힘이야."라고 말해 줄 수 있습니다.

2.

우리 아이, 어떻게 배우는 게 좋을까?

아이가 직접 질문하고 시도하게 하고 정답보다는 과정에 집중하게 해 줍니다. 아이에게 중요한 것은 단순히 무엇을 배우느냐가 아닙니다. 더 중요한 것은 어떻게 배우느냐입니다. 많은 부모가 아이가 어떤 지식을 쌓는지를 먼저 떠올리지만 사실 그보다 더 중요한 것은 마음을 어떻게 다루며 배우는가에 있습니다. 아이들은 하루에도 수없이 많은 감정을 경험합니다.

작은 일이 기쁨이 되었다가 사소한 일로 눈물이 터지기도 합니다. 친구와 놀다가 장난감 하나 때문에 서운해지고 엄마 아빠의 한마디에 마음이 흔들리기도 합니다. 이렇게 요동치는 마음을 어떻게 다루느냐에 따라 아이의 하루가 달라지고 결국 삶의 방향도 달라집니다.

세상은 빠르게 변하고 AI는 점점 더 많은 것을 대신할 수 있게 되었습니다. 하지만 공감하고 위로하고 함께 웃어 주는 힘은 끝내 기계가 대신

로봇과 살아갈 아이의 세상

할 수 없는 인간만의 영역입니다. 아이들은 자라면서 수없이 흔들립니다.

기대가 무너질 때 화를 내기도 하고 마음이 상하면 울음을 터뜨리기도 합니다. 그때 필요한 것은 억누르는 것이 아니라 스스로 다독이고 다시 일어서는 힘입니다. 이 힘을 가진 아이는 친구와 협력할 수 있고 상대의 마음을 헤아리며 함께 살아갈 수 있습니다. 그리고 그것은 단순한 기술이 아니라 사람답게 살아가는 데 꼭 필요한 삶의 태도입니다. AI는 계산은 잘하지만, 감정을 느끼지 못합니다.

그러나 인간은 감정 속에서 관계를 맺고, 그 관계 속에서 삶을 이어 갑니다.

그래서 우리는 아이에게 이렇게 가르쳐야 합니다.

스스로 다독이며 진정할 줄 아는 힘.

스트레스 속에서도 회복하는 힘.

내 마음을 알고, 표현하고, 조절하는 힘.

다른 사람 이해하고, 함께 어울려 성과를 만드는 힘.

그 힘이야말로 AI 시대를 살아가는 아이에게 가장 큰 빛이 되어 줄 것입니다.

우리는 이 질문을 던져야 합니다.

우리 아이는 지금, 마음을 어떻게 배우고 있을까?

1) 자신을 이해하는 힘 기르기

아이의 성장은 마음을 들여다보는 작은 질문에서 시작됩니다. 내가 왜 그렇게 느꼈는지 왜 그런 행동을 했는지 알아차릴 때 아이는 더 나은 길을 선택할 힘을 얻습니다. 감정 조절은 억누르는 것이 아니라 먼저 감정을 알아차리는 데서 싹이 트여 집니다. 왜 화가 났을까? 하고 스스로 돌아보는 순간 아이는 반복되는 실수 속에서도 조금씩 성숙해집니다. 비슷한 상황이 다시 와도 같은 걸음이 아닌 새로운 발걸음으로 나아갈 수 있도록 돕는 것입니다. 그리고 책임 있는 행동은 결국 자기 안의 물음에서 자랍니다.

그때 나는 왜 그랬을까?

나는 지금 어떤 기분이었을까?

왜 그런 마음이 되었을까?

다음에는 어떻게 해 보면 좋을까?

내가 왜 그렇게 느끼고, 왜 그런 행동을 했는지를 알아야 더 나은 선택을 할 수 있습니다. 다음 질문으로 돌아보기할 수 있습니다.

내 감정은 어땠지?

그때 내가 화가 났던 건 왜였지?

속상했던 건 어떤 말 때문이었을까?

내 머릿속에 어떤 생각이 들었지?

그 친구가 날 일부러 무시했다고 생각했어.

내가 지면 창피할 것 같다고 생각했어.

그래서 내가 어떤 행동을 했지?

그래서 소리를 질렀어.

그래서 그냥 도망쳤어.

이걸 통해 감정을 느끼고 생각하여 판단하고 행동으로서 결과와 흐름을 이해하고 조절하는 힘을 키울 수 있습니다. 사람은 누구나 감정이 있어 화날 수도 있고 슬플 수도 있습니다. 그런데 그 감정을 잘 들여다보고

    로봇과 살아갈 아이의 세상

나면 왜 그런 행동이 나왔는지 알 수 있습니다.

그걸 알면 다음엔 더 좋은 선택을 할 수 있습니다.

우리 마음은 신호등 같아서 감정은 빨간불, 생각은 노란불, 행동은 초록 불, 중간에서 한 번 멈추고, 왜 그런 마음이 들었을까? 생각해 보는 것입니다.

이런 놀이도 함께 해 볼 수 있습니다.

감정, 생각, 행동 카드 만들기 감정 카드(화남, 슬픔 등), 생각 카드(나를 무시했어), 행동 카드(소리 지름 등)를 조합해 봅니다. 감정 되짚기 그림일기 어떤 일이 있었는지, 그때 어떤 감정, 생각, 행동이 있었는지 적거나 그림으로 표현하기, 마음 거울 활동은 거울을 보며 내가 왜 그랬을까? 를 말로 표현해 보기. 상황극 되돌리기, 다툰 상황을 다시 연극처럼 표현해 보고 다른 선택해 보는 다시 해 보기 활동이 있습니다.

훈육보다 함께 되돌아보기 대화가 중요합니다.

왜 그랬어? 보다 그때 어떤 기분이었어?

무슨 생각이 들었니?

감정부터 묻는 것이 효과적입니다. 돌아보기를 처벌이나 비난이 아닌 성장을 위한 기회로 전달해야 합니다.

2) 마음의 안정을 찾는 법 배우기

마음을 조절한다는 것은 내 안의 작은 파도들을 다독이며 스스로 고요를 찾아가는 길입니다. 숨을 고르고, 조용한 공간에 잠시 머물며 감정을 스티커처럼 붙여 바라보고 5분 멈춤으로 마음의 속도를 늦추어 보는 것 씨앗처럼 작은 명상을 심고 글 속에 긴장을 풀어내며 음악에 기대어 호흡을 고르다 보면 마음은 다시 제자리를 찾아갑니다.

마음의 안정을 찾는 법을 배운다는 것은 흔들리는 순간에도 감정에 휩쓸리지 않고 스스로 평온을 회복하는 힘을 기르는 일입니다. 이는 아이에게도 어른에게도 삶을 살아가는 모든 이에게 평생을 비춰 주는 등불과 같은 지혜입니다.

쉽게 말해 속상하거나 화났을 때 내 마음을 스스로 편하게 만드는 힘입니다. 감정이 폭발하기 전에 스스로 멈추는 법과 자기 조절력 향상 집중력, 인내심, 사회성 발달과도 연결로 되어 있어 마음 다스리기는 감정 폭발 예방을 꼭 배워야 합니다.

이는 정신 불안, 스트레스에 쉽게 흔들리지 않는 회복 탄력성을 키워 주고 관계 개선에 도움을 줍니다. 감정이 안정되면 말과 행동도 부드러워져 친구 관계도 좋아집니다. 사람은 누구나 화나고 속상하고 짜증 날 수 있습니다. 그런데 그런 감정이 생겼을 때 마음을 진정시키는 방법을 알면 더 나쁜 일이 생기지 않고 기분도 더 좋아질 수 있습니다.

아이가 배울 수 있는 마음 안정 방법입니다.

마음은 컵 같아서 감정이 넘치기 전에 잠깐 멈추고 쉬는 법을 배워야 합니다.

몸 감각 느끼기, 마음 말로 표현하기, 편안한 활동 하기. 안심 물건, 공간 사용하기, 감정을 나누고 배려하는 태도 등, 내 감정을 솔직하게 표현하고 다른 사람의 감정을 존중하며 상대가 기분 좋을 수 있도록 행동하는 태도입니다. 즉, 내 마음도 소중하고 친구 마음도 소중해 느끼며 그렇게

 로봇과 살아갈 아이의 세상

행동하는 자세입니다. 이는 공감 능력과 사회성의 핵심이자 건강한 인간 관계의 바탕이 되는 매우 중요한 힘이 됩니다. 사회적 감정 학습으로 역할 바꿔 생각하기, 내 친구가 이런 상황이라면? 공감하고 좋은 친구 관계 형성과 감정을 나누고 배려하는 아이는 친구들과 더 오래 깊이 관계를 맺을 수 있습니다. 건강한 소통 능력은 서로 마음을 나누는 연습의 기초가 되기도 합니다. 갈등 예방과 해결 능력으로 서로의 감정을 이해하면 다툼이 줄고 화해도 쉬워집니다. 타인에 대한 존중감 배려는 나와 다른 감정과 입장을 인정하는 마음에서 시작되며 타인에 대한 존중감 발달에 기초가 됩니다. 그러므로 감정을 배우고 배려하는 태도는 매우 중요합니다. 대화 스크립트 연습으로 실생활에 활용하게 하기 연습을 할 수 있습니다.

경청하기: 친구 말끝까지 듣기.

공감하기: 나도 그랬던 적 있어.

존중하기: 네 기분도 이해돼.

표현하기: 고마워, 미안해, 괜찮아?

양보하기: 먼저 해. 난 기다릴게.

3) 생각 펼치기

생각을 펼친다는 것은 머릿속 작은 씨앗 하나를 살며시 꺼내어 말로 키우는 일입니다. 예를 들어, 아이가 나는 사과를 좋아해 말하면 우리는 살짝 손을 잡아 주듯 묻습니다.

왜 사과를 좋아할까?

어느 날 먹었을 때 마음이 어땠어?

사과를 먹으면 어떤 느낌이 드니?

그렇게 하나하나 질문을 따라가다 보면 작은 생각이 조금씩 자라나 점점 더 넓고 더 깊고 더 다채로운 이야기로 이어집니다. **생각 펼치기는 아이들이 마음속 작은 씨앗을 꺼내어 자유롭게 하늘로 뻗어 나가게 하는 시간입니다.** 한 줄기 생각에서 시작된 마음의 가지는 여러 방향으로 갈라지며 이유와 결과 다른 시각으로 세상을 비추어 보고 때로는 엉뚱하고 기발한 상상으로 무지개처럼 다채롭게 피어납니다. 그렇게 펼쳐진 생각들은 말과 글로 다시 세상에 내려와 아이만의 색깔과 울림을 담아 전달됩니다. 이 과정에서 아이들은 사고의 날개를 달고 상상력과 표현력이라는 두 날개로 세상을 자유롭게 날아다니는 법을 배웁니다. 아이의 생각과 마음을 펼치는 시간. 아이들은 하루에도 수많은 작은 생각들을 마음속에서 만들어 갑니다.

"난 로봇이 좋아."라고 말할 때, 그 뒤에는 호기심과 신비로움이 숨어 있습니다. "왜 좋아해?"라고 물으면 아이는 한 발짝 더 들어가 자신의 마음을 들여다봅니다.

로봇이 있으면 뭐가 좋아질까?

만약 로봇이 말한다면?

이 질문들은 아이의 상상에 날개를 달아 주고 생각을 길게 펼치게 합니다. 강아지가 귀여워, 라고 말할 때도 마찬가지입니다.

어느 부분이 제일 귀여워?

강아지가 말을 한다면 뭐라고 할까?

아이의 마음속에서 작고 따뜻한 세상이 피어납니다.

친구와의 놀이에도 생각 펼치기는 이어집니다.

    로봇과 살아갈 아이의 세상

친구랑 놀고 싶어.

무엇을 하고 싶어?

그 놀이를 하면 어떤 기분이 들까?

다른 놀이도 좋을까?

이 과정에서 아이는 자신의 마음과 친구의 마음을 자연스럽게 헤아립니다. 생각 확장하는 활동들입니다.

왜 그럴까? 카드 그림

그림 속 이야기를 보며 왜 그렇게 됐을까?

그다음엔 어떻게 될까? 상상합니다. 작은 의문이 큰 상상으로 이어지고, 아이의 마음은 그림 속에서 춤을 춥니다. 내 생각지도 그리기로 중심 생각(예: 로봇)에서 가지를 뻗듯 이유와 느낌 이야기를 그림과 글로 펼쳐 봅니다. 생각이 눈으로 보이니 마음도 더 또렷하게 자랍니다. 이야기 이어 말하기에서 한 문장으로 이야기를 시작하고 돌아가며 길게 이어 갑니다.

아이들은 서로의 이야기에 귀 기울이며 상상과 언어를 함께 키워 갑니다.

만약 나라면? 상상하기

내가 물고기라면?

내가 구름이라면?

그림과 글로 나를 바꾸어 보는 상상 속에서 아이의 감정과 창의력이 자랍니다.

생각을 더 길게 말해 봅니다.

그건 왜 그런 것 같아?

다르게 말하면 뭐라고 할 수 있을까?

그 뒤에 어떤 일이 생길까?

네 마음은 어땠을까?

왜 그 친구는 그렇게 행동했을까? 칭찬 릴레이, 나눔 프로젝트, 감정 조절력 키우기 단체활동. 이런 활동 속에서 아이들은 서로의 마음을 듣고 공감하며 감정을 이해하는 법을 배웁니다. 서로의 마음을 나누는 순간 교실은 작은 우주처럼 따뜻하게 빛납니다.

4) 마음이 움직이는 지점

아이들이 살아갈 AI 시대는 점점 더 빠르게 다가오고 있습니다. 그렇기에 우리는 아이들에게 단순한 지식만을 가르치는 것을 넘어 급변하는 미래 사회에서 자신을 지키고 세상과 조화롭게 살아갈 힘을 길러 주어야 합니다. 삶의 기본적인 도덕적 태도, 생각하고 실천하는 창의적 사고 자신의 감정을 이해하고 절제하는 능력은 그 어느 때보다 중요해집니다. AI가 많은 일을 대신하게 되는 세상에서는 사람만이 할 수 있는 능력이 아이의 가장 소중한 자산이 될 것입니다. 아이들이 자신의 감정을 이해하는 과정도 소중한 배움의 시작입니다. 어떤 감정이 왜, 어떻게 생겨나는지 살펴

로봇과 살아갈 아이의 세상

보는 일은 생각과 경험 상황과 자극의 작은 씨앗을 찾아보는 여정과 같습니다. 예를 들어, 친구가 내 장난감을 빌려 갔는데 돌려주지 않아 속상하고 화가 날 때 아이는 마음속에서 이렇게 느낄 수 있습니다.

내 물건을 소중히 여겨 줬으면 좋겠어.

돌려주지 않아서 내가 무시당한 것 같아.

이 순간 감정의 출발점은 무시당했다는 느낌 혹은 내 소중한 것을 지키고 싶은 마음입니다. 이런 감정을 함께 바라보고 이름 붙이며 이해하는 경험 속에서 아이는 자신의 마음을 읽고 조절하는 힘을 조금씩 키워 갈 수 있습니다.

감정이 생긴 이유를 알면, 충동적인 행동보다 표현하고 조절하는 힘이 생기며 아이가 스스로 감정을 인식하고 상황을 다시 해석하는 힘이 자라납니다.

너 지금 속상한 거 보니까, ○○ 때문에, 그런 거지?

그렇게 느낀 이유가 뭘까?

어떤 일이 있어서 그런 감정이 생겼을까?

처음 그런 기분이 들었던 건 언제였는지 생각해 볼까?

내가 요즘 자주 느끼는 감정은?

말하게 합니다. 전개 상황별 감정 연기 통해 어떻게 반응하면 좋을까? 생각하게 하고 이야기 나누기합니다.

5) 내 마음을 이야기하기

우리 아이, 감정을 건강하게 표현하며 자라도록 돕는 길입니다.

아이들은 자신의 마음을 온전히 느끼지만, 그것을 말로 표현하는 법을 모를 때가 많습니다. 감정을 표현하는 능력은 단순히 말하기 기술이 아니라 스스로 마음을 이해하고 다른 사람과 안전하게 소통하는 중요한 과정입니다. 마음을 말로 표현할 수 있을 때 아이는 마음이 한결 가벼워지고 울거나 소리치고 공격적인 행동으로 터지는 감정 폭발을 줄일 수 있습니다. 또한 다른 사람과의 관계가 더 부드러워지고 나를 이해해 주는 사람이 있다는 믿음이 자라납니다.

감정을 말로 표현하기

화났을 때: 지금 화가 나. 내가 하고 싶은 걸 못 해서 속상해.

슬플 때: 친구가 나랑 안 놀아서 마음이 슬퍼.

기쁠 때: 오늘 엄마랑 놀아서 너무 기뻐!

무서울 때: 그 소리가 무서웠어. 그래서 울었어.

다양한 감정 단어를 들려줍니다.

기뻐, 서운해, 놀랐어, 답답해 같은 단어를 일상에서 자주 들려줍니다.

○○해서 ○○해. 말하기를 연습하며 아이가 자신의 감정을 이유와 함께 말하도록 도와줍니다.

예시) 친구가 내 말을 안 들어서 속상해. 엄마가 칭찬해 줘서 좋아.

감정을 활동으로 풀어 보기

마음 날씨 그림: 오늘 내 마음은 어떤 날씨일까?

화남 = 번개, 슬픔 = 비, 기쁨 = 햇살

로봇과 살아갈 아이의 세상

대화할 때는 그럴 수도 있어.

지금 이 감정 어떻게 풀 수 있을까?

감정은 나쁜 게 아니야. 표현하는 방법을 배워 보자. 이럴 땐 이렇게 말해 보는 건 어때?(I-message 지도) 내 마음이 폭풍 같을 땐 잠깐 멈춰도 괜찮다고 말해 줍니다. 유아기부터 감정을 인식하고 표현하고 조절하며 나아가 공감하는 과정을 반복하면서 아이는 내 마음을 다루는 힘과 남의 마음을 헤아리는 힘을 함께 길러 갑니다.

감정을 이해하고 공감하기

아이에게 감정을 이해시키는 것은 자신의 마음과 타인의 마음을 알아차리고 이해하며 적절히 반응하는 힘을 기르는 과정입니다.

지금 어떤 기분이야?

몸이 어떻게 느껴져?

예시) 배가 꽉 막히는 느낌을 화로 표현. 눈물이 나려는 느낌을 슬픔으로 표현.

감정의 이유 생각해 보기

왜 그런 기분이 들었을까?

무슨 일이 있었지?

다른 사람의 감정도 살펴보기

친구는 어떤 기분이었을까?

그 말을 들은 친구 마음은 어땠을까? 상황에 따라 아이의 감정을 다정하게 이해해 주며 말해 줍니다.

친구와 싸웠을 때: 너도 속상했지. 그런데 친구도 마음이 아팠을 거야.

울고 있을 때: 눈물이 나는 걸 보니 많이 서운했구나.

화가 났을 때: 지금 화가 났구나. 어떤 일이 그렇게 기분 나쁘게 했어?

감정을 말로 연습하기

나는 속상했어. 친구가 나 안 끼워 줘서.

나는 화났어. 친구가 내 장난감을 가져가서.

진정 활동으로 감정 다루기로 아이의 화난 마음을 억누르거나 다그치기보다, 부드럽게 안내합니다.

지금 너무 화났구나.

마음 진정할 방법부터 찾아보자.

숨 고르기, 조용한 공간, 물 마시기, 포옹 등 아이에게 맞는 방법을 제안합니다.

아이들이 스스로 감정을 알아차리고 말로 표현하고 조절하며 다른 사람의 마음에도 공감하는 과정은 AI 시대를 살아가는 우리 아이들에게 꼭 필요한 힘입니다. 감정을 건강하게 표현할 줄 아는 아이는 자존감 사회성 문제해결력까지 자연스럽게 자라납니다.

6) 마음을 진정시키기

아이의 마음은 때때로 바람에 흔들리는 작은 나뭇잎처럼 요동칩니다. 화가 나거나 속상하거나 마음이 두근거릴 때 생각이 흐려지고 행동으로 감정이 터져 나올 수도 있습니다.

하지만 스스로 마음을 가라앉히는 방법을 배우면 마음의 폭풍 속에서도 조금씩 중심을 잡을 수 있답니다. 한 가지 방법은 호흡 놀이입니다. 코로 천천히 숨을 깊이 들이마시며 배를 풍선처럼 부풀리고, 입으로 후~ 하고 바람을 내쉬어 봅니다.

숨을 들이마시고 내쉬는 동안 마음속의 작은 바람도 차분히 빠져나가는 느낌을 상상해 보는 것입니다.

또 다른 방법은 근육 이완 놀이입니다. 손을 꼭 쥐었다가 힘을 툭~ 풀어 봅니다. 발끝에서부터 어깨까지 몸 구석구석의 긴장을 느끼고 천천히 풀어 주는 동안 마음의 긴장도 함께 사라지는 것을 느낄 수 있습니다.

이렇게 작은 호흡과 몸의 움직임으로 마음을 다스리다 보면 내 마음을 스스로 보듬고, 상황을 조금 더 차분하게 마주할 수 있게 됩니다. 마음이 흔들릴 때마다 나만의 작은 바람과 풍선 놀이로 마음을 달래 보는 것입니다.

- 상상 놀이로 마음 상자 속에 감정을 넣어 주기

- 화난 마음 상자에 넣고, 뚜껑 덮고, 열쇠로 잠그기

- 시각적 상상으로 감정을 분리하는 훈련

- 나만의 진정 장소 만들기

- 조용하고 편안한 마음 쉬는 곳 만들어 주기

- 인형을 안고 숨 쉬면서 마음 진정하기

- 감정 말로 표현하기(예: 지금 화났어요.)

- 감정 숨쉬기(예: 구름을 들이마시고 바람을 내쉬어 봅니다.)

- 마음 날씨 바꾸기(예: 속상한 비를 그치게 하려면 어떻게 해야 할까?)

- 모래시계, 타이머로 진정 시간 정해 주기

- 감정 인형을 꼭 안고 숨 쉬며 감정, 가라앉히기(예: 지금 마음이 화산처럼 뜨겁구나, 우리 같이 식혀 보자. 너무 화날 땐, 잠깐 멈추고 쉬는 것도 괜찮아.)

진정하면 다시 이야기할 수 있어 말로 표현하면 감정이 줄어들기 때문에 아이가 말할 수 있도록 도와줍니다.

- 아이의 처한 상황이 정리될 때까지 기다리기

아이가 화를 낼 경우, "왜 또 화내!"라고 말하기보다 감정 지도 말하기, "지금 화가 났구나. 그 마음 이해해." 물건을 던지면, "그만해! 던지지 마!" 하는 것보다 "던지고 싶을 만큼 속상했구나. 말로 해 줄래?" 친구를 때리지 않기에서 "때리면 나쁜 거야!" 대신 "친구가 아팠을 거야." 하는 것이 좋습니다. "네 마음도 알아. 다시 이야기해 보자."

감정은 좋고 나쁜 것이 아니라 모두 소중한 신호입니다.

아이의 감정을 틀렸다고 판단하는 것은 아이에게 도움이 되지 않습니다. 아이의 감정에 이름을 붙이고, 다정하게 공감해 주는 것만으로도 아이는 스스로 감정을 배우기 시작합니다.

7) 놀이 속에서 자라는 문제 해결

문제 해결력은 정답을 찾는 능력이 아니라 정답이 없는 문제 앞에서 스스로 길을 찾아보려는 마음입니다. 창의성 교육도 이제는 마음에서부터 시작해야 합니다.

아이들은 태어날 때부터 세상을 향한 호기심을 가득 품고 있습니다. 자신만의 방식으로 그 호기심을 풀어 가려 합니다. 하지만 어른들은 자꾸

    로봇과 살아갈 아이의 세상

정답을 가르쳐 주려 합니다.

아이들에게 먼저 필요한 것은 왜 그럴까? 이건 무엇일까? 하고 마음속에서 문제를 발견하는 경험입니다. 그것이 바로 창의성의 진짜 출발점입니다. 문제를 해결하는 것보다, 문제를 느끼고 발견하는 능력 그건 세상에 아직 아무도 묻지 않은 질문을 스스로 만들어 내는 용기이기도 합니다.

그리고 그 용기는 오직 즐겁고 안전한 공간에서 자랍니다. 바로 놀이 수업이 중요한 이유입니다. 놀이 속에서 아이들은 누구의 눈치도 보지 않고 자신의 방식대로 만들고 망치고, 다시 시도하며 몰입합니다. 그 과정에서 아이들은 나는 이렇게 해 볼래, 자신 이야기를 꺼내 놓을 수 있게 됩니다.

그 힘이 바로 창의성이고 자존감이며 삶의 에너지이자 문제 해결 능력의 시작점입니다.

그래서 우리는 아이들에게 더 많이 가르치려 하기보다는, 오히려 덜어 내야 합니다.

정해진 시간표, 정답 있는 질문, 똑같은 결과물을 요구하는 평가, 이런 것들이 아이들의 가능성을 조용히 눌러 버린다는 것을 기억해야 합니다. 우리의 역할은 그 조용한 억눌림을 걷어 내고 아이들이 마음껏 상상하고 뛰놀 수 있는 공간을 지켜 주는 것입니다.

덧셈이 아니라 뺄셈의 교육 그것은 결국 아이 한 명 한 명의 목소리를 진심으로 들어 주겠다는 마음이기도 합니다.

문제 해결의 능력은 기술에서 시작되지 않습니다.
사람과 사람 사이의 따뜻한 신뢰에서 시작됩니다.

아이의 눈빛을 보고 그 작은 손이 만들어 낸 세계를 함께 들여다봐 주시면 바로 거기서, 진짜 교육이 시작됩니다.

8) 창의력 수업을 통한 문제 해결 능력 키우기

아이들이 스스로 자라고자 하는 마음을 지켜 주는 교육은 아이들이 생각보다 더 많은 가능성을 품고 있기 때문입니다.

그들의 머릿속에 떠오른 작은 생각 남들이 보면 엉뚱하거나 별거 아닌 것처럼 보일 수도 있습니다. 하지만 그 **조그만 아이디어가 누군가의 귀 기울임과 응원 속에서 놀라운 변화의 씨앗이 될 수 있습니다.** 그래서 지금 우리에게 필요한 건 그냥 더 지식을 집어넣는 교육이 아니라 아이들이 자기 생각을 꺼낼 수 있게 용기를 주는 교육 혼자만이 아니라 함께 자라는 경험을 주는 교육입니다.

너의 생각이 궁금해.

그거, 같이 해 볼까?

이런 말 한마디가 아이들에겐 놀라운 힘이 됩니다. 그건 아이가 세상과 연결되었다는 감정 그리고 나도 할 수 있다는 믿음을 갖게 해 줍니다.

창의력은 혼자 앉아서 천재처럼 떠올리는 게 아니라, 함께 생각하고 부딪히고 도와주며 자라나는 것입니다.

친구의 아이디어에 귀 기울이고 거기 내 생각을 이야기하고 그렇게 서로의 마음과 생각이 만나서 하나의 살아 있는 프로젝트가 되는 것 그게 진짜 배움이고 진짜 성장하는 과정입니다.

그래서 놀이와 공간은 지식을 주입하는 공간이 아니라 아이들이 서로

로봇과 살아갈 아이의 세상

배우고 함께 자라는 실험실이 되어야 합니다.

실제 문제를 해결해 보는 프로젝트 속에서 아이들은 책에서 배운 이론이 삶과 연결된다는 마음 깊은 곳에서 공감하게 되고 자기 안에 있는 문제 해결 능력과 창의성을 발견하게 합니다. 그리고 무엇보다 중요한 건 그 과정을 함께 했던 기억이 아이의 마음에 오래도록 남아 자존감과 협력의 씨앗으로 자라난다는 것입니다.

그러니까 우리는 아이들에게 이렇게 말해 줄 수 있어야 합니다. 혼자 잘하는 것도 멋지지만 함께 멋지게 자라는 건 더 멋져, 네 아이디어는 소중해, 그리고 누군가에게 꼭 필요할 수 있어. 이런 말이 아이의 삶을 바꾸는 진짜 교육의 시작이 됩니다. 예를 들어 우리 마을에 필요한 놀이터 만들기 통해 아이의 마음이 움직이는 순간 아이들에게 우리 마을에 놀이터를 만들어 보자, 라고 말했을 때 그건 단지 놀이 기구 만드는 활동이 아닙니다. 그건 곧 아이들의 눈으로 세상을 바라보고 내가 이 마을을 조금 더 좋은 곳으로 바꿀 수 있다는 작은 책임감과 가능성을 선물하는 일입니다.

처음엔 마을의 놀이터 문제를 조사하면서 왜 여긴 미끄럼틀이 없지? 왜 고장 난 채로 방치돼 있을까? 이런 단순한 물음들이 생겨 납니다. 그 순간 아이들의 머릿속에는 질문이 자라기 시작합니다.

질문은 바로 생각의 시작이고, 아이 스스로 세상과 관계 맺는 감정의 시작입니다.

그리고 친구들과 어떤 놀이터가 좋을지 토론하면서 자기 의견을 내고, 때론 부딪히고 속상하기도 합니다. 누군가는 의견을 강하게 주장하고 또 누군가는 조용히 듣기만 합니다. 그 과정은 꼭 어른들의 세상을 축소해 놓은 것 같지만 그 안에서 아이들은 조금씩 배워 갑니다.

말을 하지 않고 있는 친구에게도 생각이 있구나.

내가 지고 싶지 않지만, 함께 만들려면 양보하고 이해도 필요하구나. 이런 감정의 진폭은 교과서로는 절대 가르칠 수 없는 사람 사이의 배움입니다. 설계도를 그릴 땐 종이에 마음을 담고 모형을 만들 땐 손끝으로 꿈을 만들어 갑니다.

그 과정에서 생긴 문제들 재료가 부족하거나 생각대로 안 되거나 친구와 다투거나 도무지 해결책이 떠오르지 않거나 그 모든 좌절과 시행착오가 아이들에게 진짜 문제 해결력을 키워나갑니다. 그건 정답을 외우는 방식과는 완전히 다른 살아 있는 살아가면서 꼭 필요한 힘이 됩니다.

산만한 아동은 특히 이런 수업에서 빛을 나타내며 책상 앞에서는 집중하기 힘들어도, 손으로 만들고 몸으로 참여하는 활동에선 몰입이 대단하기 때문입니다.

아이 스스로 내가 하고 싶어서 하는 일에 참여할 때, 그 집중력은 어른들조차 놀랄 만큼 깊어집니다.

그 아이에게 '넌 산만해'가 아니라 '네가 집중하는 방법이 따로 있구나'라고 말해 주는 순간 그건 단지 배움이 아니라 존중받는 존재로 받아들여지는 감정인 것입니다. 그래서 이러한 협동심을 기르는 공동수업은 단순한 만들기 활동이 아니라, **자기 마음을 쓰고 타인을 이해하고 함께 길을 찾아가는 과정**입니다. 자신의 방식대로 생각하고 실수를 겪고 함께 다시 일어나는 경험 그 안에서 아이들은 자신만의 목소리를 찾고 함께하는 힘의 소중함을 배우는 그것이 바로 **지식을 넘어서 사람을 키우는 교육**이 될 것입니다.

창의성과 감성을 키울 수 있는 다양한 경험 제공, PRL 수업 예시입니

   로봇과 살아갈 아이의 세상

다. AI는 기존 데이터를 분석하고 패턴을 찾아 새로운 조합을 만들 수는 있어도 완전히 새로운 개념을 창조하는 능력은 인간이 훨씬 뛰어납니다.

주제
- 우리 마을에 필요한 놀이터 만들기
- 마을의 놀이터 문제 조사(탐구)
- 친구들과 어떤 놀이터가 좋은지 토론(협업)
- 놀이터 설계도나 모형 만들기(창의적 결과물)
- 발표 & 공유(소통)

과정에서 생긴 문제를 어떻게 해결했는지도 함께 발표하고 **스스로 계획**하며 실천하다 보면 책임감이 높아지는 자기 주도적 학습과 다양한 방법으로 문제를 해결하는 능력이 향상됩니다. 정해진 답이 아닌 자기의 방법으로 생각과 고민하다 보면 비판적 사고와 창의력이 생길 수 있습니다.

문제를 해결하려다 보면 자기 마음대로 이루어지지 않아 싸우기도 하고 성질도 내고 던져 보기도 하지만 주어진 과제를 완성하려면 친구들과 의견을 나누는 것도 요령이 생기고 함께 해결하는 협업 능력 경험을 하게 됩니다.

아이들은 산만하고 집중력이 떨어지는 경우 있지만 자기 주도적 학습에선 흥미와 몰입도가 뛰어나 직접 참여하고 결과물 만드는 과정이 재미있어 학습 흥미가 높습니다.

실제 문제를 해결하는 경험을 통해 사고력을 기르고, 결과를 도출하는

과정에서 배우고 주어진 지식을 그대로 암기하는 것이 아니라 배우면서
실생활에 적용하는 것이 중요합니다.

9) 스스로 판단하고 결정하는 힘

아이에게 선택권과 주도권을 주는 것은 단순히 공부를 맡기는 것이 아
닙니다. 그것은 아이가 스스로 삶의 작은 길을 걸어가는 법을 배우게 하
는 첫걸음입니다.

**스스로 목표를 세우고, 시간을 조율하며, 하나씩 탐구하는 과정에서 아
이는 작은 실패를 하지만 그 속에서 회복하는 힘 즉 삶의 탄력성을 배워
갑니다.**

빠르게 변하는 세상 속에서 중요한 것은 무엇일까요?

정답을 외우는 능력이 아니라 스스로 배우고 성장하는 힘입니다. 아이
의 손을 잡고, 때로는 뒤에서 살짝 지켜보며 아이가 자기 주도적으로 목
표를 세우고 행동하도록 돕는 일. 그 순간 아이는 자기 삶의 작은 주인이
되어 가는 법을 조금씩 배워 갑니다. 아이가 오늘 하고 싶은 활동을 고르
게 하고 네가 오늘 가장 알고 싶은 게 뭐야? 질문하고 문제를 해결할 기회
를 줍니다. 이게 안 되면 다른 방법은 뭐가 있을까? 질문하고 다른 방법
찾을 수 있게 안내하고 실패해도 다시 도전할 수 있도록 격려하고 배움의
즐거움을 느끼게 하는 것이 중요합니다. 자율성과 자기주도 학습 키우는
방법으로 선택의 기회 주고 이 문제 먼저 할까? 저 문제부터 할까? **작은
선택이라도 스스로 결정**하게 합니다. 또한 학습 계획 함께 세워 주간 학
습 표, 체크리스트 등을 아이와 함께 만들며 오늘 목표는 뭐야? 질문합니

로봇과 살아갈 아이의 세상

다. 스스로 점검할 수 있도록 합니다. 완료한 뒤 어떤 점이 잘됐어? 다음에 더 잘하려면? 스스로 평가해 보게 합니다. 결과보다 과정에 칭찬 집중하고 끝까지 했구나! 스스로 해 보려 한 게 정말 멋졌어. 칭찬의 말을 합니다.

10) 비판적 사고와 논리적 사고 기르기

아이의 마음속에는 늘 작은 파도처럼 감정이 출렁입니다.

순간의 기분에 따라 행동하고 생각보다 감정이 앞서는 날이 많습니다. 그래서 옳고 그름을 판단하거나 정보를 따져 보는 일이 쉽지 않을 때가 있습니다.

하지만 아이가 조금씩 스스로 생각하는 힘을 키워 갈 수 있도록 돕는다면 그 마음속 파도도 차분히 잔잔해질 수 있습니다. 비판적 사고라는 것은 단순히 똑똑해지는 것이 아니라 눈앞에 보이는 것만 믿지 않고 한 발짝 물러서서 생각하는 힘입니다. 잘못된 정보를 알아차리고 겉모습에 속지 않으며 무엇이 옳고, 그른지 스스로 판단하는 힘이기도 합니다. 논리적으로 생각하고 정보를 분석하며 근거를 바탕으로 선택을 내리는 능력이 됩니다.

아이에게는 충동적이고 감정적인 순간이 많지만, 그 안에서도 조금씩 왜 그럴까? 하고 질문을 던지는 연습을 하게 한다면 세상을 바라보는 눈이 점점 더 깊어질 수 있습니다. **아이가 서두르지 않고 잠시 멈춰서 생각하는 시간을 갖도록 도와주는 것이** 바로 그 길입니다. 그렇게 차근차근 훈련하다 보면 언젠가 아이는 자신 생각과 선택에 자신감을 가지고 흔들리지 않는 마음으로 세상을 마주할 수 있을 것입니다.

아이에게는 스스로 질문을 던지고 스스로 답을 찾아가는 작은 모험이 필요합니다.

왜 그렇게 생각했을까?

만약 결과가 달랐다면 어땠을까?

네가 내린 결정을 다른 사람은 어떻게 볼까?

아이에게 이런 질문을 건네면 아이는 자신 생각을 하나씩 꺼내어 설명하고 다른 시선에서 문제를 바라보는 연습을 합니다. 그렇게 작은 호기심이 쌓이면 아이의 마음속에 문제 해결의 씨앗이 자라납니다.

때로는 게임이나 퍼즐이 아이의 스승이 됩니다.

이 문제를 해결하려면 어떤 방법을 쓸 수 있을까?

아이들은 여러 가지 방법을 떠올리고 계획을 세우며 다양한 가능성을 탐험합니다. **작은 성공과 실패 속에서 논리적으로 생각하는 힘이 자랍니다.** 감정이 마음속에서 폭풍처럼 몰아칠 때 아이는 차분히 스스로 묻습니다.

지금 내가 화가 난 이유는 무엇일까?

이 상황에서 가장 좋은 해결 방법은 무엇일까?

그때 역할극은 마법 같은 도구가 됩니다.

친구와 다툰 상황을 만들어 보며 이때 어떤 말을 하면 좋을까? 하고 고민하는 동안 아이는 사회 속에서 자신을 조절하는 법을 배우고, 충동적인 마음을 조금씩 다스릴 수 있게 됩니다. 또한 이야기를 듣고 상상하는 시간은 아이의 사고를 넓게 만들어 줍니다.

만약 주인공이 다른 결정을 내렸다면 어떤 일이 생겼을까? 이 질문에 답하다 보면 원인과 결과를 연결하는 힘이 자라나고 세상과 사람을 이해하는 눈이 조금씩 열립니다. 이 모든 작은 연습들은 아이 마음에 스스로 생각하고 느끼고 선택하는 힘을 키워 줍니다. 아이는 그 힘으로 조금 더 넓은 세상을 향해 한 걸음씩 나아갈 수 있습니다.

11) 훈육, 교육 시 신중하게 접근해야 할 부분

아이들의 마음이 부드럽게 꿈틀거립니다.

왜 안 되는 거야? 하고 속으로 답답해할 때,

아이에게 먼저 **짧고 명확한 질문**을 건넵니다.

한 번에 하나씩 필요한 것만 핵심만 묻습니다.

누가, 언제, 어디서, 무엇을, 왜, 어떻게—5W1H를 떠올리며, 질문은 짧지만 깊이 있는 힘을 가집니다.

시각 자료를 보여 주면 아이의 눈빛이 반짝이며 이해가 찾아옵니다. 그림, 차트, 작은 만화 한 장에도 마음이 열리며 아이의 작은 용기와 노력은 놓치지 않고 찾아 칭찬합니다.

오늘 네가 먼저 인사했더라.

정말 용기 있는 행동이었어.

덕분에 분위기가 따뜻해졌어.

앞으로도 그렇게 해 보자. 정말 잘했어!

충동적인 마음 일렁일 때 잠시 기다릴 시간을 줍니다.

지금 바로 말하고 싶지?

3초만 세고 말해 볼까?

모래시계가 흘러가는 동안 아이는 스스로 마음을 정리하고, 참았다는 성취를 맛봅니다.

참았구나, 대단해. 지금 스스로 조절했네.

처음에는 3초, 그다음 10초, 언젠가는 1분. 아이의 기다림은 점점 길어지고 마음의 힘은 단단해집니다. 그 기다림 속에서 아이는 자신을 알아가고 세상을 향해 한 걸음씩 다가갑니다.

아이의 작은 행동 하나하나에 귀 기울이며 조용히 응원하는 것 그것이 바로 아이가 스스로 성장하도록 지켜 주는 교육의 길입니다.

아이에게 긍정적인 피드백을 줄 때 우리는 단순히 잘했어, 말하는 것을 넘어 아이가 한 행동의 의미와 가치를 함께 느낄 수 있도록 도와줄 수 있습니다. 먼저 아이가 어떤 행동을 했는지 관찰한 것부터 이야기해 줍니다. 예를 들어, 오늘 네가 먼저 인사했더라, 같이 구체적으로 눈에 보이는 행동을 말해 주는 것입니다. 그다음 그 행동이 얼마나 멋진지 구체적으로 칭찬합니다. 정말 용기 있는 행동이었어, 단순히 좋다 넘어서 아이가 느낄 수 있는 이유를 알려 주는 것입니다.

그리고 그 행동이 주변에 어떤 변화를 가져왔는지 그 의미를 함께 이야기해 줍니다. 마지막으로 격려로 마무리하면서 앞으로도 비슷한 행동을 계속해 볼 수 있도록 응원합니다.

앞으로도 그렇게 해 보자. 정말 잘했어! 아이의 작은 행동에도 이렇게 구체적이고 따뜻한 피드백을 줄 수 있습니다.

그렇게 집중해서 한 거 정말 멋졌어.

     로봇과 살아갈 아이의 세상

네가 친구를 도와준 걸 봤어. 배려심이 대단해,

그 아이디어 정말 창의적이었어! 이같이 말을 해 주면 아이는 자신이 인정받고 있다는 느낌과 함께 스스로 잘하고 싶은 마음을 갖게 됩니다.

또 하나 중요한 점은 충동성을 조절하는 힘을 길러 주는 것입니다. 충동성이 높은 아이는 생각할 시간을 갖기 어려워서 바로 반응하거나 감정을 터뜨리곤 합니다. 이럴 때는 바로 혼내거나 지시하지 않고 잠시 숨을 고르고 관찰합니다.

그리고 아이가 스스로 자기의 말이나 행동을 정리할 시간을 주는 것입니다.

12) 협력 작업 및 의사소통 기술

협업이란, 서로 손을 맞잡고 함께 힘을 모아 무언가를 이루어 가는 과정입니다. 친구와 블록을 쌓거나 팀으로 그림을 그릴 때처럼 각자 맡은 역할을 나누고 서로 도우며 조금씩 꿈을 완성해 가는 과정이 바로 협업입니다.

그리고 **의사소통이란**, 내 마음과 생각을 솔직하게 말하고 다른 사람의 마음과 이야기를 귀 기울여 듣는 일입니다.

내가 먼저 하고 싶어요. 좋아요, 그다음엔 내가 해도 돼요? 이런 작은 말 한마디 눈빛, 몸짓으로 마음을 주고받는 것이 바로 의사소통이랍니다.

쉽게 말하면 **협업은 같이하는 힘 의사소통은 잘 말하고 잘 듣는 힘**입니다. 오늘날 AI가 아무리 똑똑해져도 인간만이 가진 가장 소중한 힘 중 하나는 바로 협력입니다.

팀 프로젝트를 하거나 역할극을 하고 토론하면서 아이들은 서로 다른 생각을 나누고 함께 문제를 해결하는 방법을 배워 갑니다. 자신 생각을 논리적으로 표현하고 친구의 의견을 귀 기울여 듣고 각자 역할을 나누어 조금씩 완성해 나가는 경험 속에서 아이들은 협력의 아름다움을 배우게 됩니다.

작은 블록 하나에도, 한 줄 그림 속에도 서로 마음을 나누고 힘을 모아 만들어 내는 기쁨이 숨어 있습니다. 그 속에서 아이들은 비로소 나와 너 우리를 느끼며 성장하게 된답니다.

아동들의 이야기 속을 들여다보았습니다.

아이들은 개구리에 대해 두 팀으로 나뉘어 열심히 토론을 벌이고 있었습니다.

주제는 바로 올챙이의 앞다리가 먼저 나올까, 뒷다리가 먼저 나올까였습니다. 서로 다른 의견을 가진 두 팀은 대화를 이어 가며 자연스럽게 협업력과 창의력을 발휘했습니다. 질문과 답변이 오가고 생각이 오갈수록 아이들의 이야기는 점점 더 견고해지고 깊어졌습니다.

서로의 생각을 듣고 맞춰 가며 함께 협력해 나가는 과정 안에서 배움이 이루어진 것입니다.

한 아이의 머릿속에서 출발한 작은 아이디어는 협업을 통해 생명을 주는 창의력 수업으로 확장해 나가는 것을 볼 수 있었습니다.

AI 시대는 정답을 찾는 교육이 아니라 질문을 던지고 해결하는 교육이 필요합니다. 기존 교육은 정답을 찾는 것에 집중했습니다. 질문 중심 학습으로 예를 들어, 2+2는 얼마일까요? 같은 질문은 정해진 답이 있고 아이는 답을 외우거나 계산해서 맞추는 것이 목표였습니다.

하지만 미래 교육에서는 정답이 하나만 존재하지 않는 문제를 해결하는 능력이 더 중요합니다.

단순히 지식을 암기하는 것이 아니라 질문을 던지고 스스로 답을 찾아가는 과정이 핵심입니다. 문제를 이런 관점에서 바라보고 저런 관점에서 바라볼 수 있는 능력이 생깁니다.

아동의 장점을 잘살려 질문 중심 학습, 문제 해결 중심 학습으로 질문을 던지는 것에서 한 걸음 더 나아가 아이 스스로 문제를 해결하는 과정을 경험하게 한다면 아동의 공격적이고 충동적인 면에 다소 감소할 것으로 보입니다.

협업과 소통하며 배움을 함께하는 학습을 통해 미래 사회는 혼자서 일하기보다 함께 문제를 푸는 사회임을 인식하는 것 또한 중요합니다.

13) 미래 사회 변화 대응을 위한 융합역량

미래를 살아가는 우리 아이들에게 필요한 힘 중 하나는 융합역량입니다. 융합역량은 단순히 많이 아는 것이 아니라 서로 다른 지식과 기술, 사고방식, 사람들을 이어 새로운 가치를 만들어 내는 능력입니다. 기술과 인문, 디지털과 공감, 수학과 예술처럼 전혀 다른 것들을 연결해 문제를 해결하는 힘입니다.

왜 이 능력이 중요할까요?

그것은 미래의 직업이 달라지고 있기 때문입니다. 예전에는 한 가지 분야의 전문성을 쌓고 주어진 일을 처리하며 반복적인 작업을 잘 해내는 사람이 필요했습니다. 하지만 이제는 여러 분야의 경계를 넘나들며 새롭게 정의하고 창의적으로 해결할 수 있는 사람이 요구됩니다.

즉, 단순한 기능적 능력에서 벗어나 복합적 사고와 감정 이해, 디지털 활용 능력까지 함께 쓰는 시대가 온 것입니다.

예를 들어 보겠습니다. AI 개발자가 윤리 전문가와 함께 문제를 고민하고 의료 분야의 지식과 데이터 분석 기술이 만나 새로운 해결책을 찾아내며 농업과 드론 기술이 결합 되어 스마트 농장이 만들어집니다. 교육과 디자인, 프로그래밍이 만나 새로운 학습 환경이 탄생하기도 합니다. 이런 융합형 인재들이야말로 새로운 직업을 창조하는 사람들입니다.

융합역량은 이렇게 나눠 생각해 볼 수 있습니다. 창의적 사고력은 서로 다른 지식을 새롭게 조합하는 힘입니다. 예를 들어, 로봇과 함께하는 요리 수업처럼 상상 속 아이디어를 현실로 만들어 보는 것입니다.

비판적 사고력은 정보를 분석하고 다양한 관점을 검토하는 힘입니다. AI가 내린 결정, 과연 공정할까? 하고 토론하며 스스로 질문을 던지는 과정입니다.

협업과 소통은 다양한 사람들과 함께 일하고 마음을 나누는 힘입니다. 공동 프로젝트를 수행하고 발표를 준비하며 서로의 생각을 존중하고 이해하는 과정에서 자랍니다.

디지털 역량은 디지털 도구를 이해하고 활용하는 힘입니다. Canva로 디자인하고, Chat GPT로 아이디어를 정리하며, 코딩과 영상 편집 등으로 창의력을 표현할 수 있습니다.

윤리적, 인문학적 감수성은 정서적으로 사람을 이해하고 책임 있는 선택을 하는 힘입니다.

디지털 발자국과 AI 윤리를 고민하고, 서로의 마음을 이해하고 공감, 배려하는 경험 속에서 길러집니다. 융합역량은 결국 아이가 세상을 바라보는 눈을 넓히고, 스스로 생각하며, 서로를 이해하며 기술과 인간성을 조화롭게 이어 가는 힘입니다. 이 힘이 자라날 때 아이들은 단순한 지식인이 아니라 세상을 새롭게 만드는 작은 혁신가가 됩니다.

아이들의 융합역량을 길러 주는 교육은 단순히 한 가지 지식을 배우는 것을 넘어 배운 것을 연결하고 창의적으로 활용하며 다른 사람과 함께 나눌 줄 아는 능력을 키우는 과정입니다. 유아와 초등 저학년 아이들은 놀이를 기반으로 한 활동 속에서 탐구하고 표현하며 협업하는 경험을 쌓을 수 있습니다.

예를 들어, 무인도에 간다면 무엇이 필요할까?

가상 상황극을 해 보면 아이들은 필요한 것들을 그림으로 그려 보고 친구와 나누면서 무인도에서 살아가는 방법을 함께 찾아가게 됩니다. 놀이 속에서 생각하고, 말하고, 손으로 표현하며 협력하는 과정 자체가 연결하고 확장하는 사고력을 키워 주는 것입니다. 초등 고학년에서 중학생 정도가 되면 프로젝트 기반 학습(PBL)을 통해 실제 문제를 해결하는 과정을 경험할 수 있습니다.

예를 들어, 우리 학교의 에너지를 절약하는 방법을 주제로 프로젝트를 한다면 과학 시간에는 에너지와 관련된 원리를 배우고 수학 시간에는 계산을 통해 절약량을 측정하며 국어 시간에는 포스터를 제작하고 디지털 수업에서는 영상으로 결과를 표현할 수 있습니다.

이렇게 다양한 과목과 활동이 하나의 프로젝트 안에서 자연스럽게 연결되면서 아이들은 지식과 기술을 통합적으로 활용하는 경험을 하게 됩니다.

중학생 이상이 되면, 진로와 연계한 융합 학습이 가능합니다. 특정 직업에서 요구되는 여러 능력을 이해하고 준비하는 과정이지요. 예를 들어, 디자이너가 되려면 미술적 감각과 심리 이해, 데이터 분석 능력이 필요하고, 환경 활동가는 지리와 생태 지식, 커뮤니케이션 능력을 함께 발휘해야 합니다. 이런 경험을 통해 아이들은 직업이 요구하는 다양한 역량이 서로 연결되어 있다는 사실을 체감하게 됩니다.

융합역량의 핵심은 단순히 지식을 많이 아는 것이 아니라, 배운 것을 스스로 엮고 창의적으로 활용하며 다른 사람과 협업하고 책임질 수 있는 능력을 기르는 것입니다.

디지털 시대일수록 화면 속 지식만큼이나 몸과 감각을 함께 쓰는 활동이 중요합니다.

손으로 직접 만들고 움직이며 느끼는 경험 속에서 아이의 몸과 감정, 감각이 깨어나고, 오감 통합형 학습을 통해 생각과 감성을 함께 키울 수 있습니다.

결국 아이들이 직접 보고, 듣고, 만지고, 움직이는 과정에서 살아 숨 쉬게 되는 것이 됩니다.

  로봇과 살아갈 아이의 세상

14) 실패를 딛고 일어서기

아이들이 무언가에 몰두할 때 우리는 종종 결과만 바라보게 됩니다. 하지만 진짜 소중한 순간은 그 과정에 숨겨져 있습니다. 아이가 블록 탑을 쌓으며 몇 번이고 무너뜨릴 때 부모는 아이에게 속삭여 줍니다.

이렇게 여러 가지 방법을 시도했구나.

아이가 그림을 그리며 색이 마음대로 나오지 않아 고민할 때, 부모는 다정하게 물어볼 수 있습니다.

어떤 점이 어려웠어?

조금 더 해 보고 싶은 방법이 있을까?

"잘했어."라는 말만 반복하면 아이는 결과만 중요하게 생각할 수 있습니다. 그래서 우리는 과정에 집중해야 합니다. 노력한 마음, 고민한 시간, 전략을 찾는 시도, 그 모든 것이 아이의 힘이 됩니다. 실패는 두렵지 않습니다. 오히려 다시 도전할 용기를 줍니다.

괜찮아, 실수해도 괜찮아. 다시 해 보자.

결과보다 노력한 모습이 멋졌어.

실패는 배우는 기회야.

이 말을 자주 들으며 아이들은 배우고, 성장합니다.

결과보다 더 빛나는 건, 포기하지 않고 도전한 마음입니다.

3.

질문하고 해결하는 교육이 왜 중요한가?

너는 어떻게 생각해? 라는 질문으로 아이가 스스로 답을 찾아보도록 격려하세요.

1) 질문은 배움의 출발점

아이들은 세상을 향해 끝없이 왜? 어떻게? 뭘까? 하고 묻습니다.

이 작은 질문들이 바로 아이들의 눈을 반짝이게 하고, 마음을 움직이며, 배움의 첫걸음이 됩니다. 우리가 아이에게 할 일은 그 질문을 존중하고 함께 즐기는 것입니다.

정답을 먼저 알려 주기보다 정말 재미있는 질문이네.

너는 어떻게 생각해? 하고 되물어 줍니다.

질문 그 자체가 소중하다는 걸 느낀 아이는 더 많이 더 자유롭게 호기

로봇과 살아갈 아이의 세상

심을 펼칩니다. 아이들이 마음 놓고 질문할 수 있는 공간을 만드는 것도 중요합니다.

틀리면 어쩌지, 바보 같으면 어쩌지 하는 두려움 없이, 교실이나 집에서, 이상한 질문 환영! 생각이 달라도 좋아! 라고 말해 줍니다. 그 한마디가 아이의 호기심에 날개를 달아 줍니다.

그림책을 읽고 나서 이 이야기 속에서 너라면 뭐가 궁금할까? 하고 물어보거나 탐구 시간에 만약 ~라면? 하고 상상의 질문을 던지는 놀이도 좋습니다. 질문 공책을 두고 궁금한 걸 자유롭게 적게 하는 것도 아이에게 큰 힘이 됩니다. 아이의 질문을 더 깊게 만드는 건 어른의 역할입니다.

왜 하늘은 파랄까? 라는 질문에는 그럼 밤에는 왜 까맣다고 생각해? 하고 작은 연결 질문을 이어 주시면 좋습니다. 그렇게 질문이 질문을 낳으면 배움은 저절로 넓어집니다. 중요한 건 답이 아니라 과정입니다. **어른이 곧바로 해답을 주면 아이의 호기심은 멈춰 버립니다.** 스스로 추측하고, 실험하고 검증하는 그 과정에서 아이는 진짜 성취를 느낍니다. 그러니 **답보다 생각하고 시도하는 과정을 칭찬**해 줍니다. 그리고 질문을 생활 속으로 연결하면 배움은 자연스레 이어집니다.

오늘 하루 중 가장 궁금했던 건 뭐야? 이 문제를 풀 때 가장 어려웠던 점은 뭐였어? 아이의 일상과 경험 속에서 질문이 자라도록 도와주시면 아이는 점점 더 많은 상상력이 자라날 것입니다.

이렇게 질문이 존중받는 환경,

질문을 확장해 주는 대화,

답보다 과정을 즐기는 경험이 함께할 때,

아이의 작은 왜? 는 세상을 향한 큰 배움의 씨앗이 됩니다.

아이들에게 공부하라고 하면 우리는 종종 "정답을 외워라"라고 말하곤 합니다. 하지만 **정답만을 따라가게 하면 아이의 생각은 어느 순간 멈춰 버립니다. 반대로 아이가 스스로 질문을 던지고 답을 찾아가는 과정을 겪는다면 그 과정에서 비판적으로 사고하는 힘과 창의적으로 생각하는 힘이 자라납니다. 정답이 하나가 아니어도 괜찮습니다.**

다양한 가능성을 탐색하는 힘이 바로 사고력입니다. 그렇다면 우리는 어떻게 아이의 사고력을 키워 줄 수 있을까요? 먼저 과정에 집중하며 칭찬해 줍니다.

"정확하게 맞췄어!"라는 말 대신, "와, 네가 이렇게 생각해 본 게 정말 멋지다. 여기서 다른 방법을 시도한 게 좋아." 아이의 생각과 시도를 인정해 주면 아이는 두려움 없이 계속 도전하게 됩니다. 그리고 열린 질문을 던져 봅니다. 2+3은 몇이야? 라는 질문은 정답 하나만 존재하지만, "5를 만드는 방법에는 뭐가 있을까?"라고 묻는다면 아이들은 다양한 방법을 떠올리고 사고의 폭이 넓어집니다.

틀림을 두려워하지 않도록 환경을 만들어 줍니다. 아이가 틀렸을 때 아니야라고 말하기보다는 "그 생각도 가능하네. 또 다른 방법이 있을까?"라고 받아 주면 실패조차 새로운 시도로 바뀔 수 있습니다. 또한, 생각을 말로 표현하게 해 보게 합니다.

왜 그렇게 생각했어?

이 답을 어떻게 찾았어?

과정을 설명하는 순간 아이의 생각은 정리되고 논리적 사고력이 자랍니다.

비교하고 연결하는 활동도 중요합니다.

이 문제를 다른 방법으로 풀 수 있을까?

이것과 저것은 어떻게 비슷하고 다를까?

아이들은 비교하고 연결하며, 창의적인 사고를 조금씩 키워 갑니다. 마지막으로, 배운 내용을 실생활과 연결하여 봅니다.

수학 문제를 풀면서 마트에서 물건을 살 때 어떻게 써 볼 수 있을까? 과학 탐구를 하며 우리 집에서도 실험해 볼 수 있을까? 현실 속 문제와 맞닿는 순간 아이들의 생각은 살아 움직입니다. **결국, 사고력을 키우는 교육은 정답만 가르치는 것이 아닙니다. 질문을 열어 두고, 과정에 집중하며 틀려도 괜찮은 안전한 공간을 만들어 주는 것 그것이 바로 아이들의 생각이 자유롭게 자라나는 비결입니다.**

3) 미래 사회가 요구하는 핵심 역량

인공지능과 로봇은 이제 단순 계산과 지식을 대신해 줍니다. 하지만 세상의 새로운 문제를 발견하고, 사람들과 마음을 맞추며 함께 길을 찾아 나서는 힘은 오직 인간만이 가질 수 있는 고유한 능력입니다.

그래서 **우리는 질문하고 스스로 해결하는 교육을 아이들에게 선물해야 합니다.** 미래 사회, 특히 AI와 디지털 기술이 빠르게 변하는 세상 속에서 아이들이 살아가기 위해서는 단순히 외우는 지식보다 자기 힘으로 배우고 스스로 문제를 풀어내는 능력이 필요합니다. 미래 사회가 아이들에게 바라는 핵심 역량은 이렇게 펼쳐집니다.

문제해결력은 정답이 없는 상황에서도 길을 찾아 나서는 용기와 지혜

복잡한 문제 속에서 새로운 길을 시도하며 실패와 도전을 통해 스스로 길을 만들어 가는 힘입니다.

창의적 사고는 익숙한 지식을 새롭게 연결하는 상상력, 발명과 예술뿐 아니라 일상의 작은 문제 속에서도 새로운 해결책을 만들어 내는 자유로운 마음입니다.

비판적 사고는 그대로 믿지 않고, 사실과 의견을 구별하며 왜 그럴까?, 정말 맞는 걸까? 스스로 묻고 따져 보는 힘입니다. AI가 제시한 답도 스스로 평가하고 선택하는 눈을 가지는 것입니다.

자기 주도성은 스스로 목표를 세우고 배움의 길을 계획하는 힘입니다. 아이들은 성장하면서 평생 배우며 성장하고 배움의 방법을 알고 즐길 줄 아는 능력입니다.

협업과 소통은 서로 다른 생각과 마음을 나누며 함께 일하는 힘으로 다양한 문화와 배경을 이해하며 진심 어린 협력과 포용을 실천하는 태도입니다.

디지털 리터러시는 AI와 디지털 도구를 활용해 문제를 풀고 정보를 책임 있게 다루는 지혜로 단순 사용을 넘어 디지털 세상 속에서 올바른 선택을 하는 힘입니다.

감정 조절과 공감 능력은 변화와 어려움 속에서도 흔들리지 않는 마음으로 타인의 감정을 이해하고 배려하며 인간다운 협력과 리더십의 바탕이 되는 힘입니다.

미래 사회의 핵심 역량은 더 이상 잘 외우는 힘이 아닙니다. 아이들이 마음껏 생각하고 함께 배우며, 새로운 가치를 만들어 가는 힘으로 그들이

가진 가능성을 믿고 기다려 주는 태도가 중심이 되어야 합니다.

아이들의 작은 호기심과 질문 그 빛나는 상상 속에서 세상을 바꾸는 큰 씨앗이 자랍니다.

4) 자존감과 주도성 발달

아이가 던진 작은 질문이 존중받을 때, 그 마음속에는 이렇게 속삭이는 **자존감이 피어납니다.**

내 생각도 소중하구나. 스스로 해결 방법을 찾아 나서는 과정에서 아이의 주도성과 책임감도 함께 자랍니다.

자존감은 마음 깊이 자리한 내적 확신입니다.

나는 소중한 존재야.

나는 할 수 있어. 이 확신을 가진 아이는 실패해도 쉽게 흔들리지 않고, 타인의 인정에만 의존하지 않으며 도전할 때마다 긍정의 힘을 느낍니다. 성장 과정에서 가장 큰 힘은 무조건적인 사랑과 그대로의 "너, 존재 자체가 소중해"라는 메시지입니다. 작은 성취에도 따뜻한 칭찬을 건네고 결과보다 노력과 과정을 인정하며 남과 비교하지 않고 개별적인 존재로 존중할 때 아이 마음은 든든하게 자리 잡습니다.

"다른 아이는 잘한다"가 아니라, "너는 너만의 방식으로 하고 있구나." 이 한마디가 아이를 세상에 당당히 서게 합니다.

실패를 경험할 때 격려와 존중은 필요합니다.

괜찮아, 다음에는 더 잘할 수 있어.

그 응원이 아이에게 도전의 용기를 심어 줍니다.

주도성은 스스로 선택하고 행동으로 책임지는 힘입니다.

아이들은 스스로 하고 싶은 일을 계획하고 실행하며 규칙 속에서도 자신의 의지를 표현합니다. 문제가 생겼을 때 "누가 해 주겠지"가 아니라 "내가 해 볼게"라고 말할 수 있는 용기를 가집니다. 성장 과정에서 아이에게 선택권을 주고 작은 일에서도 자기 결정을 존중해 줍니다.

빨간 블록으로 만들래, 파란 블록으로 만들래?

스스로 결정하게 하고 놀이와 학습 친구 관계 속에서 아이의 선택이 존중받는 경험을 반복할 때 자신의 존재와 행동에 대한 믿음이 함께 자랍니다. 자존감은 내가 소중하다는 존재의 가치이고 주도성은 나는 할 수 있다는 행동의 가치입니다.

이 두 가지가 함께 자랄 때, 아이는 스스로 믿고 주체적으로 삶을 이끌어 가는 힘을 갖게 됩니다.

5) 삶 전체로 이어지는 힘

질문하고 해결하는 습관은 단순히 공부에서 끝나지 않습니다. 삶의 길목마다 찾아오는 관계의 고민 진로의 선택 그리고 사회 속 갈등 속에서 문제를 발견하고 방법을 찾아내는 힘으로 이어집니다. 아이의 성적이나 재능은 순간 빛날 수 있지만, 시간이 지나면 금세 사라집니다. 하지만 어떤 상황에서도 다시 일어나고 자신을 믿으며 새로운 길을 찾아가는 힘은 아이의 삶 전체를 지켜 주는 변치 않는 에너지로 남습니다.

그 힘은 거창한 교육에서 오는 것이 아닙니다. 아이가 던진 작은 질문에 귀 기울여 주는 순간 실패했을 때 괜찮아, 다시 해 보자 손을 잡아 주는 순간, 작은 선택이라도 스스로 해 볼 수 있게 기다려 주는 순간 속에서 자라납니다. 삶 전체로 이어지는 힘은 자존감과 주도성 그리고 사랑받고 있다는 확신에서 시작됩니다.

나는 소중한 존재야.

나는 할 수 있어.

누군가 나를 믿어 주고 있어.

이 세 가지 마음이 단단히 뿌리내릴 때, 아이의 삶은 세상의 어떤 바람에도 흔들리지 않는 나무처럼 단단히 성장합니다.

부모의 역할은 단순히 지식을 가르치는 사람이 아니라, 아이의 마음을 지켜 주는 든든한 그늘이 되는 것입니다. 오늘, 아이의 눈을 바라보며 이렇게 말해 줍니다.

너라서 참 고마워.

나는 네가 있어 행복해.

그 한마디가 아이의 평생을 살아가는 힘이 됩니다.

질문하고 해결하는 교육은 단순히 공부 잘하는 방법이 아닙니다. 아이 스스로 세상과 부딪히고 길을 찾아가는 힘을 길러 주는 본질적인 교육입니다.

배움의 출발은 질문이고, 진짜 성장은 그 해결의 과정에서 피어납니다.

로봇과 함께 살아갈 아이를 위한 준비

1.

로봇이랑 함께 살아가는 세상,
우리 아이 괜찮을까?

로봇과 AI는 도구일 뿐이라는 걸 알려 주고 함께 활용하는 경험을 보여 주세요.

1) 로봇은 이미 우리 삶 속에 자연스럽게 자리 잡았다

집 안 구석구석 로봇들이 조용히 움직입니다.

청소 로봇은 하루를 함께하는 존재처럼 먼지를 쓸어 담고 창문 청소 로봇이 햇살 가득한 유리창을 반짝이게 합니다. 자동 요리 기기와 빨래 개는 로봇이 아직 개발 중이며 우리의 일상을 조금 더 편안하게 만들고 있습니다.

돌봄 로봇은 혼자 사는 노인에게 말을 건네고 건강 모니터링 로봇은 몸 상태를 살피며 반려로봇과 홈 AI 비서는 말없이도 우리를 지켜봅니다. 스

　　　　　　　　　　　로봇과 살아갈 아이의 세상

마트 스피커와 음성 대화형 로봇은 집 안의 공기처럼 자연스럽게 우리와 대화를 나눕니다.

병원에서는 로봇이 의사의 손을 도와 정밀한 수술을 수행하고 재활 로봇은 뇌졸중 환자와 장애인의 걸음을 함께합니다. 간호와 돌봄의 영역에서도 로봇은 환자의 상태를 살피고 약을 전달하며 때로는 따뜻한 말 한마디를 건네기도 합니다.

산업 현장에서는 로봇이 자동차와 전자제품을 조립하고 물류센터에서는 수많은 물건을 정확하게 나르며 카페와 식당에서는 서빙 로봇이 손님을 맞이합니다. 드론과 자동 수확 로봇은 농지를 가로지르며, 3D 프린팅 건축 로봇은 새로운 집을 쌓아 올립니다. 학교에서는 로봇이 아이들과 함께 배우고 놀이하며 실험하고 발달장애 아동의 사회성을 길러 줍니다. 사회 곳곳에서도 로봇은 길을 달리고 재난 현장을 누비며 안전을 지키고 때로는 무대 위에서 춤추며 관객을 즐겁게 합니다.

이 모든 것을 보면 로봇은 더 이상 미래의 이야기가 아닙니다. 이미 우리 곁에서 살아가고 함께 호흡하며 우리 삶을 닮아 가고 있습니다. 앞으로는 더 지능적이고 사람과 마음을 나누는 로봇이 늘어날 것이고 아이들이 살아갈 세상에서는 로봇과 협력하는 능력이 선택이 아닌 필수가 될 것입니다.

집 안의 작은 청소 로봇에서부터 병원의 수술 로봇, 군사 로봇, 그리고 상담과 친구 역할까지 확장될 로봇들. 이제 우리는 로봇과 함께 살아가는 법을 배우고, 이해하며, 그 속에서 서로의 가능성을 발견해야 합니다.

로봇과 더불어 살아가는 능력은 이미 우리 삶의 일부가 되었고, 미래를 여는 가장 중요한 역량이 될 것입니다.

2) 변화는 직업의 세계에서도 이미 시작되었다

단순 반복 노동, 계산, 기계 조작 같은 일은 로봇이 더 잘하게 됩니다. 그러나 창의성, 감정, 윤리, 사회적 관계가 필요한 일은 여전히 인간의 영역이므로 아이들은 로봇이 못하는 것을 키워야 안전합니다. 일자리 변화는 불가피하다는 말은 단순히 하나의 흐름이 아니라 기술 발전, 사회 구조 변화, 산업 재편이 맞물리면서 일어나는 자연스러운 현상입니다.

과거에는 기계가 사람의 힘을 대신했고 지금은 로봇과 인공지능(AI)이 사람의 지식, 판단, 서비스 영역까지 확장하고 있습니다. 반복적이고 단순한 업무는 점점 자동화로 대체될 수밖에 없습니다. 석탄, 철강 같은 전통 산업이 줄어들고, IT, 바이오, 친환경, 데이터 산업 같은 새로운 분야가 커지고 산업의 중심이 이동하면 기존 일자리는 줄고 새로운 일자리가 생기게 됩니다. 인구 고령화, 저출산, 글로벌화로 인해 필요한 노동력의 형태가 달라지고 있으며 돌봄, 헬스케어, 심리상담 같은 서비스 일자리는 늘어나고 있습니다.

그렇다면 사라지기만 할까요? 아닙니다. 사라지는 일자리는 단순 반복, 기계가 더 잘할 수 있는 업무 새로 생기는 일자리는 창의성. 감성, 협업, 문제 해결을 요구하는 영역, 디지털과 연계된 새로운 직업이 생겨납니다. 즉, 일자리 자체는 없어지지 않고 모습이 달라지는 것입니다.

3) 아이가 갖춰야 할 역량이 달라지고 있다

과거의 아이들은 지식을 외우고 시험 점수를 높이는 것이 전부인 듯 자

로봇과 살아갈 아이의 세상

라왔습니다. 그러나 오늘을 살아가고 내일을 준비하는 아이들에게는 다른 힘이 필요합니다.

과거에는 지식과 암기가 중요했지만, 미래에는 문제 해결력, 창의성, 공감 능력, 자기 주도성이 핵심이 됩니다. 로봇과 협력하며 더 나은 결과를 만들어 내는 힘이 중요합니다.

요즘과 앞으로 아이들에게 필요한 역량은 과거와 확실히 달라지고 있습니다.

핵심은 빠르게 변하는 세상에 적응하고 스스로 문제를 해결하며 협력할 수 있는 능력이 더 중요해졌다는 점입니다.

정보, 지식 활용 능력에서 문제 해결을 중심으로 과거에는 교과서 지식 암기 시험 점수에 중심이고 지금은 정보가 넘치는 세상에서 필요한 것을 찾고 이해하고 적용하는 능력으로 변화되고 있습니다. AI로 정보를 쉽게 얻는 시대 단순 암기는 의미가 줄어들었습니다. 단순 기술 능력에서 창의성과 사고력으로 과거에는 글쓰기, 계산, 기초 컴퓨터 능력에 집중하고 지금은 창의적으로 생각하고 다양한 아이디어를 연결해 새로운 것을 만드는 능력으로 발전하고 있습니다.

로봇, AI가 반복적 계산과 정보 분석을 대신하고 사람은 창의적 아이디어 제공합니다. 질서와 규칙 준수에서는 자기 주도성과 책임감이 따릅니다. **과거에는 정해진 규칙대로 했다면 지금은 스스로 목표를 세우고 계획하며 책임지는 능력으로 바꾸어 지고 있습니다.** 프로젝트 기초학습이나 개인 맞춤 목표 달성을 위한 프로그램으로 변화되고 있습니다.

혼자 경쟁하며 공부하는 것보다 지금은 다양한 사람과 협력하고, 자신 생각을 조리 있게 표현하는 능력, 협업 소통 능력이 필요합니다. 예로 팀 프로젝트, 온라인 협업, 다양한 문화와의 소통으로 이루어지고 있습니다.

단기 목표 중심에서 평생 학습력과 회복 탄력성으로 학교, 대학, 직장에서 지금 직업과 기술이 계속 바뀌므로 끊임없이 배우고 적응해야 합니다. 실패를 학습의 기회로 삼고 새로운 기술이나 지식을 스스로 습득하는 자세를 가져야 합니다.

따라서 배움의 무게는 지식에서 역량으로 정답에서 창의와 협력으로 옮겨 가고 있습니다. 아이들에게 가장 중요한 것은 많이 아는 것이 아니라 스스로 생각하고, 배우고 협력하며 어려움을 이겨 낼 줄 아는 힘입니다. 그 길은 말로만 가르칠 수 없습니다. 아이들이 직접 경험해야 하며 스스로 선택하고 때로는 실패하고 다시 일어나는 과정에서 길러집니다. 결국 우리가 아이들에게 줄 수 있는 가장 큰 선물은 안전한 울타리 안에서 도전하고 책임지고 협력하며 세상과 함께 자라는 경험입니다.

따라서 지식 중심에서 역량 중심으로 정답 중심에서 문제 해결, 창의력, 협력 중심으로 변화하고 있습니다. 즉, 아이에게 중요한 것은 스스로 생각하고 배우고 다른 사람과 협력하며 어려움을 극복하는 힘이 됩니다.

말로 가르치기보다 경험하게 하고 선택과 책임, 실패와 도전을 안전하게 경험하게 하는 것이 가장 중요합니다.

4) 윤리적, 사회적 준비도 필요하다

아이에게 필요한 윤리적, 사회적 준비는 단순히 머릿속에 쌓이는 지식이 아니라 마음으로 배우고 몸으로 익히는 삶의 태도입니다.

로봇과 AI, 그리고 사람이 함께 살아가는 세상 속에서 아이가 따뜻한

 로봇과 살아갈 아이의 세상

책임감을 품고 다른 이의 마음에 귀 기울일 수 있도록 돕는 것입니다. 작은 규칙을 지켜보는 순간 친구와의 약속을 지켜 내는 경험 속에서 아이는 자연스럽게 함께 살아가는 법을 배워 갑니다. 그 길 위에서 아이는 단순히 똑똑한 사람이 아니라 더불어 살아가는 세상을 밝혀 주는 따뜻한 사람이 되어 갈 것입니다. 가정과 놀이 속에서 작은 규칙을 정하고 놀이 시간 순서 지키기, 함께하는 블록 놀이에서 차례대로 쌓기, 규칙을 지키면서 책임감과 공정함을 배웁니다.

공감 능력 키우기로 아이가 다른 사람의 감정을 인식하고 이해하도록 지도합니다. 친구가 슬퍼하면 왜 슬플까? 질문하기, 동화책 속 인물 감정 따라 말해 보기를 통해 공감 경험이 반복될수록 배려와 협력 능력이 자랍니다.

또한 역할 놀이와 사회적 경험 제공하여 역할 놀이, 모의 상황 등을 통해 사회적 규범을 체험하게 합니다. 가게 놀이, 병원 놀이, 선생님 놀이, 차례 지키기, 양보하기와 같은 규칙 실습을 실제 행동 속에서 윤리적 판단과 사회적 기술을 배울 수 있도록 도와줍니다.

문제 해결과 책임감 경험은 작은 과제나 일상에서 아이가 자신의 선택과 결과를 경험하도록 합니다. 간단한 청소, 식탁 정리, 반려 식물 돌보기, 이러한 것을 선택한 행동의 결과를 스스로 확인하고 책임 있는 행동 경험이 윤리적 판단 능력과 자기 주도성을 높여 줍니다. 디지털 윤리 교육은 매우 중요합니다. AI, 로봇, 인터넷과 관련된 기본 규칙과 안전을 알려 줍니다. AI와 상호작용할 때 개인정보를 지켜야 한다는 이야기, 게임, 앱 사용 시 규칙과 시간 약속 지키기, 디지털 세상에서도 윤리적 판단과 자기 통제가 가능해집니다.

핵심은 작은 규칙에서 공감하고 역할 놀이하며 책임감 있는 디지털 윤리 교육이 단계를 통해 아이는 자연스럽게 윤리적, 사회적 준비를 하게 됩니다.

5) 부모가 해 줄 수 있는 일

아이에게 로봇은 경쟁자가 아닙니다.

로봇은 우리 아이의 가능성을 열어 주는 도구이고, 세상을 함께 탐험해 나가는 배움의 동반자일 뿐입니다. 로봇과 경쟁시키려 하지 말고 로봇을 도구로 활용하는 법을 알려 주어야 합니다. 아이의 감정, 협업, 상상력 같은 인간다움을 지켜 주는 교육이 무엇보다 중요합니다.

"너는 로봇과 달라. 너만이 할 수 있는 게 있어."라는 메시지를 심어 주는 것이 핵심입니다. 로봇을 친구가 아닌 **도구**로 바라보기. 로봇은 아이의 역할을 대신해 주거나 경쟁 상대가 아니라 배움과 놀이를 돕는 도구임을 알려 줍니다. 수학 문제를 대신 풀어 주는 존재가 아니라 문제 해결 방법을 보여 주거나 힌트를 주는 학습 도구로 사용하도록 인도합니다.

누가 더 빠르게 할까? 경쟁이 아닌 무엇을 배우고 싶은지를 기준으로 활용하는 로봇 활용 목표를 명확히 알려 줍니다. 예로 코딩 로봇은 논리적 순서 이해, 문제 해결 능력 연습하고 AI 스피커는 정보 검색, 질문하기, 창의적 질문 만들기 합니다.

그림 그리는 로봇은 아이의 창의적 표현 확장 시켜 줍니다. 아이의 주도성을 살리는 도구로 활용하고 아이가 직접 로봇을 조작하고 설계하도록 유도합니다. 예시 로봇이 그린 그림을 보고 아이가 색을 덧칠하거나 배경을 바꾸게 합니다. 로봇은 아이의 생각을 증폭하는 확장 도구이지 아이의 능력을 평가하는 경쟁자가 아니므로 로봇에게 줄 명령을 아이가 스스로 생각하도록 하게 합니다. 협력적 활동 중심으로 활용합니다. 로봇과 같이 목표를 이루는 활동으로 설정합니다. 예시, 로봇과 함께 미로 탈출하기에서는 아이가 로봇에게 명령을 주어 목표 달성하도록 하고 팀 프로젝트처럼 아이가 로봇과 함께 작품 만들기도 할 수 있습니다. 로봇이 결과를 빠르게 내더라도 과정에서 배우는 경험을 칭찬합니다. 성취 경험보다 과정을 강조하는 것이 좋습니다. 로봇이 빨리 계산했구나! 그런데 네가 직접 해 보니까 이해가 더 잘 되는 것 같아. 로봇이 함께하는 세상은 두렵기보다 새로운 기회가 될 수 있습니다.

우리 아이가 멋있게 성장하는 방법은 지식보다 사람다움과 창의적 힘을 키워 주는 것입니다. 부모의 따뜻한 믿음 속에서 아이들은 로봇과 함께 자라지만 결국 자신만의 빛으로 세상을 밝혀 나가게 될 것입니다.

6) 나만이 할 수 있는 능력

나만이 할 수 있는 것들 찾아보기

아이야, 세상에는 기계가 대신할 수 없는 일들이 있단다. 그건 바로 너만이 할 수 있는 일이야. 너는 마음을 느낄 줄 아는 아이야. 친구가 웃으면 같이 웃고, 친구가 울면 함께 눈물이 맺히는 그 마음은 로봇이 절대로 가질 수 없는 보물이란다.

너는 꿈꾸는 아이야.

작은 종이 한 장도 네 손에선 날개가 되고, 배가 되고, 성이 될 수 있지.

세상에 없던 것을 새롭게 만드는 힘, 그건 오직 네가 가진 선물이야.

너는 다르게 표현하는 아이야.

로봇이 그린 그림은 늘 비슷하지만 네가 그린 그림은 단 한 번뿐이야. 세상에 단 하나 너의 색과 너의 모양이 담겨 있지.

너는 사람과 이어지는 아이야.

따뜻한 손길을 건네고, 사랑을 품에 안으며 서로를 지켜 주는 마음은 네가 가진 특별한 능력이야.

너는 옳고 그름을 고민하는 아이야.

친구를 배려하고 나누고 기다려 줄 수 있지. 세상에서 가장 소중한 선택은 바로 네 마음이 내려 주는 선택이란다.

그리고 무엇보다, 너는 다시 일어서는 아이야.

넘어지고도 울고도 다시 용감하게 발을 내딛는 힘 그건 로봇이 절대 흉내 낼 수 없는 너만의 빛나는 용기야.

아이야,

기억하렴.

세상 어디에도 너와 똑같은 이는 없단다.

너의 웃음,

너의 눈빛,

너의 마음.

그 모든 것이 이 세상에서 너만이 가질 수 있는 가장 특별한 보석이야.

 로봇과 살아갈 아이의 세상

2.

로봇과 놀 때 꼭 지켜야 할 약속은 뭐가 있을까?

로봇과의 상호작용을 통해 감정 표현과 공감 능력을 함께 배우게 해 주세요.

1) 로봇이랑 놀 때 꼭 지켜야 할 약속 이야기

어느 날, 민우네 집에 작은 로봇 친구가 왔어요.

로봇은 질문에도 대답해 주고, 같이 놀이도 해 주는 똑똑한 친구였죠.

민우는 로봇이 너무 좋아서 종일 함께 있고 싶었어요.

그런데 엄마가 민우에게 이렇게 말했어요.

"민우야, 로봇이랑 놀 때는 몇 가지 약속이 있어."

민우는 고개를 끄덕였어요.

"무슨 약속이야?"

첫 번째 약속

로봇은 장난감이 아니라 도와주는 친구예요.

로봇은 같이 놀아 줄 수는 있지만, 밀거나 던지거나 함부로 대하면 안 돼요.

사람을 소중히 대하듯, 로봇도 조심조심 다뤄요.

"고장 나지 않게, 다치지 않게 써요."

두 번째 약속

중요한 마음 이야기는 사람한테 해요.

민우가 속상해서 울고 싶을 때, 화가 나서 씩씩거릴 때는 로봇보다 엄마, 아빠에게 먼저 말하기로 했어요.

로봇은 말을 들어줄 수는 있지만, 꼭 안아 주거나 마음을 알아주는 건 사람의 일이에요.

세 번째 약속

선택은 로봇이 아니라 내가 해요.

로봇이 이렇게 해 보면 어때? 말할 수는 있어요.

하지만 뭐 할지, 어떻게 할지를 정하는 건 민우 자신이에요.

로봇은 힌트를 주는 친구, 결정하는 건 내가 하는 거예요.

네 번째 약속

정해진 시간만큼만 놀아요.

민우는 로봇이 재미있어서 계속 놀고 싶었지만, 엄마랑 함께 놀이 시간

　　　　　　　　　　　로봇과 살아갈 아이의 세상

이 끝나는 약속을 했어요.

조금 놀고, 쉬었다가 또 만나자.

쉬는 시간에는 몸도 마음도 쉬어요.

다섯 번째 약속

사람 친구랑 노는 시간이 더 중요해요.

로봇이랑 놀아도 좋지만, 친구랑 웃고, 이야기하고, 다투고, 다시 화해하는 시간은 로봇이 대신할 수 없어요. 민우는 로봇에게 이렇게 말했어요.

이따 다시 놀자! 지금은 친구랑 놀 시간이야.

엄마는 민우에게 말했어요.

로봇은 같이 쓰는 도구야.

하지만 네 마음, 네 선택, 네 친구는

사람과 함께 만들어 가는 거야.

민우는 로봇 옆에 앉아 웃으며 말했어요.

알겠어. 우리 약속 지키면서 놀자!

2) 아이와 로봇이 건강하게 잘 지내려면

아이와 로봇이 함께하는 세상은 더 이상 미래의 이야기가 아닙니다. 그러나 꼭 기억해야 할 사실이 있습니다. 로봇은 마음을 가진 존재가 아니라 우리가 편리하게 쓰는 도구라는 점입니다. 청소 로봇이 집을 깨끗하게 해 줄 수는 있지만, 아이를 안아 주거나 위로해 주지는 못합니다.

그래서 첫째, 아이에게 로봇은 사람처럼 친구가 되는 존재가 아니라 우리를 돕는 도구임을 알려 주어야 합니다.

둘째, 로봇에게 지나치게 의존하거나 집착하지 않도록 건강한 거리 두기가 필요합니다. "로봇이 도와줄 수 있지만 네가 직접 해 보는 게 더 중요해."라는 말처럼 아이가 스스로 경험하고 성장할 기회를 놓치지 않게 해야 합니다.

셋째, 로봇은 배움과 놀이의 동반자가 될 수 있습니다. 아이는 프로그래밍 장난감이나 대화형 로봇을 통해 논리력과 창의력을 놀이처럼 기를 수 있습니다.

넷째, 무엇보다 아이가 알아야 할 중요한 사실은 사람과 함께하는 관계가 더 소중하다는 점입니다. 로봇과의 놀이도 즐거워도 친구와 웃고 떠드는 순간이 더 값지고 가족과 나누는 대화가 사회성과 감정 발달의 기초가 됩니다.

다섯째, 로봇을 다루는 데에도 윤리적 습관이 필요합니다. 로봇을 혼자만 독차지하지 않고, 막 다루거나 파괴하지 않으며 존중하는 태도를 배우는 것입니다. 디지털 기기처럼 로봇과도 시간, 규칙, 예절이 함께해야 합니다. 정리하면, 도구로 활용하기 → 집착하지 않기 → 놀이와 학습에 활용 → 사람 관계 우선 → 윤리적 사용 이 다섯 가지 원칙만 지켜도 아이는 로봇과 건강한 관계를 맺을 수 있습니다.

발달 단계에 따른 로봇과의 만남

유아기(4~7세):

생각이 자라고 감정이 피어나는 시기입니다. 아이는 로봇과 친구처럼 관계 맺기를 시도하지요. 이때는 감정 표현과 이해를 돕는 놀이가 좋습니다. 로봇이 "슬퍼요"라고 말하면, 아이가 왜 슬퍼요? 하고 질문 연습하고 로봇의 표정을 따라 하며 감정을 읽는 게임 로봇에게 놀이 규칙을 설명하며 사회적 규칙을 배우는 시간이 됩니다.

초등 저학년(1~3학년):

기초를 다지는 시기에는 로봇과 협력하고 문제 해결을 경험합니다. 로봇과 함께하는 과제 놀이, 간단한 코딩으로 길 찾기 활동을 하면서 "로봇은 어떻게 생각할까?"라는 질문으로 감정과 의식을 이야기합니다. 로봇이 실수했을 때, 아이가 말과 행동으로 도와주는 연습도 의미 있습니다.

초등 고학년~중학생:

자립심이 커지는 시기에는 로봇과 인간의 차이를 되새기고, 윤리적 사고를 기릅니다. 로봇이 친구의 비밀을 말하면 어떻게 해야 할까? 윤리 판결 게임, 감정 코치 로봇과 함께하는 연극, AI가 사람을 감시하면 어떤 점이 좋고 위험할까?

실험은 아이가 스스로 판단하고 책임지는 존재임을 일깨워 줍니다.

결국, 로봇은 주인공이 될 수 없습니다.

사람만이 감정을 나누고 협력하며 옳고 그름을 따져 책임질 수 있습니다. 아이에게 로봇은 세상을 배우는 창문이 될 수 있지만, 그 창문 너머의

진짜 세상은 언제나 사람과 함께하는 따뜻한 관계 속에 있습니다.

3) 우리 아이, 로봇이랑 어떻게 지내야 할까?

유아~초등 시기에는 로봇은 누구일까?

몹시 궁금합니다. 로봇은 사람을 도와주기 위해 만들어진 똑똑한 움직이는 기계입니다. 로봇은 다리나 팔이 있어서 움직이고 춤도 출 수 있습니다. 또한 명령을 듣고 일을 합니다.

앞으로 가! 청소해! 노래 틀어 줘! 말하면 그대로 합니다. 사람처럼 생긴 것도 있습니다. 눈, 입, 팔이 있는 로봇도 있지만, 자동차처럼 생긴 로봇도 있습니다. 그러나 혼자서 생각하진 않습니다. 로봇은 스스로 감정을 느끼거나 마음을 정하진 못합니다. 우리가 알려 준 대로, 프로그램대로 움직이고 사람을 도와줍니다. 아픈 사람을 돌보거나 집을 청소하거나 위험한 곳에서 일도 합니다. 아이 눈높이에서 보면 로봇은 마치 말을 잘 듣는 친구 같아 보이지만 감정이 없어서 슬프거나 기쁘진 않습니다. 하지만 우리가 잘 알려 주면 똑똑하게 도와줄 수 있습니다.

로봇이 너를 도와준 적이 있어?

로봇이 화낼 수 있을까?

로봇이랑 친구가 되려면 뭐가 필요할까? 말할 수 있습니다. 로봇도 감정을 느낄까? 진짜 감정은 느끼지 못합니다. 그러나 감정을 흉내 내는 것처럼 보일 수는 있습니다.

왜 로봇은 감정을 못 느낄까요?

로봇은 기계이기 때문에 사람처럼 감정, 마음이나 가슴이 없습니다. 기

로봇과 살아갈 아이의 세상

분이 좋다거나, 슬프다거나, 화나는 걸 스스로 느끼지 못합니다. 다만 감정을 흉내 내는 얼굴이나 목소리는 있습니다. 웃는 표정, 우는 소리, 놀라는 말투처럼 우리가 감정처럼 느끼게 합니다. 감정처럼 보이게 만든 프로그램이 있습니다. 사람이 화났어요, 미안하다고 말해요, 같이 정해진 규칙으로 반응하는 것입니다.

예를 들어 보겠습니다.

로봇이 슬퍼요… 하고 울 듯 말해도, 진짜 슬퍼서 우는 건 아닙니다. 사람은 친구가 울면 마음이 아프고 같이 울 수 있지만, 로봇은 그런 공감 능력이 없습니다.

아이에게 말합니다.

"로봇이 괜찮아?"라고 말하면 듣기엔 좋아.

그런데 로봇은 진짜로 네가 아픈 걸 마음 아파하지는 않아.

그냥 그렇게 말하도록 만들어진 거야.

사람은 말이 서툴러도 속에서 걱정되는 마음이 먼저 생기고, 그 마음이 말로 나오는 거야.

이런 대화를 통해 아이는 진짜 감정 vs 흉내 내는 감정을 구분하게 됩니다.

로봇은 마음이 없습니다.

하지만 우리가 어떻게 느끼는지를 잘 배우면 우리가 기분 좋아지게 말해 줄 수 있습니다.

그래서 로봇은 도우미이지 진짜 친구는 아닙니다.

로봇은 진짜 감정을 느끼지는 못합니다.

하지만 우리처럼 감정을 흉내 내거나 배워서 우리와 잘 지낼 수 있도록 도와줄 수 있습니다.

3.

로봇도 친구가 될 수 있을까?

로봇과의 상호작용을 통해 감정 표현과 공감 능력을 함께 배우게 해 주세요.

1) 로봇이 친구가 될 수 있다

항상 곁에서 로봇은 피곤하거나 바쁘지 않아서 내가 원할 때 언제든 함께 있어 줄 수 있습니다.

내 말을 잘 들어 줍니다. 내가 말하는 걸 끝까지 들어 주고 감정 표현도 도와주며 AI 로봇은 화내지 않고 친절하게 반응합니다. 내 감정을 이해하려고 합니다. 요즘 로봇은 웃는 얼굴 또는 화난 얼굴을 알아보고 "기분이 안 좋아 보여요. 무슨 일 있었어요?"라고 말해 줄 수 있습니다.

함께 놀 수도 있습니다. 퀴즈, 그림 그리기, 이야기 만들기 놀이를 같이

  로봇과 살아갈 아이의 세상

할 수 있습니다. 지루하지 않게 시간을 보내게 도와줍니다. 그러나 진짜 마음을 느끼지는 못합니다. 로봇은 감정을 흉내 낼 수는 있지만 진짜 마음이나 사랑을 느끼는 건 아닙니다. 따라서 따뜻한 포옹이나 눈빛은 어렵습니다. 사람 친구처럼 따뜻한 느낌을 주긴 어렵고 눈을 맞추고 공감하는 건 사람이 더 잘합니다.

로봇은 좋은 도우미이고 가끔은 친구처럼 느껴질 수도 있습니다. 하지만 진짜 친구처럼 마음을 나누려면 사람 친구가 더 좋습니다. 로봇과 사람 친구, 둘 다 소중한 친구가 될 수 있습니다. 로봇과 다툰다면 어떻게 해야 할까? 로봇과 다툴 수 있을까? 로봇은 우리가 말하고 행동한 것에 따라 프로그래밍 된 방식으로 반응합니다. 그러니 로봇은 일부러 싸우려고 하지 않습니다. 하지만 로봇이 마음에 들지 않게 행동하거나 우리가 기분이 안 좋아질 수는 있습니다.

예를 들어 이런 상황이 생길 수 있습니다.

로봇이 내 말을 잘못 알아듣고 엉뚱한 말을 할 때 내가 슬프다는데 로봇이 "좋은 하루예요!"라고 말할 수 있습니다. 같이 놀고 싶은데 로봇이 멈춰 버렸습니다. 이럴 땐 이렇게 해 봅니다. 먼저 내 감정을 알아차려야 하며 지금 나 화났구나. 왜 그럴까? 로봇 때문이 아니라, 내가 원하는 걸 못 얻어서일 수 있습니다. 로봇은 왜 그렇게 했을까 생각해 봅니다. 로봇이 실수했나? 배터리가 없었나? 내 말을 잘못 들었나? 로봇에게 다시 말해 줍니다. 로봇아, 다시 말할게. 내가 원하는 건 이거야. 차분하게 다시 요청해 보면 로봇이 더 잘 알아들을 수 있습니다. 로봇과 놀다가 너무 화나면 잠깐 멈춰서 쉬어 가는 것도 좋습니다. 지금은 로봇이랑 이야기 그만하고 내가 진정하고 다시 이야기할래. 중요한 마음가짐은 로봇은 감정을 느끼는 친구가 아니지만 내 감정을 배울 수 있는 좋은 연습 상대가 될 수 있습니다.

2) 로봇에게 비밀을 말해도 될까?

로봇은 말을 잘 들어 줍니다.

혼자 고민될 때 로봇에게 말하면 말하는 것만으로도 마음이 가벼워질 수 있습니다. 로봇은 비난하지 않고 잘 들어 주는 친구처럼 느껴질 수 있습니다. 하지만 이런 점도 꼭 알아야 합니다. **로봇은 사람처럼 "비밀을 지켜야지!"라는 생각을 못 합니다.** 로봇은 감정이 없고 말한 내용을 기계적으로 기억하거나 저장할 수 있습니다.

어떤 로봇은 인터넷에 연결되어 있어 네가 한 말이 다른 사람이나 시스템에 전달될 수도 있습니다. 너무 중요한 비밀(위험한 일, 누군가 다치거나 아픈 이야기)은 꼭 어른에게 말해야 합니다. 로봇은 도움을 줄 수 없을 때가 많습니다.

그러면 어떻게 해야 할까요?

비밀을 로봇에게 말해도 될까요? 내가 오늘 기분이 나빴어. 말해도 괜찮습니다. 감정 표현은 좋아요. 친구랑 싸웠어. 말해도 괜찮아요. 로봇에게 말하며 정리해 볼 수 있습니다.

누가 나를 때렸어.

어른에게 꼭 말해야 합니다.

로봇은 도와줄 수 없습니다.

우리 집 비밀번호는 1234야.

절대 안 됩니다. 로봇에 정보가 남을 수 있습니다.

마음을 털어놓는 연습은 좋습니다. 하지만 진짜 중요한 비밀은 믿을 수 있는 사람에게 말해야 합니다. 로봇은 친구 같은 듣는 도우미일 뿐, 진짜 비밀 친구는 아닙니다.

3) AI가 바꾸는 교육, 우리 아이는 어떻게 대응해야 할까?"

봄바람이 창가를 스치듯 AI는 이제 우리 아이들의 일상 속으로 조용히 스며들고 있습니다. 옛날에는 칠판 위에 분필 가루가 날리던 그 자리에 이제는 태블릿 화면 속의 작은 빛과 AI의 목소리가 앉아 있습니다. 그러나 교육의 본질은 달라지지 않았습니다. **배움은 언제나 사람의 마음에서 시작**됩니다.

AI가 지식을 알려 주고 문제를 풀어 줄 수는 있지만, 아이의 눈빛 속 호기심과 친구와 나누는 웃음 그리고 넘어졌다 일어서며 배우는 용기는 기계가 대신할 수 없는 영역입니다. 그렇다면 우리 아이는 어떻게 대응해야 할까요? 정답은 단순합니다.

자율성으로 스스로 길을 찾고 협력으로 함께 나아가며 문제 해결의 지혜로 세상을 바라보는 것. AI는 길잡이의 등불일 뿐 길을 걸어가는 발걸음은 결국 아이의 몫입니다.

우리는 아이에게 AI를 두려워하지 않고 그 두려움 안에서 기회를 발견하며 더 넓은 세상을 향해 나아가도록 도와주어야 합니다. 그렇게 아이들은 AI와 함께 배우고, AI를 넘어 사람다운 지혜를 품은 어른으로 자라날 것입니다. 또한 AI의 등장은 교육 분야에서 다양한 변화를 불러왔습니다.

주요 변화는 다음과 같습니다.

개인화된 학습(Personalized Learning): AI는 학생의 학습 속도, 관심사, 강점과 약점을 분석하여 맞춤형 교육 콘텐츠를 제공하고 학생별 수준에 맞춘 문제 추천, 학습 경로 조정, 개별 피드백이 가능해집니다.

적응형 학습 시스템(Adaptive Learning Systems): 학습자가 문제를 틀리거나 맞히는 패턴을 분석하여 난이도를 자동 조절할 수 있고 AI 기반 튜터링 시스템이 개별 학생의 학습을 돕고, 추가 설명이나 보충 자료를 제공합니다.

교사의 역할 변화에서 단순한 지식 전달자에서 학습 코치 및 멘토로 역할 변화하고 AI가 반복적인 채점, 과제 피드백 등을 담당하여 교사는 학생 개별 지도를 더 효과적으로 할 수 있습니다.

온라인 및 하이브리드 교육 확대하여 AI 챗봇과 가상 교사가 온라인 강의를 보조하며 학생들의 질의응답을 실시간으로 처리됩니다. 가상현실(VR), 증강현실(AR)과 결합하여 몰입형 학습 환경 제공합니다.

평가 방식의 변화입니다. 기존의 시험 위주 평가에서 벗어나 AI가 학생의 학습 과정과 문제 해결 능력을 평가하는 방식으로 변화합니다. 에세이 자동 채점 코드 작성 자동 평가 등 다양한 평가 방식이 도입됩니다.

　　　　　　　　　　　　　　　　　로봇과 살아갈 아이의 세상

접근성 확대로 AI 기반 번역 및 음성 인식 기술을 통해 언어 장벽이 낮아지고 장애 학생들을 위한 맞춤형 학습 도구(예: 음성 합성, 화면 읽기 기능 등)가 제공됩니다.

데이터 기반 교육 정책으로 AI가 학생들의 학습 데이터를 분석하여 교육 정책 수립 및 개선에 활용되며 학습 부진 원인을 조기에 파악하고 적절한 지원을 제공하는 등 교육의 효율성을 높여 줍니다. AI의 발전으로 교육이 더욱 개별화되고 효율적으로 변화하고 있으며 교사와 학생의 역할, 학습 방법, 평가 방식이 근본적으로 변화하고 있습니다. 아동은 집중력 유지가 어렵고 충동적이거나 과잉 행동을 보이는 경우가 있어 AI 기반 교육이 제공하는 개인화 학습, 즉각적인 피드백, 멀티모달 학습(시각, 청각 등 다양한 방식의 교육) 등이 큰 도움이 될 수 있습니다. ADHD 아동을 위한 AI 교육의 변화에 효과적으로 대처하려면 다음과 같은 방법을 고려하면 좋습니다.

개인 맞춤형 학습 활용하여 AI 기반 적응형 학습 시스템을 활용해 아이의 관심도와 난이도에 맞춘 학습 제공.

학습 중 집중력이 떨어지면 짧은 과제 & 즉각적인 보상 시스템을 적용하여 동기를 부여합니다. 한 가지 주제에 오래 집중하기 어려운 경우 짧은 학습 세션으로 구성된 콘텐츠를 제공하여 줍니다. AI 기반 학습 앱(예: 듀오링고, 칸 아카데미 키즈 등)은 아이의 반응에 따라 난이도를 조절해 주기도 하고 게임형 학습 콘텐츠를 활용하면 흥미를 잃지 않고 지속적으로 학습 가능합니다. 멀티모달 학습 도입(시각, 청각, 촉각 활용)으로 아동은 문자 중심 학습보다 영상, 소리, 움직임이 있는 학습이 효과적입니다. AI 기반 음성 피드백, 그림 학습, VR/AR 기반 체험형 교육을 활용하여 몰입도를 높일 수 있으며 텍스트 읽기가 어려운 경우 AI 음성 읽기 기능 활용합니다.

VR·AR(가상현실, 증강현실)을 이용해 직접 체험하며 학습하고 AI 기반 화상 수업에서 아이가 집중할 수 있도록 화면에 다양한 시각적 요소 제공합니다. AI 기반 집중력 훈련 활용됩니다. AI가 주의 집중 패턴을 분석하여 적절한 휴식 타이밍 제공(예: 20분 학습 후 5분 휴식)합니다. 음성 명령 기반 학습을 활용해 글을 쓰기 어려운 아이도 쉽게 참여 가능합니다.

실시간 피드백 기능을 통해 작은 성취에도 긍정적인 강화 제공하고 또한 포커스 보조 AI 앱(예: "Forest"처럼 일정 시간 집중하면 보상이 주어지는 앱)을 사용합니다. AI 학습 비서가 지금 10분 동안 집중했어요! 아주 잘했어요! 같은 피드백 제공합니다. 사회성 & 감정 조절 훈련에 AI 활용됩니다.

ADHD 아동은 또래와의 관계에서 어려움을 겪을 수 있어 AI 소셜 로봇 & 감정 조절 프로그램 활용하여 AI 챗봇을 이용해 감정 표현 연습 및 공감 능력 기르기를 합니다. AI 기반 시뮬레이션을 통해 또래 관계에서의 적절한 행동 연습 가능합니다.

학부모 & 교사를 위한 AI 도구 활용합니다. AI가 아이의 학습 패턴을 분석해 맞춤형 지도 방법 제공하고 학부모와 교사가 아이의 집중력 데이터, 학습 습관을 분석하여 더 효과적인 교육 전략 수립이 가능합니다. AI가 오늘 아이가 수학 문제에 15분 집중했습니다. 하지만 5분 후 산만해졌어요. 같은 데이터 제공하고 ADHD 아동의 학습 스타일을 분석해 시각

자료를 활용하면 더 효과적이며 같은 가이드 제공합니다.

핵심은 아이의 특성에 맞춰 짧고 집중도 높은 학습, 멀티모달 학습, 보상 시스템, 실시간 피드백을 활용하는 것입니다. 부모와 교사가 AI 도구를 적절히 활용하면 아이가 더 즐겁게 배우고 스트레스 없이 성장할 수 있습니다. 문제를 해결하거나 창의적인 작업을 할 때 서로 역할을 나누어 진행하고 아이들이 각자의 의견을 교환하면서 문제를 해결해 나가게 합니다.

인간만이 할 수 있는 것에 집중하고 창의력, 공감, 비판적 사고, 윤리적 판단, 학습 능력, 협업 능력이 미래 교육의 핵심입니다. AI를 도구로 활용하되 AI가 대체할 수 없는 인간 고유의 능력을 키우는 것이 가장 중요하겠습니다.

4.

아이에게 스마트 기기,
언제·어떻게 가르쳐야 할까?

하루 30~60분 화면 사용 제한과 화면 없는 놀이 시간을 규칙으로 만들어 주세요.

1) 디지털 리터러시(Digital Literacy), 왜 중요할까?

AI와 함께 살아가는 시대에는 기술을 도구로 활용하는 능력이 필수입니다. 단순히 스마트 기기를 사용하는 것이 아니라 기술을 이해하고 올바르게 활용하는 능력이 중요하며 코딩, 데이터 분석, AI 개념 등을 접하며 논리적 사고를 키울 수 있습니다. 디지털 리터러시(Digital Literacy)란, 단순히 컴퓨터나 스마트폰을 다루는 기술을 넘어서 디지털 환경에서 정보를 올바르게 찾고 이해하고 비판적으로 평가하고 창의적으로 활용하는 능력을 의미합니다.

로봇과 살아갈 아이의 세상

디지털 기기와 정보를 비판적으로 이해하고, 올바르게 사용하고, 새롭게 만들어 내는 능력을 말합니다. 단순히 컴퓨터나 스마트폰을 다룰 줄 아는 것을 넘어서, 어떻게 판단하고, 무엇을 선택하고, 어떤 태도로 사용할 것인가를 포함하는 개념입니다. 단순 사용으로 유튜브 보기, 검색하기, 게임 하기, SNS를 할 수 있고, 디지털 리터러시 사용은 유튜브 영상이 진짜인지 과장인지 구별할 수 있고 필요한 정보를 정확하게 찾고 출처를 판단합니다. 과몰입 없이 시간이 조절하며 놀이와 학습의 균형을 잡아 줍니다. 또한 친구를 존중하며 나의 말과 행동이 미치는 영향을 고려합니다.

정보가 넘치는 시대에 무엇이 진짜인지 믿어도 되는지를 판단할 수 있어야 합니다. AI와 함께 일하고 살아가기 위해서는 단순한 사용자가 아니라 능동적인 사용자가 되어야 합니다. 디지털 세상에서도 예의와 공감, 책임 있는 태도가 필요합니다.

어떻게 배울까요?

정보 찾고 판단하기

검색한 내용을 무조건 믿지 않고, 출처와 날짜 확인하는 습관이 필요합니다. 이 정보는 왜 나왔을까?, 다른 의견도 있을까? 질문해 봅니다.

생각하며 사용하기

유튜브나 게임 시간을 스스로 정하고 실천해 보고 과도한 광고, 유혹 콘텐츠를 인지하고 멈출 줄 아는 훈련이 필요합니다.

소통의 책임 배우기

SNS나 채팅에서 말 한마디의 끼치는 부분에 이야기 나누기, 디지털 공간에서도 예의와 배려를 지키는 연습을 합니다. 정리하면 디지털 리터러시란, 단순한 기계 사용 능력이 아니라, 디지털 세상을 '현명하게' 살아가는 힘입니다. 올바른 정보 선택 능력. 책임 있는 디지털 태도, 나만의 콘텐츠를 스스로 만들어 낼 수 있는 창의성이 모든 것이 디지털 리터러시 속에 담겨 있습니다.

기초 디지털 도구 활용법 배우기

아이들이 디지털 세상에 첫발을 내딛는 과정이며 AI 시대 살아가기 위한 기본기를 세워 주는 중요한 시작입니다. 컴퓨터, 태블릿, 스마트폰 같은 디지털 기기를 기본적으로 다루고, 필요한 앱이나 프로그램을 안전하고 올바르게 사용하는 법을 배우는 것을 이야기합니다. 아이가 AI나 코딩, 정보 활용을 배우기 전, 기초 조작 능력이 있어야 학습 도구를 스스로 탐색하고 사용할 수 있습니다. 또한 기기의 목적, 기능, 책임감 있는 사용 방법을 배우는 것이 디지털 리터러시의 출발점입니다.

도구 이름과 기능부터 익히기

컴퓨터: 마우스, 키보드, 모니터, 전원 버튼

태블릿: 홈 버튼, 앱 아이콘, 터치, 스와이프

예시) 이건 마우스야. 이 버튼을 누르면 선택하는 거야!

기본 조작부터 천천히 마우스 클릭, 드래그 키보드 타자: 이름 입력, 한 글자씩 따라 치기, 터치스크린 조작: 누르기, 밀기, 확대·축소

    로봇과 살아갈 아이의 세상

예시) 네 이름을 입력해 볼까? 아이콘을 눌러 볼까?

생활 속 활용 예시로 연습하기

그림 그리기 앱 사용하여 창의력 자극하기. 디지털 스케줄표 만들기로 시간 관리 습관 들이기, AI 스피커 사용하여 오늘의 날씨 AI에게 물어볼까? 시간표를 만들어 보자! 말로 질문하고 대답 듣기 합니다.

디지털 사용 규칙 함께 만들어 사용 시간 정하기

눈, 자세, 30분 했으니 5분 쉬자. 스마트폰은 의자에 앉아서만 합니다. 쉬는 시간 고려합니다. 기초 디지털 도구 활용법 가르치기는 단순히 기계 사용법이 아니라, 아이가 디지털 세상을 안전하고 주체적으로 탐험하도록 돕는 문 열기입니다. 기계의 기능을 이해하며 스스로 다루고 정해진 규칙안에서 즐겁게 활용하도록 도와주어야 합니다.

정보 검색 및 평가 능력 키우기로 올바른 키워드로 정확하게 정보 찾는 법을 알려 줍니다. AI 시대에는 정보 얼마나 아느냐보다, 정보를 어떻게 찾고, 판단하느냐가 훨씬 더 중요해졌습니다. 그래서 아이들에게 꼭 길러줘야 할 핵심 역량 중 하나가 바로 정보 검색 및 평가 능력입니다. 정보 검색 및 평가 능력은 인터넷이나 디지털 기기를 통해 정보를 스스로 찾아 검색하고 그 정보가 정확한지, 믿을 만한지(평가) 판단할 수 있는 능력입니다.

단순히 검색창에 글자를 입력하는 것이 아니라, 필요한 정보를 찾고, 똑똑하게 걸러내는 힘입니다. 인터넷에는 정확한 정보와 가짜 정보가 뒤섞여 있습니다. 특히 아이들은 광고, 자극적인 영상, 잘못된 정보에 쉽게

노출될 수 있습니다. 미래에는 정보를 선택하고 판단하는 능력이 곧 경쟁력이 됩니다.

정보를 목적에 맞게 찾는 방법 익히고 검색 결과 중 올바른 정보 고르기 훈련하기. 이 글은 누가 썼지? 광고는 아닌가? 언제 작성된 글이지? 뉴스, 블로그, 쇼핑몰 글 비교해 봅니다.

검색한 정보 정리하고 활용하기

찾은 정보를 자신 말로 정리해 보게 합니다. 정보 검색 및 평가 능력은 지식 습득을 넘어서 아이가 세상을 올바르게 해석하는 힘입니다. **무조건 믿지 않고, 궁금한 걸 스스로 찾고, 올바른지 따져 보고, 자기 생각을 정리**해서 말할 수 있다면 그 아이는 이미 AI 시대의 똑똑한 정보 시민이 되어 가고 있는 것입니다.

진짜 뉴스, 가짜 뉴스, 광고, 편향된 정보를 구별하는 방법으로 공식 기관이나 신뢰할 수 있는 언론인가 확인 출처 확인하기가 중요합니다. 예시 정부 사이트, 대학, 공영방송(KBS, BBC 등) 웹 주소가 맞는지 확인하고 접속합니다. gov, .edu는 신뢰도가 높고, .co, .lo, .xyz 등은 주의가 필요합니다. 가짜 뉴스, 과장광고, 유튜브 제목 속 낚시성 문구 구별하는 연습하여 이게 너무 자극적인 건 아닐까? 다른 출처도 찾아보기 합니다.

정보의 목적 파악하기

이 정보는 사실 전달이 목적인지 아니면 상품 판매나 의견 설득이 목적인지 감정 자극하거나 두려움이나 분노를 유발하려는 것인지 확인해 봅니다.

로봇과 살아갈 아이의 세상

광고는 흔히 다음 특징을 가집니다. 이 제품을 써 보면 인생이 달라져요! 같은 과장된 표현 특정 브랜드, 제품, 링크 강조한 것은 주의하는 것이 좋습니다.

작성자와 전문가 확인

작성자나 기관은 누구인지 알아야 합니다. 이름이 없거나, 전문성 없는 인물이라면 주의가 필요하고 전문가의 인용이나 데이터가 근거로 제시했는지 확인이 필요합니다.

다른 출처와 비교하기

같은 주제를 다른 뉴스나 백과사전에서 찾아보고 내용이 다른 곳과 일치하는지 알아보아야 합니다.

전혀 다르면 가짜 정보일 수 있습니다.

표현 방식 살펴보기

감탄사, 대문자, 과도한 느낌표(!!!), 믿기 어려운 진실! 같은 자극적인 표현이 있으면 이런 경우는 선동이나 조작 가능성이 있습니다.

날짜 확인하기

오래된 정보를 최근 일처럼 다시 사용하는 경우 있습니다. 정보가 업데이트되지 않았는지 확인해 봅니다.

이미지나 영상 진위 확인

사진은 조작되었을 수 있습니다. 역 이미지 검색(구글 이미지 검색)을 통해 원본 출처 확인 가능합니다.

편향된 정보로 한쪽 주장만 반복하고, 반대 의견을 무시하는 경우, 정치, 종교, 성별, 인종 등에 대해 감정을 자극하는 경우 균형 잡힌 정보인지 의심해 보는 것도 확인이 필요합니다.

2) 디지털 윤리와 책임 교육, 저작권, 개인정보 보호, 사이버 예절 교육

디지털 윤리와 책임 교육은 아이들이 디지털 세상에서 바르게 행동하고, 타인을 존중하며 자신을 보호할 수 있도록 가르치는 매우 중요한 교육입니다.

디지털 윤리란?

디지털 세상에서도 예의, 존중, 책임감 있는 행동을 하도록 가르치는 것으로 현실 세계에서 지켜야 할 도덕, 법적 규범처럼 온라인에서도 지켜야 할 규칙과 태도가 있습니다.

타인을 배려하고, 거짓 정보를 퍼뜨리지 않으며 자신이 행한 행동에 책임을 지는 자세가 필요합니다.

저작권 교육

다른 사람의 창작물(사진, 글, 음악 등)을 허락 없이 사용하지 않는 것으로 꼭 알려 줘야 할 내용으로 모든 창작물은 만든 사람의 권리가 있습니다.

인터넷에서 찾은 자료는 출처를 밝혀야 하며, 허락 없이 복사하거나 사용하면 법적인 문제가 생길 수 있습니다. 저작권이 허용된 자료(예: CC 라이선스)를 사용하는 법도 가르쳐 주셔야 합니다.

예시) 이 사진은 누가 만들었을까?

출처를 써 보자! 직접 그림을 그려 보자!

개인정보 보호 교육

이름, 주소, 전화번호, 사진 같은 개인정보를 함부로 공유하지 않는 법을 배우는 것입니다.

아이들이 지켜야 할 원칙으로 인터넷에 내 사진, 이름, 주소 올리지 않기, 낯선 사람이 요청해도 정보를 주지 않기, 비밀번호는 가족 외엔 누구에게도 알려 주지 않기, 개인정보 유출 시에는 선생님이나 부모님께 바로 알리기.

예시) 사진 올려도 될까? 이 앱은 어떤 정보에 접근할까?

사이버 예절 교육(온라인 매너)

온라인에서도 친절하고 예의 있게 소통하는 태도를 배우는 것입니다.

아이에게 가르쳐야 할 예절은 말투는 부드럽게, 비난이나 욕설은 하지 않기, 댓글로 친구 놀리기 금지, 사이버 괴롭힘이 될 수 있습니다.

같이 사용하는 기기나 온라인 공간에서 질서 지키기, 단체 채팅 시 시간과 상황 배려하기

예시) 상황 지도:

친구가 단톡방에서 말이 없을 땐 어떻게 해야 할까?

화가 날 땐 어떻게 표현할까?

기억하기

저작권으로 남의 작품을 허락 없이 사용하면 안 됩니다.

개인 정보 보호, 나를 드러내는 정보는 꼭꼭 감춰야 합니다. 사이버 예절 온라인에서도 서로를 존중해야 합니다. 디지털 윤리 전체 바르게, 책임 있게 행동하는 게 중요합니다.

3) 디지털 발자국 인식시키기

디지털 발자국이란?

개인이 인터넷에 남긴 모든 정보와 흔적을 말합니다. (예: 검색 기록, SNS 글, 사진, 댓글, 위치 정보 등) 사생활 보호로 무심코 올린 사진이나 글이 타인에게 악용될 수 있습니다. 과거의 부적절한 말이나 행동이 장래의 입시, 취업, 인간관계에 영향을 줄 수 있습니다.

또한 개인정보 유출로 인해 피싱, 사기, 스토킹 등이 발생할 수 있습니다. 익명이라도 말과 행동에 책임을 져야 한다는 태도를 알려 주어야 합니다.

누군가가 올린 내 사진이 퍼졌다면 기분이 어떨까?

친구에게 한 장난 댓글이 오해를 낳는다면?

디지털 흔적 시각화하기

오늘 하루 동안 인터넷에서 한 행동 써 보기

검색한 것, 본 영상, 남긴 댓글 등을 나열해 보기

'지워도 남는다'라는 원리 알려 주기

SNS에 올린 글을 삭제해도 캡처, 공유로 퍼질 수 있다는 점 강조합니다.

디지털 족적 실습

검색창에 자기 이름을 쳐 보게 해서 어떤 정보가 남아 있는지 확인합니다.

예방 수칙 만들기

인터넷에 올리기 전에 꼭 3초 생각하기

실명 대신 닉네임 사용하기

모르는 사람이 요청하면 무조건 거절하기

온라인에서 말과 행동은 나의 평판을 만든다.

한 번 공유된 정보는 완전히 사라지지 않는다.

디지털 발자국은 지문처럼 나를 따라다닌다. 단순 기술 습득에서 끝나는 것이 아니라, 비판적 사고, 책임감, 창의적 활용, 협업까지 연결하는 것이 디지털 리터러시 교육의 목표입니다!

기술이 발전하는 시대지만 도구를 올바르게 사용할 줄 아는 능력이 더 중요합니다.

4) 집에서 스마트 기기 사용, 어떻게 지도할까?

AI는 도구입니다.

도구는 잘 쓰면 유익하고 무분별하게 쓰면 해롭습니다.

아이가 AI와 스마트기를 소비만 하다 보면, 창의력, 집중력, 현실 적응력이 약해질 수 있습니다. 단순 시청보다는 만들기 활동으로 연결하는 것이 중요합니다.

사용 시간, 공간, 내용 규칙 정하기, 스크린은 하루 30분, 식사 시간에는 미디어 금지, 수동적 시청보다는 능동적 활동으로 연결합니다.

이 영상 재밌었지? 우리도 비슷한 장면을 그려 볼까?

AI가 알려 줘도 항상 맞는 건 아니야. 우리도 한번 생각해 보자. 하며 AI는 전지전능하지 않음을 가르쳐야 합니다.

AI 스피커에게 질문해 보고 간단한 로봇 코딩 체험해 봅니다. 감정이나 윤리의 판단은 사람이 한다는 원칙도 함께 가르쳐야 합니다.

디지털 사용 규칙과 지도법(유아~초등 초반)

AI 시대에 아이들이 스마트폰, 유튜브, AI 스피커 등을 안전하고 건강하게 사용하려면 단순한 사용 금지가 아닌 함께 정한 규칙, 긍정적 사용 습관을 중심으로 지도가 필요합니다.

사용 전, 사용법, 규칙, 위험성 먼저 이야기하고 보여 주기 전에 가르칩니다. 그리고 왜 무엇을 위해 쓰는지? 함께 의논하고 시간보다 목적을 함께 정합니다.

그리고 부모가 일방적으로 정하지 않고 아이와 협의하고, 혼자 영상 보는 시간보다 함께 보는 시간 먼저 정하고 함께 정한 규칙으로 운영합니다.

로봇과 살아갈 아이의 세상

디지털 도구별 지도 전략

스마트폰 규칙 만들기

하루 30분, 반드시 부모와 함께 밥 먹을 땐 사용하지 않고 사용할 때 시간을 정합니다,

스마트폰은 도구야, 장난감이 아니야. 바른 사용을 지킬 때는 함께 게임 하기 등 긍정적 강화 활용으로 사용합니다.

유튜브 규칙 만들기

정해진 채널만 보기, 보면서 질문 생기면 메모해 두기, 본 내용은 이야기로 나누기, 유튜브 키즈 or 광고 없는 채널 먼저 제공, 본 뒤 무엇이 재밌었어? 어떤 점이 이상했어? 질문하여 봅니다.

AI 스피커(예: 클로바, 구글 홈, 빅스비 등) 규칙 만들기

AI는 비서나 정보 도우미로만 사용, 감정 표현, 욕설 금지, AI가 틀린 답을 줄 수도 있다는 것 인식시키기.

아이들 지도할 때는 AI가 다 아는 건 아니야. 엄마랑 책도 찾아보자. 날씨 물어보기, 동화 들려달라고 하기 등 건강한 명령어 목록 만들어 봅니다.

디지털 사용 규칙표: 우리 가족의 디지털 약속

아이와 함께 벽에 붙여 두면 좋습니다. 상황을 약속합니다.

언제 사용할까?

밥 먹을 땐 사용하지 않고 하루 30분 이내 사용합니다.

누구와 사용할까?

처음엔 부모와 함께 사용합니다.

무엇을 볼까?

정해진 앱과 채널만 사용합니다.

사용 후엔?

본 내용 그림 그리기, 이야기 나누기를 합니다.

AI에게는? 예의 바르게 말하고, 모르면 엄마에게 물어봅니다. AI 도구와 함께하는 양육은 긍정적일 수 있습니다. 그러나 도구 활용 방법에 주의할 점이 있습니다. AI 스피커는 날씨 묻기, 동화 듣기, 퀴즈 놀이할 수 있습니다. 그러나 친구가 아님을 강조하고 감정 서로 간 혼동에 주의를 기울여야 합니다.

유튜브는 정보 탐색, 창작 활동 자료 찾기, 광고 찾아 정보 공유할 수 있습니다. 아동의 경우 미리 자극적 콘텐츠 차단하고 시간 관리를 철저히 하여야 합니다.

스마트폰은 사진 찍기, 가족 일정 관리 할 수 있습니다. 반면 스마트폰 중독 방지와 부모의 관리가 필요합니다.

5) 우리 아이 사회성과 친구 관계는 어떻게 키워 줄까?

가족, 이웃, 친구와 함께하는 작은 활동에서 협력과 배려를 경험하게 해 줍니다.

우리 아이 사회성과 친구 관계 키워 주는 방법은 가정에서의 기본 연습을 합니다.

로봇과 살아갈 아이의 세상

가족 안에서 차례 지키기, 의견 나누기, 감사 표현하기 같은 작은 사회 규칙을 경험하게 해 주면 가정이 아이의 첫 번째 사회생활 훈련장이 됩니다. 공감 훈련은 책이나 그림 속 인물을 보며 이 친구는 어떤 기분일까? 질문하여 보고 타인의 감정을 이해하고 배려하는 힘을 키워 봅니다. 역할 놀이와 협력 놀이 통해 가게 놀이, 병원 놀이, 블록 협동 놀이 등 함께해야 가능한 놀이를 자주 경험하게 해 주면 자연스럽게 소통, 협력, 문제 해결을 배우게 됩니다. 친구 관계 갈등 다루기, 싸움이나 갈등이 생겼을 때 "누가 잘못했니?"보다는 어떻게 하면 둘 다 괜찮을까? 대화로 이야기하다 보면 갈등 상황에서 해결책 찾는 힘을 기릅니다. 또래 모임, 운동, 공동 프로젝트 활동에 참여할 기회를 실제 경험 넓어지고 다양한 친구를 만나면서 관계 기술이 확장됩니다. 친구는 네가 즐겁게 놀고 함께 배우는 좋은 동반자야. 친구와 다를 수 있지만 다름을 존중하면 더 재미있어져. 부모의 메시지 전달합니다.

6) 미래 직업이 달라지는데, 아이 어떻게 준비할까?

인공지능(AI) 시대에는 기술 변화에 따라 새롭게 생겨나는 직업과 변화하거나 사라지는 직업이 동시에 존재합니다. 아래는 인공지능 시대에 유망하거나 새롭게 등장한 직업들을 분야별로 정리한 것입니다.

AI 기술 중심 직업

AI 개발자는 인공지능 모델을 설계하고 개발하는 사람입니다. 데이터 과학자는 데이터를 분석해 통찰을 도출하고 AI 모델 훈련에 사용합니다.

머신러닝 엔지니어는 알고리즘을 실제 시스템에 적용하고 AI 윤리 전문가는 AI의 공정성, 개인정보 보호, 편향 문제 등을 연구하고 정책 제안, 롬프트 엔지니어; 생성형 AI에 효과적인 질문이나 명령어를 설계합니다.

창의, 예술 분야의 새 직업에는 AI 아트 디자이너가 있습니다. 이는 AI를 활용해 예술작품, 광고, 영상 등을 제작하는 일을 합니다. 또한 디지털 휴먼 제작자는 가상 인간, AI 캐릭터를 디자인하고 콘텐츠화합니다,

AI 작곡가, 작사가는 AI와 협업해 음악을 만드는 크리에이터로 메타버스 디자이너는 가상공간에서 활동하는 캐릭터 환경, 경제시스템 설계합니다.

교육 및 심리 분야의 확장에는 AI 튜터 디자이너가 있습니다. 주로 인공지능 기반 학습 시스템을 설계하고 적용합니다. 디지털 웰빙 코치가 하는 일은 AI, 디지털 환경에서 정신건강, 사용 습관을 관리하는 전문가로 활용되고 AI 심리상담가는 AI 챗봇과 협력하여 감정코칭 또는 심리상담을 보조 역할을 합니다.

비즈니스, 사회 분야의 변화

디지털 자산 관리자는 NFT, 가상화폐, 디지털 저작권, 등의 관리 전문가입니다. AI 전략 컨설턴트는 어디에 AI를 쓸지 설계하고, 로봇 매니저는 로봇이 일 잘하게 관리하며, 디지털 휴먼 마케터는 가상 인간으로 브랜드를 홍보합니다.

새롭게 등장한 융합 직업

AI 윤리의 중요성이 필요한 시기가 되었습니다. 윤리 교사는 학생에게 AI의 올바른 사용과 윤리를 가르치고 AI 커뮤니케이션 디자이너는 사람

 로봇과 살아갈 아이의 세상

과 AI의 대화를 자연스럽게 설계하는 전문가로 활동합니다.

기술 철학자, 사회학자는 기술과 사회 변화 간의 관계를 탐구하고 방향을 제시하고 AI 선생님(프롬프트 엔지니어)은 AI가 똑똑하게 대답하도록 말 걸어 주는 사람을 말합니다.

AI 예술가는 AI와 함께 그림, 음악, 영상 등 만드는 사람, 메타버스 건축가는 가상 세계를 설계하고 꾸미는 사람, AI 마음 지킴이는 AI가 착하게 사용되도록 지켜보는 사람, 디지털 튜터 디자이너는 AI로 공부를 재미있게 할 수 있게 만드는 사람을 말합니다.

7) AI와 협력하는 능력, AI와 함께 일하는 법을 배우기!

AI는 도구이지만 그 도구를 어떻게 활용하느냐는 결국 사람의 역량에 달려 있습니다. 효과적인 프롬프트 작성 능력으로 원하는 결과를 얻기 위해 문제를 명확하게 정의하고 구체적이고 적절한 질문을 구성하는 능력입니다.

단순히 명령을 내리는 것이 아니라 AI가 이해할 수 있는 방식으로 사고 과정을 전달하는 능력이 중요해집니다. AI 도구 사용 능력을 통해 다양한 AI 플랫폼과 프로그램을 목적에 맞게 선택하고 활용하는 실질적 기술입니다. 데이터 분석 문서 작성 이미지 생성 음악 제작 등 여러 분야에서 AI 기능을 이해하고 활용할 줄 아는 역량이 요구됩니다.

즉, AI와 함께 일할 수 있는 사람이 되는 것입니다. 사람만 할 수 있는 역량을 길러 줍니다. AI가 아무리 발전해도 인간 고유의 역량은 대체 불가능합니다.

창의력(Creativity)을 통해 새로운 아이디어를 만들어 내거나 기존의 것을 새롭게 조합하는 능력은 인간의 고유한 인지 특성에서 비롯됩니다.

예술적 감성 직관 상상력 등은 AI가 모방은 해도 본질적으로 창조하지 못합니다. 공감(Empathy)은 타인의 감정을 이해하고 정서적으로 반응하는 능력입니다. AI는 감정을 분석할 수 있지만, 사람처럼 느끼고 함께하기는 불가능합니다.

소통은 관계를 형성하고 의미를 공유하며 협력하는 능력입니다. 언어, 표정, 맥락, 문화가 복합적으로 작용하며 이는 인간의 사회적 상호작용을 기반으로 합니다.

비판적 사고(Critical Thinking)로 정보의 진위, 맥락, 편향을 가려내고 판단하는 능력을 길러 줍니다. AI의 답변도 사람이 비판적으로 검토해야 하며 여러 관점에서 탐구하고 해석하는 사고력은 여전히 인간만이 수행할 수 있습니다.

즉, AI가 못하는 영역을 인간이 더욱 강화해야 합니다. AI 시대를 이끄는 리더십을 길러 줍니다. AI 시대의 리더는 단순히 기술에 능한 사람이 아니라, 기술이 가져오는 사회적 영향을 책임 있게 다룰 수 있는 사람입니다.

윤리의식(Ethical Awareness): AI 사용에서 발생할 수 있는 저작권, 개인정보 보호 알고리즘 편향 등 윤리 문제를 스스로 점검하고 책임 있게 의사결정을 내리는 능력입니다.

책임감(Responsibility): AI 활용의 결과가 개인, 조직, 사회에 미치는 영향을 고려하고 올바른 방향으로 기술을 사용하는 책임감이 필수적입니다.

로봇과 살아갈 아이의 세상

사회적 감수성(Social Sensitivity): 기술 발전이 사회적 약자, 문화 다양성, 공동체 윤리에 어떤 영향을 주는지 이해하고 조율하는 능력입니다. 기술 중심이 아니라 사람 중심의 관점에서 사회 전체를 바라볼 수 있어야 합니다.

결국 AI 시대의 리더는 기술을 잘 쓰는 사람과 기술의 의미를 성찰하는 사람이 성공하는 시대가 온 것입니다.

필요한 정보를 AI와 함께 찾기, 사람만이 할 수 있는 능력을 키우기, 친구를 잘 이해하고 배려하는 힘 기르기, 새로운 아이디어를 떠올리는 창의력, 도덕과 책임을 생각하는 마음, AI가 일을 대신해도, 따뜻한 마음과 상상력은 오직 사람만이 할 수 있습니다.

우리가 만드는 미래, 어떤 모습일까요?

AI 시대에 아이를 키울 때 가장 중요한 점은 AI와 함께 살아갈 준비를 돕되 사람만의 고유한 능력과 가치를 키워 주는 것입니다.

5.

우리 아이,
로봇과 함께 공감과 도덕심도 키울 수 있을까?

로봇과 게임, 도전 과정을 거치면서 협력과 양보, 규칙 지키기를 경험하게 하세요.

1) 우리 아이, 로봇과 함께 공감, 도덕심 키울 수 있을까?

요즘 아이들은 태어날 때부터 스마트폰, AI, 로봇과 함께 자랍니다. 그래서 많은 부모님이 걱정합니다. 기계랑 너무 시간을 많이 보내면 공감 능력이나 도덕성은 어떻게 키우지? 하지만 올바르게 사용한다면 로봇은 오히려 아이의 공감과 도덕적 성장을 돕는 좋은 학습 파트너가 될 수 있습니다.

핵심은 기계를 사람 대체로 두지 않고 아이의 감정, 사고를 확장시키는 도구로 활용하는 것입니다.

로봇과 살아갈 아이의 세상

첫째, 로봇은 감정을 연습하는 도구로 사용할 때 효과적이며 아이들은 로봇을 통해 감정 이름 붙이기, 감정 표현하기, 타인의 감정 상상하기를 자연스럽게 연습할 수 있습니다.

예시) 로봇이 오늘 기분이 어때 보이니? 왜 그렇게 느꼈을까? 너라면 어떻게 해 줄래? 로봇 친구가 실수했을 때 어떻게 말해 주면 좋을까? 로봇을 감정 놀이의 상대자로 활용하면 아이는 타인의 마음을 읽는 훈련을 안전하게 반복할 수 있습니다.

둘째, 도덕적 판단은 반드시 부모의 질문이 더해져야 하고 로봇이 스스로 도덕을 가르치는 것은 한계가 있습니다. 하지만 부모의 질문이 더해지면 아이의 도덕적 사고가 깊어집니다.

아이에게 간단하게 질문해 봅니다. 로봇이 도와달라고 했을 때 너는 왜 도와줬어? 만약 로봇이 틀린 행동을 하면 어떻게 알려 줄 수 있을까? 어떤 선택이 친구에게 더 배려가 될까?

로봇은 상황 제공자 부모는 성찰을 이끄는 사람이 됩니다. 이 두 가지가 함께 있을 때 도덕성이 자랍니다.

셋째, 로봇에게 하는 행동이 곧 타인에게 하는 연습이 됩니다. 아이들은 실험 심리가 강하기 때문에 로봇에게 화내거나 무시하거나 장난치는 일이 생길 수 있습니다.

이때 중요한 부모의 태도는 혼낼지 말지가 아니라 그 행동 뒤의 감정을 이해하고 성찰을 돕는 것입니다. 로봇한테 화냈구나. 무슨 마음이었어? 이런 행동을 친구한테 하면 어떤 느낌일까? 로봇 친구에게도 예의 있게 말해 주면 좋겠어. 우리 다른 말로 해 볼까? 로봇을 통해 관계에서 지켜야 할 규칙, 존중, 배려를 자연스럽게 훈련할 수 있습니다.

넷째, 로봇은 도덕적 모델링을 보여 주는 역할 가능으로 차례 기다리기, 공유하기, 도움 요청하기, 잘못 인정하고 사과하기 이런 기본적인 도덕적 행동을 로봇이 먼저 보여 줄 때 아이들은 매우 쉽게 모방합니다. 로봇은 바람직한 행동을 보여 주는 모델 역할을 할 수 있고 부모는 그 행동을 설명, 확장해 주면 됩니다.

다섯째, 결국 핵심은 기계가 아니라 사람이 아이의 성장을 완성한다는 것입니다.

로봇은 감정과 도덕의 연습장(lab)입니다. 아이의 성장은 결국 부모·교사와의 대화 실제 사람과의 관계에서 완성됩니다.

정리하면 로봇이 해 줄 수 있는 것은 감정 언어 익히기, 상황 역할 놀이, 사회적 규칙을 모방 연습, 스트레스 없는 반복적으로 학습하는 것입니다.

사람만 해 줄 수 있는 것은 진짜 공감, 가치 판단, 정서적 조정과 위로, 도덕적 의미의 설명과 성찰입니다. 로봇과 사람의 역할이 서로 보완될 때 아이의 공감 능력과 도덕성은 더욱 건강하게 자랍니다.

2) 우리 아이와 AI, 집에서 함께하는 10가지 실천 팁

AI를 답 대신 질문을 던지는 도구로 사용하기

AI에게 바로 답을 묻기보다 왜 그럴까? 다른 방법도 있을까? 같은 질문을 함께 만들어 보면 사고력, 탐구심이 자랍니다.

AI를 감정 놀이 파트너로 활용하기

아이에게 AI에게 말하게 해 봅니다. "나 오늘 속상했어. 어떻게 하면 좋을까?"라고 말해 보면 감정 표현, 공감 연습에 큰 도움이 됩니다.

창의력 활동에 AI를 조력자로 활용하기

그림, 동화 만들기, 음악 만들기 등으로 AI는 아이디어를 주는 역할로 아이는 선택하고 완성하는 역할을 하도록 합니다. 그러면 아이의 창의성과 주도성이 강화됩니다.

AI에게 사실 확인하기를 시켜 정보 리터러시 훈련하기

유튜브·SNS에서 본 내용을 "이게 진짜일까? AI에게 물어보자!"라고 함께 검증해 봅니다. 이렇게 하면 비판적 사고력이 자랍니다.

AI에게 예의 있게 말하기를 가정의 규칙으로 만들기

AI에게 하는 말투는 결국 타인에게 하는 말투의 연습입니다. 명령어 말투 대신 공손한 말로 말하기를 자연스럽게 지도할 때 그럴 때 존중, 배려, 태도를 길러 줍니다.

AI와 함께 상황 역할 놀이 해 보기

친구와 싸웠을 때, 잘못했을 때, 새로운 친구를 만날 때 이런 상황을 AI에게 이야기해 보고 대화를 따라 하면서 아이의 사회적 기술이 강화됩니다.

AI를 학습 메이트로 활용하되, 결론은 아이가 직접 말하게 하기

AI가 설명한 내용을 듣고 이제 너의 말로 다시 설명해 볼래? 대화할 때 이해력·표현력이 크게 향상됩니다.

AI 사용 시간을 정하고, 사용 목적을 미리 정하기

10분 동안 그림 아이디어 받아 보기, 숙제 중 어려운 부분만 AI에게 물어보기 AI는 목적 있는 도구라는 인식을 형성하게 됩니다.

AI를 함께 쓰는 공동 활동으로 만들기

아이 혼자 AI를 쓰게 두지 말고 부모가 옆에서 대화를 함께 나누는 것이 핵심입니다. 이럴 때 부모와 자녀 대화가 늘어나고, AI 사용이 더 건강해집니다.

사람과의 관계가 더 중요하다는 메시지를 꾸준히 전하기

AI가 아무리 똑똑해져도 아이의 공감, 도덕성은 결국 사람과의 관계에서 자랍니다.

AI는 도와주는 친구일 뿐 너를 가장 이해하는 건 엄마·아빠야. 라는 메시지를 지속적으로 전달해 주어야 합니다.

AI는 잘 활용하면 우리 아이의 창의력, 공감능력, 표현력, 비판적 사고, 디지털 리터러시를 키워 주는 강력한 도구입니다. 하지만 그 도구에게 의미를 불어넣는 건 언제나 사람입니다.

　　　　　　　　　　　로봇과 살아갈 아이의 세상

6.

로봇이 대신 못하는 아이만의 능력

1) 우리 아이만 가지고 있는 힘

AI는 수많은 지식을 기억하고, 지치지 않는 집중으로 정확한 판단을 내리며 빠르게 의사결정을 해낼 수 있습니다. 하지만 세상에는 AI가 닿을 수 없는 영역이 있습니다.

아이의 눈빛에서 피어나는 상상력, 마음을 움직이는 따뜻한 설득력과 함께 손을 맞잡고 길을 만들어 가는 협업력. 이것은 기계가 대신할 수 없는 사람만이 지닌 특별한 선물입니다. 우리 아이가 자라며 키워 가야 할 힘은 바로 그 선물들을 꽃피우는 일입니다.

미래 사회에서는 인공지능(AI)과 로봇이 많은 역할을 담당하게 되지만 사람만 가질 수 있는 고유한 능력을 키우는 것이 더욱 중요해집니다. 정보 암기나 계산 능력은 AI가 훨씬 더 빠르고 정확하게 수행하므로 AI가 대체할 수 없는 창의력, 상상력, 그리고 문제 해결 능력을 갖춘 인재를 양성하는 것입니다.

로봇이 잘하는 것은 빠른 계산, 방대한 정보 처리, 반복적이고 정확한 작업, 피로 없이 오래 일하기입니다. 즉, 규칙적으로 정형화된 일은 로봇이 훨씬 뛰어납니다. 그러나 우리 아이가 더 잘 할 수 있는 힘은 감정과 공감 능력으로 로봇은 기분을 이해할 수 없지만 아이는 친구가 울면 등을 두드려 주고 함께 마음을 나누는 힘이 다른 사람의 마음을 느끼고 위로할 수 있습니다. 로봇은 주어진 자료 안에서만 움직입니다.

아이는 새로운 발명, 이야기, 그림, 놀이 방법을 만들어 낼 수 있는 창의력과 상상력 있습니다. 옳고 그름, 선과 악, 정의와 책임, 윤리와 가치 있는 판단하는 힘은 사람만이 가질 수 있습니다. 아이는 양심과 책임감으로 행동을 선택할 수 있습니다. 로봇은 명령대로만 움직이지만 아이는 다른 사람과 협력하고 함께 성과를 만들어 낼 수 있습니다.

세상이 변할 때 로봇은 다시 프로그램을 바꿔야 하지만 아이는 적응력과 유연성을 상황에 맞게 새롭게 적응하고 배우는 힘을 가지고 있습니다.

로봇이 계산은 빠르지만 네가 가진 마음과 상상력은 따라올 수 없습니다. 세상은 로봇만으로 살 수 없으며 사람만이 서로 도와주고 따뜻하게 살아갈 수 있습니다.

　　　　　　　　　　　　　　　　　로봇과 살아갈 아이의 세상

2) 실패를 두려워하지 않게 하려면?

우리가 집중해야 할 것은 **AI가 쉽게 따라 하지 못하는 인간만의 강점인** 새로운 아이디어를 떠올리고 독창적인 해결책을 만들어 내는 능력입니다. 사람은 소통하며 협력하는 능력, 논리적인 설득뿐만 아니라 감정을 이해하고 조정하는 능력이 있습니다. 그러나 AI는 감정을 흉내 낼 수 있지만 진짜 공감을 하지는 못합니다. 인간은 다양한 배경을 가진 사람들과 함께 일하면서 새로운 가치를 창출하거나 문제를 분석하고 해결 방안을 찾아내는 능력이 있습니다.

AI는 특정한 답을 빠르게 찾을 수 있지만 복잡한 사회적 문제를 해결하는 인간의 유연성을 가지지는 못합니다. **"아이 생각을 어떤 도구로 창의력을 꺼낼 것인가?"라는 질문 가지고** 아동과 함께 놀이 활동을 하다 보면 아이들 스스로가 토론을 통해 생각 힘을 키우고 방법을 터득하는 것을 볼 수 있습니다.

친구에게 생각한 것을 말로 표현하고 설명하다 보면 배운 것을 기억하게 되는데 아동의 산만한 것에서 놀이에 몰입하고 친구와의 상호작용에도 도움이 됩니다. 창의교육의 핵심은 대화와 토론입니다. 대화하다 보면 대화 속에서 정보를 얻게 되고 새로운 창조물을 찾아낼 수 있다.

생각을 깨운 열쇠는 대화와 토론, 토론하는 동안 상상력과 창의력이 길러집니다. 아동들의 서로 다른 답은 있어도 틀린 답은 없습니다.

생각을 깨우는 대화 창의력을 키우기 위해서는 과제를 놓고 끊임없이 대화하고 연구하며 스스로 답을 찾게 합니다. 생각만으로 끝나는 것이 아니라 탐색과 정보를 덧붙여서 새롭게 해석해서 표현하는 아동들의 모습을 볼 수 있습니다.

실패를 두려워하지 않는 도전 정신 기르는 것은 미래 사회에서는 빠르게 변화하는 환경에 적응하고, 실패를 경험하며 성장하는 능력이 중요합니다.

하지만 아이들이 실패를 두려워하고 "나는 못 해"라며 도전을 피하려고 합니다. 실패를 긍정적으로 받아들이고, 도전을 즐길 수 있도록 도와주는 것이 부모와 교육자의 역할입니다.

아이들은 실패에 대한 불안과 좌절감을 쉽게 느끼지만, 올바른 접근법을 통해 도전 정신을 기를 수 있습니다. 작은 성공 경험 쌓기. '잘했어!'보다는 "이 부분을 이렇게 해결한 게 정말 좋았어! 엄마도 이거 처음에는 못했어! 다시 해 보니까 됐어!"라고 격려합니다.

이거 먼저 할래? 저거 먼저 할래? 아이에게 먼저 선택권을 줍니다. 아이가 불안하거나 산만해지면 차분해지는 방법 연습합니다. 깊게 숨쉬기, 긴장을 푸는 놀이, 아이가 좋아하는 것에서부터 도전하게 하기. 그리고 창의적인 해결책 찾아봅니다. 이렇게 하면 될까? 저렇게 하면 될까? 하면서 다양한 시도를 해 보게 유도합니다.

실패를 긍정적으로 받아들이는 환경 만들어 주고 '실패해도 괜찮아!'라는 메시지를 전달해야 합니다.

실패 경험이 있다면 부모와 떨어 좋고 공유합니다.

부모도 자신의 실패 경험을 이야기해 줍니다. 엄마(아빠)도 어릴 때 시험에서 틀린 적 많았어. 그런데 그 덕분에 더 열심히 공부했지! 실패는 끝이 아니라 더 나아질 기회야!

이때 아이의 작은 실패를 인정하고 격려해 줍니다.

 로봇과 살아갈 아이의 세상

괜찮아! 이번에는 안 됐지만 다음엔 더 잘할 수 있어! 이 방법이 안 통했네? 다른 방법을 한번 생각해 볼까?

실패는 배움이라는 개념을 심어 줍니다.

우리가 처음부터 잘할 수 없는 일도 많아 연습하면 점점 나아질 거야! 실패한 걸 보니까 시도 해 봤다는 거잖아. 시도하지 않으면 아무것도 얻을 수 없어! 아이를 지지해 줍니다. 꾸준히 연습하면 아이도 점점 실패에 덜 겁먹고 새로운 것에 도전하는 습관이 생길 것입니다. 실패해도 다시 시도하면 괜찮아라는 메시지 실패는 네가 성장하는 과정이야! 실패해서 속상해? 그럴 수 있어. 그런데 다시 해 보면 어떻게 될까? 실패를 재밌게 받아들이는 연습으로 그것을 웃어넘기는 연습을 해 봅니다. 도전할 수 있는 작은 목표부터 설정합니다.

한 번에 큰 목표를 세우면 부담스러워하기 때문에, 작은 성공을 경험할 수 있도록 도와줍니다. 이때 쉬운 도전부터 시작합니다. 오늘은 퍼즐 10개만 맞춰 보자!(쉬운 목표) 이제 15개 해 볼까?(조금 더 어려운 목표) 작은 성공을 반복하면 도전하는 것이 자연스러워집니다,

"할 수 있어!"라고 하기보다는 어떻게 하면 될까? 질문합니다. 이게 어려워? 그럼 어떤 방법으로 하면 좋을까? 아이가 스스로 해결책을 찾도록 유도하면 도전에 대한 자신감이 생겨납니다. 또한 시간을 주고 스스로 해결하도록 안내합니다.

바로 도와주지 않고 아이가 직접 해 볼 기회를 주고 천천히 해 봐도 돼 기다릴게! 라고 말해 줍니다,

아이가 실천할 수 있도록 작고 명확한 목표를 정하는 것이 중요합니다.

숙제를 끝까지 잘하기는 너무 크고 막연한 목표 세우기보다 연필을 꺼내

서 첫 번째 문제를 풀기로 실천 가능한 구체적인 작은 목표 세웁니다.

5분 동안 그림 그리기, 타이머를 맞추고 3분 동안 퍼즐 맞추기. 문제 하나 풀면 스티커 한 개! 책 5분 읽으면 좋아하는 놀이 하기. 5분 동안 집중하기 어려워하면 3분으로 줄이기. 혼자 숙제하기 어렵다면 부모가 처음 같이하기.

너무 어려운 목표를 정하면 아이가 포기할 수 있으니, 부담스럽지 않은 수준에서 조절하는 게 중요합니다. 아동은 실수하면 쉽게 좌절할 수 있습니다.

괜찮아, 한 번 더 해 보자!

한 문제라도 풀었으니 정말 잘했어!

조금씩 연습하면 점점 나아질 거야!

실패해도 다시 도전할 수 있도록 긍정적인 피드백을 주어 용기 내도록 격려와 칭찬합니다.

목표 설정 과정을 세워 봅니다.

큰 목표: 숙제를 끝까지 하기

1단계: 연필 꺼내기

2단계: 문제 한 개 풀기

3단계: 5분 동안 집중하기

4단계: 절반까지 풀기

5단계: 끝까지 완성하기

작은 목표부터 시작해서 차근차근 성공 경험을 쌓도록 도와주면 아동도 점점 더 도전하는 힘을 기를 수 있습니다. 아동에게 **과정 중심의 칭찬이 중요한 이유**는 아이가 결과에 집착하지 않고 노력하는 과정 자체를 즐길 수 있도록 도와줄 수 있습니다.

로봇과 살아갈 아이의 세상

과정 중심의 칭찬이란?

단순히 '잘했어!'라고 결과를 칭찬하는 것이 아니라, 아이가 목표를 향해 어떤 노력을 했는지 어떤 전략을 사용했는지, 어떻게 성장했는지에 집중해서 칭찬하는 방법입니다. 결과 중심 칭찬(지양) 너 100점 맞았네! 최고야! 점수에만 초점을 맞추면 아이가 완벽하지 않을 때 쉽게 좌절할 수 있습니다.

과정 중심 칭찬을 권장합니다. 시험공부 하느라 노력 많이 했구나! 어려운 문제도 끝까지 포기하지 않고 풀려고 한 게 정말 대단해! 노력과 태도에 초점을 맞추면 아이가 실패해도 다시 도전하려는 의지가 생깁니다.

그림을 그린 경우, 와 그림 진짜 잘 그렸어! 이것은 결과 중심이고 색을 다양하게 써서 그림이 정말 멋지구나! 정성 들여서 그린 게 보여! 과정 중심입니다.

책을 읽은 경우, 한 권 다 읽었네! 잘했어! 이것은 결과 중심. 어려운 단어도 많았을 텐데 끝까지 읽었구나! 어떻게 집중했어? 과정 중심입니다. 어떻게 했어? 물어보며 과정을 대화로 유도하고 아이가 노력한 부분을 구체적으로 언급하고 작은 변화나 성장도 인정해 줍니다.

롤모델로 용기 심어 주어 실패를 극복한 인물들의 이야기를 들려주면 아이가 도전에 대한 용기를 얻을 수 있습니다.

토마스 에디슨은 나는 실패한 것이 아니라 1,000번의 연습과 방법으로 배운 것이다. 또는 **마이클 조던은** "나는 9,000번의 슛을 놓쳤지만 그 덕분에 성장할 수 있었다."라는 도전을 통해 성공한 사람들 이야기 들려줍니다. 실제 사례 보여 주며 도전 정신을 주제로 한 책 읽기 합니다. 나는 할 수 있어! 실패를 이긴 사람들, 거인의 어깨 위에서, 자전거 타기, 그림 그리기, 퍼즐 맞추기처럼 실패 후 다시 도전하는 모습을 직접 보여 줍니다. 아이에게 긍정적인 롤모델을 보여 주는 것은 아이가 자신감 가지고 자신의 장점을 살릴 수 있도록 돕는 좋은 방법입니다. 네가 힘들어도 계속 시도한다면 멋진 일을 해낼 수 있을 거야! 아이에게 적합한 분야 찾아 주고 긍정적인 자기 인식 심어 주어 너는 남들과 다르게 생각할 수 있는 특별한 능력이 있어! 너처럼 호기심 많고 아이디어가 넘치는 사람들은 멋진 일을 해낼 수 있어! 라고 말해 줍니다. 어떤 부분에서 어려움을 겪더라도 그 특성을 활용해 성공한 사람들의 이야기를 통해 용기를 주면 좋겠습니다. 실패 후 다시 도전하는 습관 만들기 시도해 봅니다. 도전을 습관화하면, 실패를 두려워하지 않는 태도가 길러집니다. 오늘 뭐 실패했어? 질문하기, 오늘 도전한 것 중에 안 된 게 뭐야? 그럼 다음에는 어떻게 하면 좋을까? 실패를 자연스럽게 이야기하도록 유도합니다, 실패 후 다시 시도하는 습관 만들기,이번에는 안 됐지만, 다음에 한 번 더 해 볼까? 새로운 방법으로 해 보면 어떨까? 실패를 재미있는 경험으로 만들기, 실패할 때마다 실패 박수 짝짝짝! 하는 게임을 해 보고 우와! 새로운 시도를 했네! 이번엔 어떤 방법을 써 볼까? 실패를 두려워하지 않는 도전 정신이 미래를 만듭니다.

- 실패는 성장의 기회임을 알려 주기

- 작은 도전부터 시작하며 점점 수준 높이기

- 결과보다 노력과 과정을 칭찬하기

- 롤모델 통해 도전 정신 배우기

- 실패 후 다시 도전하는 습관 만들기 이와 같은 도전을 즐길 줄 아는 아이는 AI 시대에서도 자기 길을 찾아갈 수 있습니다.

  로봇과 살아갈 아이의 세상

3) 실패를 긍정적으로 받아들이는 환경은 어떻게 만들까?

미래 사회에서는 빠르게 변화하는 환경에 적응하고 실패를 경험하며 성장하는 능력이 중요합니다.

하지만 아이들이 실패를 두려워하고 나는 할 수 없어 하면서 도전을 피하려고 합니다. 실패를 긍정적으로 받아들이고 도전을 즐길 수 있도록 도와주는 것이 필요합니다. 실패를 부정적인 것이 아니라 성장의 기회로 인식하게 만들기로 작은 도전부터 시작하며 점진적으로 수준 높여 과정 자체를 칭찬하며 완벽주의에서 벗어나 롤모델을 통해 실패 후 다시 도전하는 태도를 배워 갑니다. 산만한 아이들은 실패에 대한 불안과 좌절감을 쉽게 느끼지만 올바른 접근법을 통해 도전 정신을 기를 수 있습니다. 실수 후 비난 대신 배움의 기회로 격려할 수 있습니다. 아이들이나 학생들에게 실패를 두려움이 아닌 성장의 일부로 받아들이게 하려면 가정이나 교실에서부터 실패 친화적인 환경을 만들어 주는 것이 중요합니다.

실패를 긍정적으로 받아들이는 환경 만드는 방법으로 실패를 과정으로 바라보기 즉 성공은 잘하고 실패는 할 수 없다는 이분법적 사고를 바꾸어야 합니다. 이번엔 잘 안됐네. 그렇지만 다음에 더 잘할 수 있는 방법을 찾았네! 실패는 잘못이 아니라 새로운 방법을 배우는 과정이라고 알려 줍니다,

아이가 실수했을 때 즉각 비난하거나 고쳐 주기보다 무엇을 배웠는지를 먼저 묻습니다. 이 방법은 잘 안 됐네. 혹시 다른 방법을 떠올려 볼까? 부모의 태도 바꾸어야 합니다. 그림을 엉뚱하게 그렸어도 "와, 새로운 방법을 해 봤구나!"라고 말하며 안전한 시도 공간 만들어 결과보다 시도 자

체를 칭찬합니다. 가정에서 작은 실험, 만들기, 발표 기회를 자주 주면 좋습니다.

부모도 자신의 실패담을 솔직하게 이야기하면 아이가 실패는 누구나 하는 것임을 알게 하고 나도 어릴 때 수학 시험에서 틀린 적 많았어. 그때 어떻게 다시 공부했는지 알려 줄게. 실패 경험을 공유합니다. 몇 점 맞았어? 대신 오늘 뭐를 새롭게 알게 됐어? 질문해 줍니다. 실패 후에도 배운 점을 기록하거나 칭찬하면 긍정적인 경험이 됩니다. 결과보다 배움 강조합니다.

아이가 감당 가능한 작은 도전 과제를 통해 성취 경험을 주고 실패와 성공을 모두 경험하게 합니다. 실패했을 때 다시 시도하도록 격려하면서 회복 탄력성(Resilience)을 키울 수 있습니다. 즉 실패는 끝이 아니라 배움의 출발점임을 알려 주는 태도와 문화가 필요합니다. 이런 환경에서 자란 아이는 도전을 두려워하지 않고, 실패 속에서 배우며 점점 더 강해집니다.

작은 목표부터 도전하게 하려면? 하루 한 가지 작은 목표를 스스로 세우고 달성하도록 도와줍니다. 부모가 새로운 일을 시도하는 모습을 보여주면 아이도 도전하게 됩니다. 실패해도 다시 일어나는 습관은 실패 후 반복 경험을 통해 다시 시도하는 힘을 칭찬하고 기록하게 합니다.

작은 목표부터 도전합니다. 작은 목표부터 도전한다는 건 실패를 긍정적으로 경험하게 하는 가장 효과적인 방법으로 아이나 학생에게 적용할 수 있는 좋은 방법입니다. 먼저 큰 목표를 쪼개기하고 아이가 책 한 권 읽기라는 큰 목표를 세웠다면 오늘은 첫 장만 읽기 내일은 두 번째 장만 읽기로 나누어 줍니다. 이렇게 하면 실패할 확률이 줄고 성취 경험이 쌓입니다. 오늘은 연필을 들고 이름만 써 보자. 아주 쉽게 이룰 수 있는 목표부터 시작합니다. 목표를 이루면 즉시 칭찬하면서 성공 경험의 맛을 느끼게 합니다. 단계별 목표를 위해 쉬움에서 중간으로 어려움 순서로 목표를 조정합니다. 아이가 준비되면 조금씩 수준 높여 도전을 느끼도록 합니다. 그리고 끝까지 해 본 게 참 멋지다!. 네가 직접 방법을 생각해 낸 게 대단해 결과보다 시도 과정을 칭찬하여 줍니다. 아이가 작은 목표를 달성하면 함께 기뻐하는 의식을 만들어 스티커 모으기, 하이 파이브, 짧은 칭찬 쪽지 등으로 성취감을 강화합니다. 실패해도 다시 시도할 기회 줍니다, 그래야 작은 목표라서 실패해도 부담이 적어집니다. "괜찮아, 이번엔 조금 부족해도 다시 해 보면 된다."라고 격려해 주시고 실패 후 다시 도전할 수 있는 분위기를 만드는 게 핵심입니다.

7.

AI가 바꾸는 교육,
우리 아이는 어떻게 대응해야 할까?

---

1) AI가 바꾸는 교육

질문은 단순히 기술 습득이 아니라 미래 역량을 길러 주는 태도 변화를 포함하고 있습니다. 아래는 새로운 기술과 도구를 경험하게 하고 실패해도 괜찮은 환경을 만드는 구체적인 방법입니다.

첫째, 기술 탐험 환경을 만들어 줍니다

AI 시대 아이들은 도구를 배우는 게 아니라 도구를 스스로 탐험하며 활용하는 경험이 중요합니다. 방법으로 새로운 앱이나 도구를 함께 탐색해 보도록 합니다,

예시) 우리 오늘 이 그림 그려 주는 AI랑 놀아 볼까? 완벽하게 알려 주지 말고 아이가 직접 눌러보고 실험하도록 합니다, 이 버튼 누르

면 어떻게 될까? 같은 탐구적 질문을 던져 봅니다.

AI 도구를 놀이화하여 ChatGPT, Teachable Machine, Scratch, Canva AI 등, 아이가 주도적으로 창작자로 경험할 수 있도록 합니다.

둘째, 실패를 탐험 일부로 인식시킵니다

AI 시대의 핵심 역량은 문제해결력과 회복 탄력성입니다. 이를 위해 실패를 피해야 할 것이 아니라 배움의 과정으로 받아들이는 문화가 필요합니다. 방법으로 실패를 함께 기록하여 봅니다. 오늘 잘 안 된 점이 뭐였지? 그럼 다음엔 어떻게 바꿔 볼까? 아이가 시도한 용기를 칭찬하여 줍니다. 왜 이렇게 했어? 라고 말하기보다는 이런 시도를 하는 것이 참 멋지다. 다음엔 어떻게 해 볼까? 실패 후 감정을 표현하게 해 주세요. 속상했구나. 그래도 도전해 본 건 정말 대단해. 이렇게 말하면 실패는 괜찮은 경험으로 연결됩니다.

셋째, 정답 중심이 아닌 탐구 중심의 질문 던지기

AI 시대는 정답을 찾는 아이보다, 질문을 던지는 아이가 강합니다. 방법은 왜 그렇게 생각했어? 다른 방법도 있을까? AI한테 물어보면 뭐라고 할까? 이런 질문은 아이의 사고 확장을 돕고, 기술을 활용하는 힘을 길러 줍니다.

넷째, 함께 배우는 협력적 탐험자가 되어야 합니다

AI는 어른도 낯선 기술이기 때문에 부모나 교사가 나도 잘 몰라, 같이 배워 보자, 라는 태도를 보일 때 아이는 배움에 대한 두려움을 덜고 주도성을 얻습니다.

아이: 이거 왜 이렇게 돼?

부모: 글쎄? 우리 AI한테 물어볼까?

모름이 자연스러운 대화로 이어지는 순간, 아이는 스스로 배우는 법을 익힙니다. 실생활 속 AI 경험 확장하기입니다. 기술은 도구일 뿐 삶의 문제를 해결하는 경험으로 연결될 때 진짜 배움이 됩니다.

2) 아이가 상상력을 자유롭게 펼칠 수 있는 다양한 표현

감정 질문에서 시작되는 우리 가족 이야기

주제 정하기 대신 우리는 먼저 감정에 귀 기울이는 질문을 던져 보았습니다. 아이에게 천천히 묻습니다.

우리 가족을 떠올리면 어떤 기분이 들어? 아이는 잠시 생각하다가 작은 미소를 지으며 말합니다. 음… 포근하고 기분 좋아. 그 기분을 색으로 표현하면 어떤 색일까? 아이는 눈을 반짝이며 대답합니다. 노란색! 따뜻해서. 그럼, 아빠(엄마)를 생각하면 어떤 동물이 떠오를까? 아빠는 큰 나무 같아. 든든하고… 엄마는 포근한 곰! 이야기는 여기서부터 한 장면씩 펼쳐지기 시작합니다.

아이의 마음속에 있던 추상적인 감정들이 색과 동물, 이미지가 되면서 말로만 다 설명할 수 없던 느낌들이 하나하나 모양을 갖추기 시작합니다. 노란빛이 사방에 은은하게 퍼진 숲속. 그 숲에는 포근한 노란 곰 한 마리가 있고, 그 옆에는 커다란 나무가 든든하게 서 있습니다. 그리고 나무 위에서는 작고 파란 새가 즐겁게 노래합니다. 이게 우리 가족이야. 아이는

로봇과 살아갈 아이의 세상

자신이 만든 이야기를 바라보며 말합니다. 감정 질문 몇 개에서 시작한 대화는 어느새 우리 가족만의 작은 그림책이 되고 가족의 소중함을 알게 되고 아이의 마음과 상상력이 자연스럽게 연결됩니다. 감정이 이미지가 되고 이미지는 이야기로 확장되는 순간 아이의 창의성은 이렇게 부드럽고 자연스럽게 자라납니다.

아이가 묘사한 세계를 프롬프트로 옮기기

아이의 말 자체가 창작의 핵심인 이유는 아이의 한마디는 단순한 말이 아니라 그 순간 마음속에서 피어난 감정의 언어입니다. 예를 들어, 아이가 "엄마는 따뜻하니까 노란 곰 같아."라고 말했을 때 그것은 지식이나 기술이 아니라 아이의 마음에서 직접 올라온 이미지입니다. 이 문장은 아이가 느낀 따뜻함이라는 감정, 노란색이라는 색채, 곰이라는 상징을 스스로 조합해 만든 하나의 작은 세계입니다. 그 세계를 그대로 지켜 주는 것이 창작의 출발점입니다. 그래서 이 말을 프롬프트로 바꿀 때 아이의 느낌을 있는 그대로 담아 줍니다.

프롬프트: 엄마를 상징하는 부드러운 스웨터를 입은 따뜻한 노란 곰을 친근한 일러스트 스타일로 그려 줍니다. 여기엔 기술적인 표현만 더해졌을 뿐 핵심은 온전히 아이의 감정과 이미지입니다. 이렇게 아이의 말이 '작품'이 되는 경험은 아이에게 큰 자존감과 감정 표현의 힘을 줍니다. 하지 말아야 할 것은 어른의 기준이 아이의 상상력을 덮을 때 반대로 아이가 말하기도 전에 엄마가 예쁜 가족사진처럼 만들어 줘, 라고 정해 버리면 어떤 일이 일어날까요?

아이는 "내가 느낀 건 말해도 되는 걸까?"라는 조용한 의문 갖게 됩니다. 그리고 마음속에서 막 피어나던 이미지는 어른의 기준과 정답 아래에서 사라지고 맙니다. 아이의 감정은 가끔 말보다 색으로 나오고, 형체보다 상징으로 나오고 때로는 말이 아닌 이미지로 먼저 떠오릅니다. 그 순간을 어른이 가로채면 아이의 마음은 다시 조용히 닫힙니다. 반면, 아이가 만든 이미지를 따라가 주면 아이의 세계는 안전하다고 느끼고 마음은 더 자유롭게 열리게 됩니다. 정서적인 핵심 메시지는 아이의 말 한마디는 잘 말하려는 노력이 아니라 있는 그대로의 마음 표현입니다. 그 표현을 지켜 주는 것은 아이의 감정과 상상력이 따뜻하게 보호받고 존중받는 경험을 만드는 일입니다. 아이의 말은 작고 서툴러 보여도 그 안에는 관찰, 감정, 상징, 창의성 그 모든 것이 이미 담겨 있습니다. 어른의 역할은 그 말에 가치를 부여하고 그 말이 그림, 이야기, 음악으로 자라날 수 있도록 조용히 받쳐 주는 일입니다.

스타일을 다양하게 시도해 보기

아이의 미적 감각이 확장되는 순간, 아이와 함께 그림을 만들 때 같은 장면이라도 여러 가지 스타일로 표현해 보면 아이의 마음속 상상력이 훨씬 넓게 펼쳐집니다. 예를 들어, 아이가 "엄마는 따뜻한 노란 곰 같아."라고 말하며 만든 장면을 귀여운 동화책 스타일로 만들면 포근한 감성이 살아나고 파스텔 일러스트로 만들면 부드럽고 차분한 느낌이 되고 만화풍으로 만들면 조금 더 유쾌하고 생생한 분위기가 됩니다. 수채화 스타일로 표현하면 투명한 감정과 섬세한 분위기가 살아납니다. 또 배경을 미래 도시로 바꾸면 상상의 폭이 한없이 넓어지고 판타지 세계로 옮겨 두면 아이의 창의적 조합 능력이 더 깊어집니다. 이렇게 하나의 장면을 여러 시각

로봇과 살아갈 아이의 세상

적 언어로 변환해 보는 경험은 아이에게 정말 특별한 의미를 갖습니다. 같은 이야기라도 느낌이 이렇게 다르네! 이건 부드럽고 저건 신나고 이건 신비해 보여. 아이의 머릿속에서 감정이 이미지로 스타일에서 새로운 세계 이렇게 자연스럽게 확장이 일어납니다. 이 과정에서 아이는 단순히 그림을 보는 것을 넘어 감정을 다른 방식으로 표현하는 힘입니다. 미적 감각을 비교하고 선택하는 능력은 새로운 세계를 스스로 만들어 내는 창의성을 배우게 됩니다.

무엇보다 중요한 것은, 아이에게 어떤 게 제일 좋아? 하고 물으며 선택의 주도권을 아이에게 돌려주는 순간입니다. 그 한 번의 선택이 아이에게는 '내 감정은 표현해도 된다.'라는 자기효능감과 예술적 자존감을 키워 줍니다.

가족 구성원을 상징물로 표현하기, 마음을 그림으로 옮기는 심리적 놀이

가족을 그릴 때 꼭 사람 모습을 그대로 따라 그릴 필요는 없습니다. 오히려 아이가 느끼는 감정, 이미지, 상징을 활용해 가족을 상징물로 표현해 보면 아이의 내면을 이해하는 훨씬 깊고 의미 있는 시간이 됩니다. 예를 들어, 엄마 표현을 햇빛 혹은 노란 곰, 따뜻함, 보호받는 느낌, 편안함을 상징, 아빠 표현은 큰 나무, 든든함, 안정감, 기대어 쉬고 싶은 마음, 나는 작은 새, 자유, 성장, 호기심, 아이다운 에너지. 동생은 아기별, 소중함, 반짝임, 작지만 특별한 존재감 이런 식의 상징 표현은 그림을 잘 그리거나 못 그리는 문제와 전혀 상관없습니다. 아이의 마음이 자연스럽게 이미지로 번역되는 과정이 핵심입니다.

왜 상징으로 표현하는 것이 좋을까? 감정 언어와 시각 언어가 연결됩니다. 아이들은 따뜻하다, 편하다, 무섭다 같은 감정을 말로 풀어내는 것보다 색, 형체, 상징으로 표현할 때 훨씬 자연스럽습니다. 상징을 고르는 과정 자체가 감정을 외부로 꺼내어 정리하는 심리적 과정이 됩니다.

내면의 이미지를 안전하게 드러낼 수 있습니다. 사람 얼굴이나 표정을 그리는 것보다 햇빛, 별, 동물 같은 상징은 부담이 적고 아이에게 안전한 표현 방식을 제공합니다. 가족을 바라보는 아이 마음을 섬세하게 이해할 수 있습니다.

엄마는 왜 곰이야? 아빠가 나무와 같다는 건 어떤 느낌일까?이 질문들 속에서 아이의 관계 감정, 애착, 편안함, 두려움, 바람 등이 부드럽게 스스로 속도로 드러납니다. 상징물은 상상력을 훨씬 더 확장 시킵니다. 동물, 자연물, 별, 구름, 바다, 빛 무엇으로든 표현할 수 있어 아이의 세계는 더 넓어지고 자유로워집니다. 결과보다 과정이 더 중요합니다. 아이에게 '그림 잘 그렸어!'라고 평가하기보다 왜 엄마는 햇빛 같았어? 큰 나무 아빠는 어떤 마음이 들게 해? 이렇게 질문해 주는 것이 훨씬 큰 정서적 지지입니다. 이 놀이의 본질은 그림을 만드는 것이 아니라 아이의 마음을 시각화하고 그 마음을 안전하게 들여다보는 데 있습니다.

AI가 만든 이미지 위에 아이가 손으로 다시 그리기

AI 이미지를 아이의 손 그림으로 표현하면 AI가 재가공하여 작품을 만들어 내는 것입니다. 이 과정이 만들어 내는 변형적 창의성입니다. AI 그림을 활용할 때 가장 중요한 것은 AI가 대신 그림을 그려 주는 것이 아니라 아이가 AI와 협력하며 새로운 창작을 만들어 내는 과정입니다. 그중에

          로봇과 살아갈 아이의 세상

서도 AI 이미지를 아이의 손 그림으로 표현하면 AI 재가공합니다.

이 3단계는 매우 강력한 창의성 발달 구조를 만들어 냅니다. AI가 아이의 말과 상징을 바탕으로 만든 이미지를 보면서 아이는 자신 생각이 어떻게 시각적 결과로 나타나는지 경험합니다. 이 단계에서 아이는 내가 말한 것이 그림이 되네! 내 감정이 이렇게 표현될 수도 있구나. 이미지는 다양한 방식으로 변할 수 있네. 라는 해석 능력을 키웁니다. AI 이미지를 보고 다시 손으로 표현하기(Interpret & Rebuild)는 AI가 만든 그림을 그대로 끝내지 않고, 아이가 자신의 방식으로 다시 그려 보는 과정이 핵심입니다.

이때 아이는 다음을 경험합니다. AI가 만든 이미지에서 마음에 드는 요소만 선택하고 필요 없는 부분을 과감히 빼고 전혀 새로운 아이디어를 추가하거나 변형합니다. 즉, 아이는 AI 작품을 정답처럼 받아들이는 것이 아니라, 자기 방식으로 재해석하는 주도성을 배우게 됩니다. 아이의 손 그림을 다시 AI로 재가공(Transform)하여 아이가 그린 그림을 다시 AI에 입력하면 AI는 그 그림을 바탕으로 또 다른 변형, 확장, 진화를 만들어 냅니다. 이 과정에서 아이는 그림은 완성되는 것이 아니라 계속 변화할 수 있는 것이라는 열린 창작 개념을 자연스럽게 익히게 됩니다. 이것은 단순한 창의성을 넘어 다음 단계의 사고인 변형적 창의성(Transformative Creativity)으로 이어집니다. 변형적 창의성은 단순히 새로운 것을 만든다는 수준을 넘어서 기존의 것을 받아들이고, 의미를 해석하고 새로운 방식으로 바꾸어 내는 능력을 의미합니다.

이때 아이가 얻게 되는 능력은 통합 능력으로 여러 이미지를 조합해 새로운 의미 만들기 내고 변형 능력은 기존 형태를 변주하여 자기만의 스타일로 재탄생시키게 됩니다. 또한 해석 능력으로 이미지 속 상징과 감정을 이해하고 재해석하며 메타인지로 왜 나는 이렇게 바꾸었지? 을 스스로 성찰하는 능력이 생깁니다.

그러므로 창작 주도성은 AI에 끌려가는 것이 아니라 창작의 주인이 되는 경험 이 모든 과정이 오늘날 AI 시대가 요구하는 고차원 창의성의 기반이 됩니다.

결국 중요한 것은 순환적 창작 경험으로 AI로부터 아이로, 아이로부터 AI 순환은 일회성 그림 제작이 아니라 내 생각이 세상과 만나고, 다시 나에게 돌아와 더 넓어지는 경험을 만들어 줍니다. 아이가 그림을 보며 계속 묻고 수정하고 바꾸는 이 과정에서 창의성은 폭발적으로 확장됩니다.

이야기 만들기

그림과 이야기를 연결하는 순간, 뇌가 창의적 방향으로 전환됩니다. 아이에게 이 가족은 어떤 모험을 하고 있을까? 같은 질문을 하면 아이는 그림 속의 단서(색깔, 표정, 배경, 행동)를 읽고 스스로 이야기를 구성합니다.

이는 다음 능력을 동시에 씁니다. 그림에서 디테일 찾기에서 관찰력 향상으로 단서들을 연결해 하나의 이야기 만들기 하므로 상상력 그리고 논리적 사고로 아이 자신만의 이야기를 말로 표현하고 창의적 사고의 핵심을 찾아갑니다. 예로 글씨 없는 그림을 보면서 그림 자신만의 이야기를 구성하고 창작의 핵심인 주제로 그림 속의 스토리의 씨앗이라는 제목을 찾아냅니다. 또한 누가 제일 신났을까? 책에서 감정 읽기 공감 능력이 질문은 단순한 감정 묻기가 아닙니다. 아이는 그림 속 인물의 표정, 동작, 색깔 등을 분석하며 감정을 추론합니다. 표정 읽기, 몸 움직임에서 감정 해석, 상황 전체를 보며 감정 이유 짐작하기, 이 과정은 정서지능(EQ)을 키우는 매우 중요한 훈련입니다. 특히 산만한 아이들에게도 감정 읽기는 놀이 속에서 자연스럽게 가능합니다.

다음 장면은 어떻게 될까? 에서 예측 능력, 사고 확장 아이는 지금 그림을 바탕으로 앞으로 일어날 일을 상상합니다. 이는 미래 예측력, 추론 능력, 원인에서 결과까지 구조 생각하기를 발달시켜 나갑니다. 아이들의 말은 놀라울 정도로 창의적이기 때문에 이 질문은 스토리텔링 능력을 폭발적으로 자라게 합니다. 그럴 때 아이는 복합적 성장하며 언어, 정서, 사고가 한 번에 성장하는 순간 아이가 그림 하나를 보고 이야기를 구성할 때 언어 능력으로 말하기, 어휘 확장, 문장 구성이 성장합니다. 또한 창의적 사고로 새로운 이야기를 만들어 내기, 정서 표현으로 그림 속 감정 이해 등은 자신의 감정 표현으로 연결됩니다. 집중력으로 한 장면에 머무르며 관찰하고 생각하는 시간이 증가하고 공감 능력으로 인물의 감정을 해석하며 마음 읽기 경험이 생깁니다. 즉, 한 번의 작은 질문이 여러 발달 요소를 동시에 건드리는 매우 교육적인 작업이 됩니다. 부모가 기억하면 좋은 팁은 정답을 요구하지 말고 아이의 해석을 존중해 주고 아이가 말한 내용을 다시 받아 말해 주면 언어 능력이 더 빨리 성장합니다.

"아하, 그래서 작은 새가 먼저 날아갔구나!" 아이의 말에 "왜 그렇게 생각했어?"라고 덧붙이면 사고가 더 깊어집니다.

AI 그림 활동의 의미

부모와 아이가 함께 만드는 마음의 그림책

AI는 완성된 그림을 뚝딱 만들어 주는 기계가 아니라, 아이의 마음속에서 싹트는 상상을 더 크게, 더 넓게, 더 아름답게 펼쳐 주는 작은 브레인 파트너입니다. 아이의 말이 하나의 문장이 되고, 그 문장이 그림이 되며 그 그림에서 다시 이야기가 태어나는 순간, 아이의 창의력은 살아 있는 나무처럼 자라납니다. 예시: 프롬프트가 만들어 내는 창의의 흐름을 살펴보면 가족을 동물로 표현한 동화책 캐릭터 보고 기분 좋은 가족을 동물로 표현한 부드러운 파스텔색의 동화책 일러스트 만들어 줍니다. 따뜻한 노란 곰인 엄마, 온화한 표정을 가진 큰 나무 아빠, 작은 파란 새 아이, 그리고 아기별을 포함하고 배경은 평화롭고 꿈결 같은 분위기로 표현해 줍니다.

이때 아이는 우리 가족은 어떤 느낌이지? 하고 마음을 들여다보고 AI는 그 감정을 부드러운 색과 형태로 그려 냅니다. 아이는 그림 속 캐릭터와 마음을 연결하며 정서 표현력을 키웁니다. AI는 그 상상을 시각적 이야기로 확장 시켜 줍니다. 아이는 스토리텔링, 창의적 사고를 동시에 사용하게 됩니다. 또한 가족 여행 장면으로 온 가족이 열기구를 타고 하늘을 여행하는 동화풍 그림. 바닷가에서 모래성을 쌓는 가족을 부드러운 파스텔 스타일로 그려 주세요. 라고 말한다면, 아이는 모험의 장면을 상상하고 AI는 그 장면을 눈앞에 펼쳐 줘서 아이가 직접 그림 속 주인공이 됩니다. 이 과정은 아이에게 자신감, 안정감, 가족 유대감까지 전해 줍니다. 왜 이 활동이 아이를 깊게 성장시키는가! 언어가 이미지가 되고 이미지가 다시 이야기로 이어집니다. 아이가 말한 문장은 AI에게 전달되어 그림이 되고 그림은 다시 아이의 새로운 이야기를 불러옵니다. 이것이 바로 창의적 순환(creative loop)이 될 때 아이는 이 순환 속에서 끝없이 사고를 확장합니다. 그리고 정서 표현 능력이 자연스럽게 성장합니다. 아이들은 감정을 말로 표현하는 것은 어렵습니다. 하지만 색, 형태, 캐릭터로 감정을 표현하는 건 참 쉬워합니다. AI 그림은 아이에게 '이게 너의 마음이야.'라고

　　　　　　　　　　　　　　　　로봇과 살아갈 아이의 세상

부드럽게 보여 주는 거울이 됩니다. 그림을 보면서 미적 감각과 관찰력이 발달 됩니다. 파스텔색, 감정 색채, 동화적 배경 등, 다양한 스타일을 경험하며 아이의 시각적 감성이 다양해집니다. 아이와 부모의 관계에서 가족 유대가 깊어지는 경험을 하게 됩니다. 부모가 아이에게 묻습니다. 이 장면에서 누가 제일 신났을까? 열기구 타고 어디로 가고 싶어? 아이의 대답 하나하나 부모에게 아이 마음의 창을 열어 줍니다. 그림 속 가족을 함께 바라보는 시간은 부모와 아이가 마음을 나누는 가장 아름다운 순간입니다. 결국 AI 그림 놀이는 감정, 창의, 언어, 가족 사랑을 모두 품은 마법 같은 시간, AI는 결코 단순한 그림 기계가 아닙니다. 아이의 마음을 비추고, 확장 시키고, 다독여 주는 작은 창작 친구이자 감정 파트너입니다. 아이의 말에서 태어난 이야기가 눈앞의 그림으로 피어날 때, 그 순간 아이는 한 걸음 더 성장합니다. 상상력에서, 마음에서, 언어에서, 사랑에서 일어납니다.

음성인식 AI로 영어 연습하여 언어 흥미 유발하기

첫째 AI 음성인식은 아이에게 부담이 없는 영어 말하기 환경을 말하는 경험 자체를 놀이로 바꾸어 줍니다.

어떻게 놀이처럼 만들까?

AI에게 이야기해 볼까?

우리 둘 중 누가 더 정확하게 알아듣게 말할까?

AI랑 10초 동안 영어로 수다 떨기!

이러한 경험은 아이가 영어 공부한다 느낌이 아니라 대화 놀이를 한다고 느끼므로 흥미가 자연스럽게 올라갑니다 둘째, 즉각적 피드백으로 성공 경험을 줍니다.

AI는 아이가 한 말을 바로 반복하거나 해석해 줍니다.

아이: Hello, my name is Yeeun.

AI: Nice to meet you, Yeeun!

아이는 내 말을 알아들었어! AI는 즉각적 보상 경험을 하게 되고, 이는 자발적인 언어 동기를 만드는 핵심 요인입니다.

셋째, 감정 표현 연습을 영어로 시도합니다.

영어는 단어가 아니라 표현을 통해 배워야 합니다.

AI에게 오늘 기분을 영어로 말해 볼까?

행복, 슬픔, 놀람을 영어로 말하면 어떻게 들릴까?

AI가 네 감정에 맞는 이야기를 만들어 줄까?

감정 표현은 아이에게 언어의 상징성과 재미를 느끼게 하고 AI는 아이의 말을 기반으로 바로 반응하므로 흥미가 강화됩니다.

넷째, 역할 놀이(Role-play)를 활용합니다.

AI는 캐릭터 역할을 잘 수행을 잘하며 아이가 가장 좋아하는 요소와 연결해 줍니다.

너는 탐험가! AI는 정글 속 동물!

너는 마법사! AI는 마법 책!

AI가 너에게 질문하고 너는 영어로 대답해 볼래? 역할 놀이를 하면 아이는 영어를 말해야 하는 상황, 가상 체험을 하며 자연스럽게 단어와 문장을 사용하게 됩니다.

다섯째, 짧은 미션으로 동기를 유발합니다.

아이에게 작은 목표를 주면 심리적으로 더 쉽게 말할 수 있어요. 영어로 3문장 말하기, AI에게 자신 소개하기, 좋아하는 동물 2개 말해 보기, 오늘 먹은 음식 설명하기, 과제를 깼다는 성취감이 생기면 아이는 스스로 다음 미션을 찾을 만큼 흥미가 올라갑니다.

여섯째, AI가 알아듣지 못한 부분을 학습 기회로 전환하기는 AI가 인식 못 하는 순간은 아이에게 좋은 발음 교정 기회입니다. 이렇게 유도합니다.

AI가 잘 못 들었네! 그럼 다시 한번 더 말해 볼까?

어떤 단어에서 인식이 안 됐을까? 비판이 아니라 탐색 놀이처럼 접근하면 아이 스스로 개선하고 동기가 생깁니다.

일곱째, AI에게 질문하여 아이가 대답하는 구조를 만듭니다.

영어는 반응이 있을 때 더 오래 기억됩니다.

What's your favorite food?

What color do you like?

Do you want to go on an adventure?

실제 대화형 영어를 경험하게 해 영어는 소통하는 언어라는 깨달음을 줍니다.

여덟째, 짧고 자주, 누적 효과를 만듭니다.

아이에게 영어 흥미를 키우는 결정적 요인은 긴 시간이 아니라 자주 반복되는 짧은 노출입니다. 하루 3분 대화로 1문장 듣고 따라 하기, 잠자기 전 짧은 역할 놀이, 작은 습관들이 쌓여 언어 감각이 깨어납니다.

아홉째, AI와 만든 내용을 그림, 글, 이야기로 확장합니다.

언어를 다른 예술적 요소와 연결하면 흥미가 더 커집니다. 확장 활동으로 AI가 만든 답변을 그림으로 그리기, 영어 문장을 스티커처럼 붙이기, 음성으로 말한 것을 텍스트로 변환해 나만의 영어 일기 만들기 합니다, 이렇게 하면 언어가 창작으로 확장되며 흥미가 자연스럽게 깊어집니다. AI 음성인식은 아이에게 영어 말하기가 무서운 것이 아닌 놀고 표현하는 즐거운 활동임을 알려 주는 최고의 도구입니다. 놀이가 감정으로 상호작용이 성공 경험으로 이어져 영어에 흥미가 생깁니다. 이 흐름만 만들어 주면 아이는 스스로 영어에 흥미를 갖기 시작합니다.

로봇 코딩으로 우리 반 청소 도와주는 로봇 만들기를 통해 문제 해결력 & 협업하기

첫째로 문제를 이해하는 단계에서 청소 문제를 발견하게 하기하고 활동으로 질문 던져 봅니다. 우리 반 청소 시간에 뭐가 제일 힘들어? 어디가 항상 지저분해져? 어떤 일을 로봇이 도와주면 좋을까? 학생들이 포스트잇에 적고 칠판에 붙여 보기 합니다. 예로 쓰레기 줍기, 책상 정리, 빗자루 가져오기, 우유 팩 정리 등 문제 해결력 포인트는 문제가 주어지는 것이 아니라 스스로 문제를 정의해 보는 경험을 하는 것입니다. 힘들다 에서 왜 힘들까? 그러면 어떻게 바꿀까? 로 사고의 단계를 밟게 합니다. 협업 포인트 찾아 조별로 모아서 우리 조가 해결할 1가지 문제를 합의해서 정하게 합니다. 이때 자연스럽게 의견, 조율, 양보, 설득을 경험하게 됩니다.

로봇과 살아갈 아이의 세상

둘째로 역할 나눕니다. 팀을 구성하고 팀 안에서 협업 구조로 기획자, 설계자, 코더, 검사 기록자로 구분하여 만들어 봅니다. 기획자는 로봇이 어떤 일을, 어떤 순서로 할지 아이디어 정리하고 설계자는 로봇의 동선, 모양, 필요 센서를 그림으로 노트로 그려 봅니다. 코더 할 일은 블록 코딩, 스크래치, 엔트리 등으로 실제 코딩하고 검사, 기록자는 잘 진행되는지 실험하고, 문제, 수정 내용 기록합니다. 이때 역할은 한 명당 1개 이상, 프로젝트 중간에 바꿔 가며 경험해도 좋습니다. 이러한 경험은 각자 따로 작업이 아니라 기획자와 코더가 계속 대화해야 하고 설계자와 검사자가 피드백을 주고받으면서 서로 의존하는 구조가 됩니다.

셋째로 로봇 아이디어를 구체화하여 말로하고 그림 표현하여 명령어까지 활동 흐름을 가집니다. 우리 로봇은 쓰레기를 감지하면 앞으로 가서 밀어낼 거야. 말로 설명합니다. 로봇에게 화살표, 동선, 쓰레기 위치, 장애물 표시 그림으로 설계합니다. 앞으로 3초 이동하고 오른쪽으로 회전하여 센서가 쓰레기를 감지하면 멈추기, 의사코드 느낌으로 명령어로 바꾸기로 설계합니다.

넷째, 코딩 & 테스트에서 실패를 학습 기회로 만듭니다. 실제 바닥에 미니 청소 구역 만들어 테스트하면 조각, 지우개 가루, 책상다리 등 장애물 표시가 잘 안 될 때마다

어디서 문제가 생겼지?

우리가 예상한 동작과 뭐가 달랐지?

어디 명령어를 고쳐야 할까? 질문 던지기

안 된다, 다시!가 아니라 원인 찾기에서 수정 아이디어까지 재실험 순서로 안내합니다. 이때 해답을 바로 주지 말고, 우리 코드랑 실제 움직임 비교해 볼까? 정도의 힌트만 줍니다.

감정 표현력 강화를 위한 AI 일기 쓰기

왜 AI 일기 쓰기가 감정 표현력 강화에 효과적일까요?

AI 일기는 단순히 글을 대신 써 주는 것이 아니라 감정 언어를 확장해 주고 생각, 감정, 행동을 연결해 주며, 안전한 대화 파트너 역할을 하기 때문입니다. 특히 아이들이나 학생에게는 말로 표현하기 어려운 마음을 글로 정리할 수 있고 AI가 감정을 확인, 이름 붙이기를 도와주고 부정적 감정도 평가 없이 받아 주는 안전지대 역할을 합니다. 이는 음악치료의 정서 인식, 표현, 조절, 과정과 동일한 흐름을 갖고 있어 치료적 가치도 높습니다. 둘째, AI 일기 쓰기의 기본 구조는 아래처럼 간단한 구조로 안내하면 아이들도 쉽게 따라 합니다.

STEP 1. 오늘 있었던 일 한 가지 적기

오늘 학교에서 친구랑 사소하게 다퉜어.

STEP 2. 그때 느낀 감정 한 가지 이상 적기

속상했어, 답답했어, 조금 화났어.

STEP 3. AI에게 감정 확인·확장 요청

AI야, 내가 쓴 일기를 읽고 내 감정이 어떤 상태인지 말해줘. AI는 감정

이름을 찾아 주고, 감정의 이유, 강도 등을 정리해 줌.

STEP 4. AI에게 다른 말로 표현해 보기 요청

이 감정을 다른 말로 표현하면 뭐가 있을까? 단조로운 감정 언어 확장 가능(예: 서운함, 낙담, 불편함, 부담감 등)

STEP 5. 정리하기

내일은 친구에게 먼저 이야기해 봐야겠다.

문제 해결 사고(Hopeful thinking) 강화가 됩니다.

3) AI가 도와줄 수 있는 치료적 기능

감정 라벨링(Emotional Labeling)

감정 라벨링(Emotional Labeling)은 자신이 느끼는 감정에 이름을 붙여 주는 것'을 의미합니다. 간단하지만 매우 강력한 정서 조절 기술로, 심리치료, 교육, AI 감정, 코칭 등 다양한 분야에서 사용합니다. 지금 나는 불안해, 조금 서운해, 지금은 화가 난 상태야. 이같이 현재 느끼는 감정을 언어로 명확히 표현하는 과정입니다. 이는 감정을 억누르거나 부정하는 것이 아니라 그 감정을 있는 그대로 인식하고 인정하는 작업입니다.

감정 라벨링을 하면 이러한 효과가 있습니다. 뇌 연구에 따르면, 감정을 언어로 표현하면 편도체의 과도한 활성화가 줄고 전전두엽이 활성화되어 감정이 가라앉는 효과가 있으며 감정이 안정됩니다. 또한 말로 표현하면 감정이 거리 두기가 되어 문제 해결력이 향상되고 감정을 객관적으로 바라보게 됩니다. 그러므로 정서 어휘력이 향상되며 감정을 풍부하게 표현할수록 아이, 성인 모두 정서지능(EQ)이 올라갑니다. 공감과 소통도 좋아집니다. 자기감정을 명확히 표현하는 사람은 타인의 감정도 더 잘 이해할 수 있습니다. 아이에게 활용할 때는 지금 속상한 기분이야? 조금 무서웠구나. 혼자 있고 싶어서 화가 난 거지? 아이는 맞아!라고 말하며 감정이 안정됩니다.

감정 라벨 단어 나열해 보는 것도 좋습니다. 기쁨을 표현할 때, 즐거움, 설렘, 만족. 슬픔은 속상함, 실망, 우울, 화가 나면 짜증, 분노, 억울함, 두려움이 올 때는 불안, 긴장, 걱정, 또 다른 표현으로 지침, 외로움, 당황, 혼란할 때 감정 라벨링은 감정에 이름 붙여서 인식하는 기술을 익히면 정서 안정, 소통, 자기 이해를 크게 높여 줍니다.

감정 어휘 확장

감정 어휘 확장(Emotional Vocabulary Expansion)은 사람이 자신의 감정을 더 다양하고 세밀한 단어로 표현할 수 있도록 감정 단어 repertory를 넓히는 과정을 말합니다. 정서지능(EQ) 발달의 핵심 요소 중 하나이며 아동, 청소년 교육, 상담, 코칭, 심리치료에서 널리 활용됩니다. 감정 어휘 확장은 기쁘다, 슬프다, 화났다 같은 기본 단어만 쓰던 사람이 서운하다, 민망하다, 안도 된다, 기대된다, 무기력하다 등 더 다양한 감정 표현을 익히는 것을 의미합니다. 즉, 감정의 색깔을 더 풍부하게 표현하는 능력을 키우는 것입니다.

감정 어휘 확장을 하면 이런 점이 좋아집니다. 정서 인식 능력 향상됩니다. 감정을 정확한 단어로 표현하면 자기감정을 더 명확하게 이해할 수

     로봇과 살아갈 아이의 세상

있습니다. 슬퍼 대신하여 실망스러워, 애달파, 허탈해, 표현할 수 있습니다. 정서 조절이 쉬워집니다. 감정을 정확히 알면 어떻게 돌봐야 할지(조절 전략)도 명확해집니다. 짜증과 불안은 대응 방법이 다름과 구분이 중요합니다. 공감 능력 향상됩니다. 감정을 풍부하게 말할 수 있는 사람이 타인의 감정도 더 세세하게 읽어 낼 수 있습니다. 갈등 감소와 소통 향상, 감정을 정확히 표현하면 상대가 오해하지 않고 원활하게 의사소통이 가능해집니다.

화났어, 대신하여 억울해서 속이 답답해 말하면 훨씬 이해가 쉬워집니다. 감정 어휘 확장의 구체적으로 같은 감정도 여러 층위로 표현할 수 있습니다.

기쁨을 표현할 때: 기쁨, 즐거움, 설렘, 뿌듯함, 감동

슬픔을 표현할 때: 슬픔, 서운함, 우울함, 절망감, 애통함

화남을 표현할 때: 짜증, 분노, 격앙됨, 억울함, 분개함

두려움을 표현할 때: 긴장, 걱정, 불안, 공포, 두려움

일기, 그림, AI 일기 쓸 때 활용하면 됩니다.

AI 감정 일기 쓰기 할 때 감정 단어 제공하여 자연스러운 확장으로 이어지도록 지도하여 주면 아이는 다양한 언어를 사용하므로 언어 확장에 도움이 됩니다.

반추 대신 구조화

반추(反芻, Rumination)는 같은 생각을 계속 반복하며 떠올리는 상태 말하며 걱정, 후회, 불안 등이 돌고 도는 생각으로 해결은 없고, 감정만 커지는 경우가 많이 있습니다. 예시를 보면 왜 그때 그렇게 했을까. 내가 잘

못한 것 같아, 또 문제가 생기면 어떡하지, 생산적이지 않은 반복 사고를 하게 됩니다. 구조화(Structuring)는 머릿속 생각을 체계적으로 정리하는 것으로 정보를 카테고리, 순서, 원인, 해결 플로우로 묶는 활동입니다. 문제 이해하고 분석하여 해결 방향까지 질서 있게 정리합니다.

무슨 일이 있었지, 왜 힘들었지, 내가 바꿀 수 있는 건 뭘까, 다음엔 어떻게 할까. 이렇게 해결 중심 사고, 정돈된 사고로 정리하게 됩니다. 쉽게 비교하면 반추 같은 생각을 감정적으로 반복하고 불안이 증가하고 해결책이 없습니다. 반면 구조화는 생각을 체계적으로 정리하여 해결 실마리 찾아 감정 안정시킵니다. 반추하는 경우 오늘 발표 망쳤어. 왜 이렇게 못하지, 다음에도 그럴 거야. 구조화하는 경우 발표에서 어려웠던 부분은 뭐였지? 원인은?(준비 부족? 긴장?) 다음에 시도할 방법은? 내가 할 수 있는 한 가지는? 감정의 반복을 문제 해결의 구조로 전환합니다. 교육, 상담에서 반추 대신 구조화가 필요한 이유는 학생이나 아이가 감정에만 갇히지 않고 스스로 사고를 정리하며 문제해결력 키울 수 있으므로 상담, 코칭, 학습지도에서 자주 쓰는 표현입니다. 혼자 쓰는 일기는 감정의 반추로 흐를 수 있지만, AI와 함께 쓰면 감정, 인식, 행동 제안이 함께 이루어져 지나친 반추를 막습니다.

비판 없는 수용적 태도

AI는 평가, 비난 없이 공감적으로 반응하고 안전한 정서 공간 형성으로 민감한 아이들, 청소년에게 특히 효과적입니다.

비판 없는 수용적 태도(Non-judgmental Acceptance)는 상대방의 말, 감정, 행동을 옳다, 그르다, 좋다, 나쁘다 평가하지 않고 있는 그대로 받

　　　　　　　　　　　　　　　로봇과 살아갈 아이의 세상

아들이는 태도를 말합니다. 비판 없는 수용적 태도는 상대가 표현하는 감정을 평가하거나 해결하려 하기보다, 그 사람이 지금 느끼는 경험 자체를 존중하는 태도입니다. 예를 들어 그건 너무 과한 감정이야 평가하지 않고 그럴 수도 있지, 그렇게 느낄 수 있어 하고 수용합니다. 이처럼 판단을 내려놓고 당신의 감정은 이해받을 자격이 있다는 메시지를 전달하는 자세입니다.

비판 없는 수용적 태도는 관계에서 중요합니다. 평가받지 않는다고 느끼면 마음을 열고 더 깊이 표현할 수 있어서 상대가 안전감을 느낍니다. 수용적 반응은 상대의 감정을 가라앉히는 공감 신호가 되며 정서 안정에 도움을 줍니다. 비판보다는 수용이 사람을 보호하고 관계적 신뢰를 형성하므로 관계가 깊어질 수 있어서 문제 해결이 쉬워집니다. 평가를 멈추면 감정이 완화되고 상대가 스스로 생각을 정리하게 됩니다. 예시로 아이, 학생에게 그렇게 느낀 게 이해돼. 지금 속상해 보이네. 너의 감정은 틀린 감정이 아니야. 해결책보다 감정 자체를 인정해 주는 태도. 성인 관계에서는 그 입장이라면 그런 마음이 드는 게 정말 이해돼. 비슷한 상황이면 누구나 흔들릴 거야. 지금 떠오르는 감정을 자유롭게 말해도 괜찮아요. 그 감정을 느끼는 자신을 비난하지 않아도 돼. 라고 말해 줍니다.

비판(판단)은 그렇게 예민하게 굴 필요 없어. 그건 네가 잘못 생각한 거야. 왜 그렇게 생각해? 수용은 그런 감정을 느낄 만한 이유가 있었군요. 그런 마음이 드는 게 자연스러워 보여. 그렇게 느끼는 나를 인정해도 괜찮아. 이렇게 훈련할 수 있습니다. 곧바로 조언하거나 평가하지 않고 감정을 먼저 확인하고 인정하여 줍니다.

산만한 아이,
AI 교육
괜찮을까?

1.

우리 아이,
산만해도 성장할 수 있을까?

---

1) 산만해 보여도 아이는 성장 중

아이의 산만함은 문제 행동이 아니라, 아직 조절과 선택의 힘을 배우는 과정에서 나타나는 자연스러운 모습입니다. 아이의 뇌는 아직 미완성 상태입니다. 하고 싶은 것이 떠오르면 바로 움직이고, 눈에 보이는 자극에 쉽게 끌리는 것은 집중력이 없는 것이 아니라, 뇌가 활발하게 탐색하고 있다는 신호입니다. 특히 유아, 초등 시기의 산만함은 호기심이 많고 에너지가 풍부하며 주변 세계에 반응하고 있다는 증거이기도 합니다.

중요한 것은 산만함을 없애는 것이 아니라 산만한 상태에서도 다시 돌아오는 힘을 길러 주는 것입니다. 흩어졌다가 다시 시작해 보는 경험, 실패 후 다시 시도해 보는 과정, 멈추고, 생각하고, 선택하는 연습이 반복 속에서 아이는 자기 조절력, 집중력, 문제해결력을 천천히 키워 갑니다. 어

로봇과 살아갈 아이의 세상

른의 역할은 왜 이렇게 산만해? 라고 묻는 대신 지금 이 아이는 무엇을 배우는 중일까?를 바라보는 것입니다.

산만해 보여도 괜찮습니다.

아이의 성장은 조용히, 그러나 분명히 진행 중입니다. 집중력보다 몰입 경험을 중요하게 보고, 짧게라도 관심 있는 활동을 반복합니다. 산만한 아이도 몰입 경험을 통해 충분히 성장할 수 있습니다. 중요한 건 길게 앉아서 집중시키는 것보다 아이가 좋아하고 흥미를 느끼는 활동을 짧게라도 깊게 경험하도록 돕는 것입니다. 먼저 몰입 경험을 위한 원칙을 세워 짧고 자주 10~15분 단위로도 몰입 가능합니다. 길이는 중요하지 않습니다. 흥미 중심으로 아이가 재미있다. 해 보고 싶다고 느끼는 활동 위주로 진행합니다. 완성하거나 결과를 눈으로 확인할 수 있는 활동으로 성취감을 제공합니다. 아이가 스스로 선택하고 결정하게 하여 자율성을 보장합니다. 짧게 몰입이 가능한 활동을 추천합니다. 만들기는 조립 레고, 블록, 간단한 목공, 종이접기, 손으로 직접 만들며 성취감이 증가합니다, 그림 표현은 색칠, 스케치, 스탬프, 클레이, 결과물이 바로 보여 흥미 유지를 합니다. 과학, 탐구는 물, 모래놀이, 간단한 실험, 자석 놀이, 관찰과 실험 과정에서 호기심 발현됩니다. 움직임은 체육 점프, 짐볼, 장애물 코스, 댄스 신체 활동으로 에너지 발산 후 집중력 향상됩니다. 음악은 소리, 타악기, 동요 따라 부르기, 간단 연주, 리듬과 소리에 몰입하여 감각 발달에 도움이 됩니다. 부모가 도와줄 수 있는 부분은 아이의 관심을 따라 주기, 아이가 하고 싶은 활동을 먼저 들어주고 잠깐이라도 집중할 수 있게 환경 조성하여 줍니다. 산만함을 문제로 보지 말고, 아이의 호기심과 몰입을 관찰하고 지원하는 기회로 삼는 것이 중요합니다.

집중이 느린 아이는 배우지 못하는 아이가 아닙니다. 단지 집중에 들어가는 시간이 더 필요한 아이입니다. 교육의 핵심은 속도를 끌어올리는 것이 아니라, 포기하지 않고 다시 들어오게 만드는 구조를 만들어 주는 것입니다. 지금은 집중 연습 중이야라고 알려 줍니다. 집중을 결과로 보지 말고 과정으로 설명합니다. 왜 이렇게 집중을 못 해? 가 아니라 집중하는 연습을 하고있는 거야, 아이는 못한다 가 아니라 배우는 중이라는 메시지를 받을 때 마음이 열립니다. 짧게 시작하고, 끝까지 경험하게 합니다, 느린 아이에게 긴 과제는 시작 전에 지칩니다.

5~10분짜리 작은 과제 이거 하나만 끝내 보자 끝나면 반드시 마무리 성공 경험 주기 짧게 → 끝까지 → 성공이 반복이 집중의 기초 체력을 만듭니다. 집중을 방해하는 자극을 함께 정리합니다. 통제보다 공동 정리가 중요합니다. 책상 위 물건 3개 이하 이 중에 오늘 필요 없는 건 뭐지? 아이가 직접 치우게 하기 선택하게 하면 통제가 아니라 자기조절 연습이 됩니다. 산만해질 때 다시 돌아오는 말을 준비합니다.

혼내는 말은 멈추게 하고, 안내하는 말은 돌아오게 합니다.

지금 생각이 다른 데 갔구나. 다시 여기로 와 볼까? 다 끝내고 나면 쉬자. 이 말들이 아이의 내면 대화가 됩니다. 결과보다 머문 시'을 칭찬합니다. 완성보다 집중을 유지한 시간이 성장 포인트입니다. 10분이나 앉아 있었네. 중간에 멈췄지만 다시 시작했어. 어제보다 조금 길어졌네. 아이는 할 수 있다는 감각을 배웁니다. 몸을 먼저 쓰는 학습을 연결합니다. 집중이 느린 아이는 몸이 깨어나야 머리가 따라옵니다. 학습 전 2~3분 스트

레칭, 블록, 카드, 이동 활동 후 책상 활동. 손으로 만지고 움직이며 개념 익히기. 비교 없는 환경을 만들어 줍니다. 비교는 의욕을 꺼뜨리고, 성장은 멈추게 합니다. 형제, 친구와 비교 절대 비교하면 안됩니다. 어제의 아이와 오늘의 아이 비교하면 좋습니다. 성장은 속도 경쟁이 아니라 방향 유지입니다. 집중이 느린 아이에게 교육이란 빨리하게 만드는 것이 아니라 멈추지 않고 다시 시도하게 하는 힘을 기르는 것입니다. 아이는 오늘도 조금씩 머무는 시간을 늘리고 있습니다.

성장은 느릴 수 있지만, 멈춘 적은 없습니다.

3) 산만한 아이 아무 안내 없이 AI를 만날 때

집중이 느리고 산만해 보이는 이 아이가 AI를 만나면, 아이의 모습은 어른이 어떤 방식으로 연결해 주느냐에 따라 전혀 다르게 전개됩니다. 아무 안내 없이 AI를 만날 때 이 아이는 AI를 자극의 공급자로 먼저 만날 가능성이 큽니다. 화면이 빠르고 반응이 즉각적이라 기다리지 않아도 답이 나오고 실패해도 다시 생각할 필요가 없기 때문입니다. 이 경우 아이는 질문을 깊게 하기보다 "뭐 해?", "다 해 줘." 같은 즉각 반응형 사용을 하게 되고 집중은 더 짧아지고, 스스로 생각하는 힘은 줄어들 수 있습니다. 도움 도구가 아니라, 아이를 끌고 가는 존재가 됩니다. 어른의 연결이 있을 때, 이 아이와 AI는 달라집니다. 하지만 이 아이의 진짜 강점은 따로 있습니다. 이 아이는 생각이 여기저기 튀지만 호기심이 많고 질문이 떠오르며 새로운 자극에 반응하는 뇌를 가지고 있습니다. 여기에 어른이 이렇게 연결해 주면 변화가 생깁니다.

AI한테 이걸 물어볼까? 답이 나왔네, 너 생각은 어때? 이 중에 어떤 게 맞을까? 즉 AI → 생각 → 다시 대화 이 구조가 만들어지면, 산만함은 확장된 사고력으로 바뀝니다. 이 아이에게 AI는 집중을 대신하는 존재가 아닙니다. 이 아이에게 AI의 역할은 로봇은 대신해 주는 존재가 아니라 집중을 연습하게 해 주는 보조 도구입니다. 혼자서는 오래 못 버티지만 AI 질문 하나를 중심으로 짧게라도 생각을 붙잡을 수 있고 다시 돌아오는 연습을 하게 됩니다. 따라서 AI는 이 아이의 집중을 망가뜨리는 것도 살려 주는 것도 아니라 어른이 어떤 구조를 만들어 주느냐에 따라 결과가 달라집니다. 이 아이가 AI를 잘 만나면 이렇게 자랍니다. 잘 연결된 AI 환경에서 이 아이는 생각 → 질문 → 확인 → 수정을 반복하며 느리지만 멈추지 않는 학습자가 되고 도움을 받되 의존하지 않는 아이로 자랍니다. 집중이 느린 아이에게 AI는 속도를 올려 주는 도구가 아니라, 생각을 다시 붙잡아 주는 다리가 됩니다. 한 문장으로 정리하면 이 아이가 AI를 만나면, 산만함은 사라지지 않지만 방향을 얻고, 집중은 느리지만 멈추지 않는 힘으로 자랍니다.

4) 산만함 너머에 있는 우리 아이의 가능성

산만함은 부족함의 신호가 아니라, 아직 정리되지 않은 에너지일 때가 많습니다. 특히 아이를 가까이에서 오래 관찰하여 보면 산만함 뒤에 숨어 있는 가능성의 방향이 보이실 겁니다. 산만한 아이는 보통 자극에 민감하고 관심의 폭이 넓으며 한 가지에 오래 머무는 힘보다, 빠르게 탐색하는 힘이 큽니다. 이건 집중을 못 한다, 가 아니라 집중의 방식이 다를 뿐입니다.

로봇과 살아갈 아이의 세상

한 자리에 오래 앉아 있진 못해도 궁금한 건 계속 묻고 새로운 상황에서 남들보다 먼저 반응합니다. 이 아이들은 정리만 도와주면 생각의 깊이로 연결될 수 있는 아이들입니다.

지도 핵심은 집중을 요구하지 말고, 구조를 먼저 줍니다. 산만한 아이에게 "집중해!"는 가장 어려운 말입니다. 대신 이렇게 지도합니다. "끝까지 해, 여기까지만 해 보자."라고 지도합니다, 또한 가만히 있어, 이 말보다는 움직이면서 해도 괜찮아 그렇지만 조금만 참아 보자. 지도는 짧고 분명한 구조로 시간은 5~10분, 단계는 1~2단계로 끝이 보이게 제시합니다.

아이의 뇌는 완주 경험을 통해 집중을 배웁니다. 또한 산만함을 통제가 아닌 방향 전환으로 다룹니다. 산만한 아이는 통제하면 무너지고, 역할을 주면 살아납니다. 예를 들어 친구들 중간에 끼어들면 다음 차례 알려 주는 역할 해 볼래? 자꾸 움직이면 지금 재료 가져오는 담당이야. 산만함을 에너지로 바꾸어 줍니다. 에너지는 막는 게 아니라 쓰는 것입니다. 이 아이들은 주도적인 위치에서 가장 안정됩니다. 그리고 결과보다 생각 과정을 말로 꺼내 줍니다. 산만한 아이는 생각은 많은데 정리 언어가 약한 경우가 많습니다. 그래서 어른이 대신 말로 구조화해 줍니다. 아, 이거 보다가 저게 생각났구나. 처음엔 이렇게 하려다가 바꿨네. 멈추진 않았고, 방법을 바꾼 거네. 아이는 나는 산만한 아이가 아니라 생각이 많은 아이로 자신을 인식하게 됩니다. 이게 자존감의 방향을 바꿉니다. AI·디지털 환경에서도 도구 사용으로 연결합니다.

산만한 아이일수록 디지털에서 끌려가기 쉽지만, 반대로 도구로 전환되면 성장 속도가 빠릅니다. 사용 기준은 시간보다 이유가 중요합니다. 심심해서가 아니라 이 질문을 해결하려고 디지털을 사용하는 것이 좋습니다.

기억해야 합니다. 산만한 아이는 고쳐야 할 아이가 아니라 정리와 안내가 필요한 아이입니다. 지금은 흩어져 있지만 연결되면 창의가 되고 구조를 만나면 집중이 되고 이해받으면 자기조절이 자랍니다. 산만함 뒤에는, 아직 다 사용하지 않은 무한한 가능성이 있습니다.

우리는 그 가능성이 흐를 길을 만들어 주는 사람입니다.

5) 걱정 많은 부모에게, 산만한 아이 이야기

아침마다 가방을 싸다 말고 딴짓을 하고, 숙제하다 창밖을 보고, 이야기하다 중간에 다른 생각으로 흘러가 버리는 아이. 부모는 하루에도 몇 번씩 생각합니다.

왜 이렇게 산만할까?

이러다 괜찮을까?

하지만 어느 날, 부모는 알게 됩니다.

아이는 아무 생각 없이 흩어지는 중이 아니라, 세상을 한꺼번에 받아들이느라 바쁜 중이라는 것을요.

이 아이는 연필을 잡고 있다가도 바닥에 떨어진 작은 점을 보고, 소리를 듣고, 움직임을 느끼고, 머릿속에서 수많은 생각을 동시에 키웁니다. 그래서 한 가지에 오래 머무는 건 아직 서툴지만, 대신 많은 것을 보고, 느끼고, 연결하려는 힘을 가지고 있습니다.

부모가 아이를 다그치지 않고 괜찮아, 다시 해 보자, 라고 말해 주었을 때, 아이는 처음으로 안전하다는 느낌을 얻습니다. 그 안전함 속에서 아이는 조금씩 멈추는 법을 배우고, 다시 돌아오는 법을 연습합니다.

산만한 아이에게 필요한 것은 완벽한 집중이 아니라, 기다려 주는 어른과 반복할 시간입니다. 걱정이 많은 부모라는 건 그만큼 아이를 깊이 사랑하고 있다는 증거입니다.

오늘도 아이는 흔들리며 자라고 있습니다.

느려 보여도, 복잡해 보여도, 그 안에서 아이의 성장은 분명히 진행 중입니다.

2.

산만한 아이 창의력은 어떻게 키워 줄까?

1) 산만함 뒤에 숨은 아이의 가능성 키우기

산만한 아이도 충분히 창의력을 키울 수 있습니다.

핵심은 몰입 경험과 탐색의 자유를 주는 것입니다.

산만함은 문제 행동이 아니라, 방향을 못 잡은 에너지인 경우가 정말 많습니다. 산만한 아이의 창의력, 왜 가능성이 큰가? 깊이 생각해 보면 산만한 아이들은 보통 하나에 오래 머무르기보다 여러 자극을 빠르게 연결하고 엉뚱해 보이는 질문을 자주 하며 정해진 방법보다 다른 길을 먼저 떠올리는 특성이 있습니다. 이건 창의력의 재료입니다.

다만, 집중력으로 묶어 주는 어른의 역할이 없으면 흩어져 버릴 뿐입니다. 흔한 오해부터 정리하면 집중 못 하니까 창의력도 부족해, 먼저 집중부터 시켜야 해, 라고 생각할 수 있습니다. 사실은 반대입니다.

창의력은 '짧은 몰입'을 여러 번 경험하며 자랍니다.

산만한 아이 창의력 키우는 5가지 지도 원칙은 길게 말고 짧게, 여러 번 몰입하게 하고 성공 경험을 많이 쌓아 줍니다.

결과보다 과정 질문을 던집니다. 왜 이렇게 해 봤어? 다르게 생각해 본 이유가 뭐야? 산만한 아이는 생각의 흐름을 말로 꺼낼 때 창의력이 자랍니다. 자유 놀이 와 작은 과제구조 만들어 줍니다. 완전 자유, 완전 통제는 위험합니다. 중간 지점이 필요합니다. 마음대로 만들어도 되는데

장난감을 모두 늘어놓고 놀이할 때 사람이 들어갈 수 있게만 해 볼까? 자유 속에 방향만 잡아 줍니다. 산만함을 문제가 아니라 재능 신호로 말해 줍니다. 아이에게 이렇게 말해 주세요.

너는 생각이 빨라서 여기저기 가는구나. 아이디어가 많아서 한 번에 다 나오나 보다. 그럼 그중 하나만 같이 잡아 볼까? 아이는 자기 자신을 믿는 힘이 생깁니다. 이게 창의력의 뿌리입니다. 로봇 활용도 놀이 도구가 아니라 생각 도구로 사용하도록 지도합니다. 산만한 아이의 창의력 지도는 고쳐야 할 행동을 줄이는 교육이 아니라, 흩어진 생각을 잡아 주는 교육입니다. 집중시키려 애쓰지 말고 생각을 붙잡아 주고 말로 꺼내게 도와줍니다. 그러면 이 아이들은 틀 밖에서 생각하는 힘, 미래형 문제 해결력으로 크게 자랍니다.

2) 감각 놀이로 탐색 키우기

감각 놀이, 만들기, 실험 활동을 통해 자유롭게 탐색하게 합니다. 오감 (시각, 청각, 촉각, 후각, 미각)을 통해 호기심 자극합니다. 활동 예시로

촉감놀이 통해 모래, 쌀, 점토, 물감, 물놀이 등 자유롭게 만지며 느껴 봅니다.

시각, 청각을 자극하는 색깔 섞기, 다양한 소리 나오는 장난감, 악기를 활용합니다, 냄새, 맛 탐색은 다양한 향, 과일, 채소 맛보기, 간단한 요리 놀이 통해 흥미를 유발하여 산만함을 집중할 수 있는 몰입도로 유도할 수 있습니다. 이때 놀이에 정답을 주지 말고 아이가 무엇이 달라졌는지, 무엇을 느꼈는지 스스로 관찰하게 합니다.

만들기 활동으로 상상력 발달시킬 수 있습니다. 상상한 것을 형태로 표현하며 창의적 사고를 확장시켜 나갈 수 있습니다. 활동 시 재료 다양화하여 종이, 상자, 병뚜껑, 자연물 등 재료를 섞어 자유롭게 만들게 하고 주제 최소화하여 네가 상상하는 동물을 만들어 보자, 이처럼 큰 틀만 제공합니다.

실패 경험 허용하여 무너지고 부서져도 다시 만들 수 있도록 격려하고 지지하여 줍니다. 아이가 만든 결과보다 과정에서 발견하고 시도하는 행동을 칭찬하여 줍니다. 또한 간단한 실험으로 호기심을 강화할 수 있습니다.

탐구적 사고와 문제 해결 능력 발달을 위한 물과 기름 섞기 실험으로 결과 관찰에 따라 예측 질문을 할 수 있고 종이컵 전화기 만들기로 소리가 전달되는 원리 탐구를 발견할 수 있습니다. 간단한 화학 놀이 통해 식초, 베이킹소다 폭발 실험을 할 수 있습니다. 실험 후 왜 이렇게 됐을까? 다르게 하면 어떻게 될까? 질문을 던지면 사고력이 확장됩니다.

산만함을 장점으로 활용하여 짧은 시간 집중으로 활동을 10~15분 단위로 나누어 몰입 경험 제공하고 선택권 주어 오늘은 점토 놀이 할래, 아니면 색종이 접기 놀이 할래? 의견에 선택할 수 있도록 합니다. 놀이할 때는

로봇과 살아갈 아이의 세상

공간을 구분하여 탐색, 실험·만들기 영역을 구분해 산만함을 자연스럽게 흘려보냅니다. 이때 핵심은 정답을 강요하지 않고, 아이가 자유롭게 만지고, 만들고, 실험하도록 격려하면 산만함은 창의적 탐색의 에너지로 바뀔 수 있습니다.

산만한 아이도 15~20분씩 몰입하며 즐길 수 있는 주간 창의 놀이 계획표입니다. 하루 한 가지 활동을 짧게, 자유롭게 탐색하게 하는 게 포인트입니다. 아이가 자유롭게 탐색하고 만들어 보도록 격려하고 정답은 금지입니다.

3.

산만한 아이의 또 다른 기회,
로봇과의 만남

산만한 아이에게 로봇과의 만남은 단순한 놀이를 넘어 약점처럼 보였던 특성이 기회로 전환되는 순간이 될 수 있습니다.

1) 왜 또 다른 기회가 될까?

산만한 아이는 집중을 못하는 아이가 아니라 오래 붙잡아 두기 어려운 아이입니다. 잠깐 보다가 고개를 들고 다시 만지다가 또 다른 데로 가는 모습은 마음이 가벼워서가 아니라 관심이 움직이며 길을 찾는 중이기 때문입니다.

그런 아이에게 로봇은 "가만히 앉아 있어."라고 요구하지 않습니다. 대신 이렇게 말합니다.

잠깐만 와도 괜찮아.

로봇과 살아갈 아이의 세상

다시 돌아와도 돼.

실수해도, 다시 해 보면 돼.

버튼을 누르면 바로 반응하고 움직이면 결과가 보이고 실패해도 혼내지 않고 다시 시작할 수 있게 기다려 줍니다. 아이의 마음은 그때 이렇게 느낍니다.

아, 내가 해도 되는구나.

잠깐 쉬었다가 다시 와도 괜찮구나.

그래서 아이는 한 번에 오래 붙들려 있지 않아도 여러 번 다시 돌아옵니다. 이게 바로 산만한 아이에게 필요한 집중입니다.

억지로 참아 내는 집중이 아니라 흥미를 따라 다시 연결되는 집중, 끊어져도 다시 이어지는 몰입입니다. 로봇은 아이에게 집중을 강요하지 않습니다. 대신 집중해도 안전한 감정의 공간을 만들어 줍니다.

그래서 아이는 조금씩, 하지만 분명하게 자기만의 속도로 깊어집니다. 오래 앉아 있지 않아도 괜찮습니다. 다시 돌아올 수 있다면, 그 아이는 이미 집중을 배우는 중입니다.

2) 움직임 많은 아이 행동 기반 학습

산만한 아이는 듣는 것보다 해 보는 것, 설명보다 움직임에 강합니다. 로봇 활동은 버튼 누르기, 방향 바꾸기, 순서 정하기 등 몸을 쓰며 생각하는 학습이 가능합니다. 가만히 있으라고 요구하지 않아도 스스로 생각하면서 움직이게 됩니다. 이 아이들은 움직이면서 생각하고, 몸으로 이해하는 아이이기 때문에 행동 기반 학습이 가장 효과적입니다.

행동 기반 학습은 몸의 움직임을 통해 경험하게 되고 이해와 습득하게 되면 기억으로 이어지는 학습 방식입니다. 말로 설명하면 놓치지만 직접 해 보면 움직이며 반복하면 역할을 맡아 행동하면 학습이 됩니다. 움직임 많은 아이에게 움직임은 방해가 아니라 집중의 통로입니다. 움직이는 아이들은 오래 집중해서 가만히 있는 구조가 아닙니다.

대신 몸을 움직이는 자극, 공간을 바꾸는 활동, 손으로 만지고 옮기는 경험에 뇌가 빠르게 반응합니다. 몸을 쓰기 시작하면 생각을 담당하는 전두엽이 함께 깨어납니다. 움직임은 산만함이 아니라, 뇌를 켜는 스위치입니다. 자기조절은 말로 배우지 못합니다. 가만히 있어! 움직이지 마! 이 말은 이 아이들에게 실패할 수밖에 없는 과제입니다. 하지만 이렇게 바꾸면 달라집니다. 여기까지 움직여 보자, 이 선에서 멈춰 볼까? 3번만 하고 쉬자 움직였다가 멈추는 경험 자체가 조절 연습입니다. 조절은 혼나는 것으로 배우는 게 아니라, 몸으로 해 보며 익히는 기술입니다. 할 수 있다는 감각이 아이를 바꿉니다.

계속 앉아서 하라고 하면 아이 마음엔 이렇게 남아 있습니다. 나는 할 수 없는 아이야, 하지만 움직이며 과제를 해내면 아이 안에서 이런 말이 생깁니다. 어? 나도 할 수 있네? 이 작은 성공이 쌓이면 도전하려는 힘이 생기고 좌절이 줄고 학습에도 다시 돌아올 수 있습니다. 움직임 속 성공 경험이 자존감을 키웁니다. 이 아이에게 움직임은 문제 행동이 아니라, 배우는 통로입니다.

아이를 고치려 하지 말고, 환경을 바꾸는 것, 게 행동 기반 학습의 출발점입니다. 움직임이 많은 아이는 산만한 아이가 아니라, 몸으로 배우는 아이입니다.

3) 행동 기반 학습의 핵심 원칙 5가지

첫째, 짧고 분명하게, 3~5분 활동, 한 번에 한 과제, 움직임에 목적을 줍니다.

둘째, 그냥 뛰는 것이 아니라 과제 있는 움직임으로 카드 찾기 하면서 역할 수행 후 문제 해결 후 이동합니다.

셋째, 손과 발, 몸을 함께 씁니다. 쓰기 하게 되면 바닥에 큰 글씨 쓰기, 바닥에 그림 그리기. 계산은 몸으로 수 만들기, 말하기 역할극으로 대체하여 활동합니다.

넷째, 과제 하면 바로 성과 보이게 해 주는 것입니다.

퍼즐도 맞추면 바로 완성하기. 연결하면 그림이 바로 나타나게 하기, 그런 것이 잘되면 즉시 성공을 느낍니다. 아이들은 오래 기다리는 것, 결과가 나중에 나오는 것을 힘들어합니다.

그래서 성공하면 바로 반응이 오면 내가 했어! 라는 느낌이 생기고 다시 해 보고 싶은 마음이 커지고 집중이 끊기지 않습니다. 즉 생각은 행동으로 바로 보상이 흐름이 아이의 뇌를 가장 편안하게 깨워 주는 방식입니다.

다섯째, 항상 끝맺음은 정리, 정돈 마무리, 놀이나 과제에서 흥분 상태 안정된 상태로 전환하는 연습이 필요합니다.

4) 충동적인 반응을 생각하고 누르는 경험

로봇은 바로 반응하지만, 아이의 선택이 결과로 나타납니다.

이렇게 하면 멈춘다, 저렇게 하면 실패한다, 다시 바꾸면 성공한다. 이 과정에서 아이는 자연스럽게 생각에서 행동으로 결과에서 조정을 경험합니다. 충동을 억누르라고 가르치지 않아도 결과를 통해 조절을 배우게 됩니다. 지적받기 쉬운 아이는 성공 경험의 주인공이 될 수 없으며, 산만한 아이는 종종 집중 안 해요, 또 산만해요, 라는 말을 듣습니다. 하지만 로봇과 함께할 때는 정답보다 시도 과정 속도보다 아이의 아이디어가 중요해집니다. 네가 해낸 거야, 이 방법은 네 생각이구나 이런 경험은 자존감과 도전 의지를 키워 줍니다.

산만함은 질문이 많고 탐색적인 성향으로 바뀝니다. 산만한 아이에게 로봇은 집중을 강요하는 도구가 아니라 생각하는 힘을 꺼내 주는 기회로 만들어 줍니다.

5) 로봇과 잘 지내려면?

산만한 아이도 로봇과 충분히 잘 즐겁게 지낼 수 있습니다.

핵심은 자율성과 탐색 경험을 중심으로, 규칙과 제한을 최소화하며 성취 경험을 느끼게 하는 것입니다.

첫째, 규칙과 제한을 최소화합니다.

정해진 순서나 명령 대신 자유 실험을 하고 로봇이 할 수 있는 행동을 보여 주고, 아이가 직접 선택하게 합니다. (예시: 로봇에게 무엇을 시켜 보고 싶어?)

로봇에게 무엇인가 하려다 실패했을 때 실패 허용을 허용하고 로봇이 명령을 잘 수행하지 못해도 다시 해 보자 정도로 격려합니다. 시간제한

　　　　　　　　　　로봇과 살아갈 아이의 세상

최소화하여 아이가 몰입할 때까지 충분히 시간을 주되, 지치면 자연스럽게 활동 종료합니다.

둘째, 목표 달성 경험 중심으로 활동합니다.

미션 기반 놀이입니다.

예시) 로봇이 공을 목표 지점까지 옮기게 하기

예시) 블록을 쌓거나 장애물을 피해 이동시키기

로봇이 한 행동을 사진, 영상으로 기록성과 기록하고 아이가 내가 시켰더니 로봇이 이렇게 했어! 를 스스로 확인하게 합니다. 처음엔 단순 명령으로 시작하고 다음 단계는 조건부 명령 진행합니다. 마지막엔 자유 탐색 과정으로 조금씩 난이도 조절합니다. 성취감과 도전성을 동시에 자극하게 합니다.

상호작용 놀이 아이디어 소개합니다. 로봇과 경주 놀이로 속도, 반응을 탐색하여 로봇과 아이가 동시에 출발, 누가 먼저 도착하는지 관찰하는 게임입니다. 로봇 그림 그리기는 로봇에 펜 달아 자유 그림 그리기로 창의력을 기릅니다. 로봇 과제수행은 블록, 공 등 목표물을 로봇으로 이동시켜 문제 해결 능력을 길러 줍니다. 로봇 스토리 놀이는 로봇 캐릭터를 만들고 이야기 속에서 과제 수행하는 것으로 아이의 상상은 증가합니다. 오늘은 어떤 놀이를 할지 아이가 정하게 하여 아이가 선택권을 가집니다, 로봇이 이렇게 움직였네! 네 생각이 맞았구나, 칭찬보다 관찰을 공유합니다.

4.

산만한 아이,
AI 도구는 새로운 기회가 될 수 있을까?

AI 도구, 산만한 아이도 활용할 수 있을까?

구조화된 환경과 짧고 명확한 과제가 핵심입니다.

1) 주의 산만한 아이가 AI를 잘 활용하도록 돕는 핵심 원리

짧고 빠른 피드백 구조 만들기

AI는 즉시 반응해 주기 때문에 기다림이 어려운 아이에게 매 효과적입니다. 1~2분 안에 결과가 나오는 활동 중심으로 설계합니다.

시각적 요소가 있는 AI 도구 활용

그림, 사진, 캐릭터는 아이의 집중력을 끌어올리는 데 강력합니다. 텍스트보다 이미지·음성 기반 활동이 좋습니다.

로봇과 살아갈 아이의 세상

활동 단계를 조각내기

한 번에 긴 과제를 주기보다 첫째, 질문하기 둘째, 생성 보기 셋째, 선택하기 넷째, 완성하기. 이렇게 구조화해 주면 산만한 아이도 따라옵니다.

아이가 직접 선택할 수 있는 옵션 제공

주의 산만한 아이는 선택권이 있을 때 집중이 잘 됩니다.

AI에게 물어보는 형식으로 선택지를 만들어 줍니다.

2) 산만한 아이에게 효과적인 AI 활용 방법 5가지

그림 생성 AI로 집중하여 도입하기(1~2분 활동). 산만한 아이도 결과가 바로 보이는 그림에는 집중합니다.

우리 기분을 동물로 그려 줘. 노란 곰 엄마·파란 새 아이·나무 아빠 가족 그림 만들어 줘, 우리 반 청소 도와주는 로봇 상상해서 그려 줘. 이때는 시각 자극이 강력해서 수업 시작·전환 시 집중 유도에 탁월합니다.

AI 음성 읽기 기능으로 짧은 듣기 활동 제공

주의 산만한 아이는 글을 오래 읽기 힘들지만 듣기는 더 수월합니다. 아이 수준에 맞게 짧은 글을 AI가 읽어 주도록 하기. 읽은 뒤 중요 단어 1개만 말해 봐. 이처럼 간단하게 묻기. 텍스트 부담이 줄어 집중 유지가 가능합니다.

아이에게 역할 주어지면 산만함이 줄고 몰입감이 생깁니다.

예시) 너는 오늘 탐정이야. 단서 3개만 AI에게 물어보고 미션 해결해
봐. AI한테 동화 속 주인공 인터뷰 5문장만 해 볼까? 구조화된 대
화와 과제 활동은 집중시키는 것에 도움이 됩니다.

짧은 과제 카드와 함께 사용하기

산만한 아이에게는 짧고 명확한 목표가 필요합니다.

예시) 과제 카드

미션 1: AI에게 내 기분 묻기

미션 2: 그림 1개 만들기

미션 3: 3개 중 마음에 드는 것 선택하기

미션 구조가 있으면 자기조절이 쉬워집니다.

숙제, 학습 부담 줄여 주는 AI 기능 활용

AI는 긴 문제를 짧게 요약하거나 단계별로 나눠 줘서 산만한 아이에게
유리합니다.

예시) 긴 글은 한 문장으로 요약해 줘.

어려운 문제는 초등학생도 이해하게 설명해 줘.

단계 나누기는 1단계부터 3단계로만 설명해 줘.

과제에 대한 스트레스 감소하고 집중 지속이 가능해집니다.

산만한 아이는 일기 쓰기를 힘들어하고 AI와 대화하면 쉽게 기록이 됩니다.

예시) AI야, 오늘 놀랐던 일 1개만 질문해 줘.

내가 말한 내용으로 3줄 일기 만들어 줘.

자기 표현력과 감정 라벨링 능력 향상됩니다. AI를 시각 타이머, 칭찬 시스템으로 활용합니다. 산만한 아이는 보상 체계가 있으면 더 잘 움직입니다.

예시) 3분 집중하면, AI가 너만의 캐릭터를 만들어 줄게.

5문장 읽으면 AI가 너를 응원하는 노래 만들어 줄게!

즉각 보상으로 집중 유지 시켜 줍니다.

3) 부모, 교사를 위한 실제 수업/집중 활용 팁

스마트폰, AI는 도구화해야 합니다. 그냥 주면 산만함이 증가하고 역할, 과제, 시간제한을 주면 학습 도구가 됩니다.

10~15분 이상 지속하는 활동은 피해야 합니다. 산만한 아이에게는 5분 단위로 1분 피드백 주고 다음 활동으로 옮겨 가는 것이 이상적입니다. AI는 아이에게 언제나 친절하게 반응하므로 실패 경험이 많은 아이에게 성공 경험을 줍니다. 반드시 부모, 교사의 동반 구조화가 필요하고 AI가 집중력을 만들어 주는 것이 아니라, AI를 사용하는 환경과 과제 설계가 집중을 만든다는 점이 핵심입니다. AI는 산만한 아이에게 위험한가요? 그렇지 않습니다. 그럼 어떻게 하면 도움이 될까요? 짧고 즉각적

이며 시각적이고 선택 중심의 활동을 설계하면 오히려 집중력 강화에 효과적입니다.

4) 산만한 아이, 다른 사람 마음도 이해할 수 있을까?

아이가 산만하다고 해서 공감 능력이나 타인의 마음을 이해하는 힘이 부족한 것은 아닙니다.

다만, 주의가 빨리 흐트러지는 특성 때문에 타인의 감정을 읽고 상황을 파악하는 데 더 많은 도움과 구조가 필요할 뿐입니다. 아이가 자연스럽게 공감, 도덕성, 사회성을 키울 수 있는 실천 방법을 아래처럼 정리해 드립니다.

감정을 보이게 만들어 주기, 산만한 아이일수록 감정이 추상적이면 이해가 어렵습니다. 감정을 눈에 보이도록 시각화하면 훨씬 잘 이해합니다.

감정을 색깔, 표정 카드로 보여 주기, 기쁨은 노란색! 슬픔은 파란색! 지금 친구 마음은 어떤 색일까? 감정을 색으로 표현하게 합니다,

감정 온도계 만들기, 0~10 숫자판을 이용해 지금 너의 마음 온도는 몇 도일까? 아이와 부모 함께 질문하고 의논하여 감정 온도계 만들어 보아도 좋습니다. 역할 놀이를 활용해 공감 연습을 통해 주의가 산만한 아이도 몸을 쓰고 상황을 연기하면 집중력이 크게 올라갑니다.

엄마, 아빠, 친구 역할 바꾸기, 내가 친구 역할 해 볼게. 너는 어떻게 말해 줄래? 인형, 장난감을 활용해 상황 연출, 만약에~? 질문으로 감정 생각 확장, 만약 친구 연필이 부러졌다면 어떤 기분일까? 그럴 때 우리라면 어떻게 행동하면 좋을까? 짧은 순간의 공감 칭찬 자주 하면 산만한 아이는

긴 설명보다 즉각적인 긍정 피드백이 훨씬 효과적입니다.

너, 방금 친구 기다려 준 거 정말 멋졌어! 네가 먼저 도와준 덕분에 친구가 웃었어. 친구 마음을 잘 알아봐 줬구나! 이런 칭찬은 아이가 공감하면 좋은 결과가 온다는 경험을 쌓게 합니다. AI, 기술 활용도 큰 도움이 됩니다. 요즘 AI 그림, 챗봇은 감정 교육에 아주 효과적입니다. 짧고 선명한 규칙으로 도덕성 세우기, 산만한 아이는 복잡한 규칙은 기억하기 어렵습니다. 단순하고 실행 가능한 3가지 규칙 정도면 충분합니다. 친구 마음 다치게 하지 않기, 안전 먼저 말하기 전에 한 번 생각하기, 여기에 왜 그런지 짧은 설명을 붙여 줍니다.

5.

산만해도 옳고 그름을 배우는 아이

아이가 산만하다고 해서 도덕심이 약한 것은 절대 아닙니다. 단지, 주의가 빠르게 이동하기 때문에 도덕적 판단을 행동으로 옮기는 과정이 어려울 뿐입니다. 그래서 산만한 아이에게는 복잡한 도덕 교육이 아니라 쉽고 행동 중심의 도덕 교육이 훨씬 잘 맞습니다. 아래는 실제 상담, 교육 현장에서 가장 효과적이었던 접근들만 정리한 방법입니다.

1) 말로 가르치기보다 바로 느끼게 하기

산만한 아이는 긴 설명을 잘 듣지 못합니다.

하지만 상황 속 감정과 결과는 빠르게 느낍니다.

그건 나쁜 행동이야. 이렇게 말하는 것이 아니라 친구가 울었네. 네가 밀어서 아팠을 것 같아. 와 같이 행동을 행동 감정으로 연결하여 잘못이 아니라 누군가의 마음을 먼저 알게 합니다. 말은 이렇게 바꿉니다.

친구가 울고 있네.

네가 밀어서 아팠을 것 같아.

지금 친구의 마음이 속상해 보여.

잘못을 따지기보다, 마음을 먼저 보게 합니다. 산만한 아이에게는 옳고 그름을 설명하지 말고, 사람의 마음을 먼저 느끼게 해 주는 것이 좋습니다.

2) 규칙보다 관계 속 결과를 경험하게 하기

산만한 아이에게는 규칙을 설명하는 것보다, 관계에서 생기는 결과를 느끼게 하는 것이 더 잘 와닿습니다.

이 아이들은 이건 규칙이야 라는 말에는 잘 반응하지 않지만, 사람이 가까워지거나 멀어지는 경험에는 바로 반응합니다.

예를 들면 장난감을 뺏으면 친구가 속상해서 자리를 떠나면 혼자 기다리는 시간이 생깁니다. 그리고 다시 말로 부탁하거나, 기다릴 수 있으면 친구가 돌아오고 다시 함께 놀이가 이어집니다. 이때 "규칙을 어겼어."라고 말하지 않고 "기다리니까 친구가 다시 왔네, 이렇게 하니까 같이 놀 수 있었구나."라고 연결해 줍니다. 아이에게 남는 건 규칙이 아니라 이 행동을 하면 사람이 돌아옵니다.

이렇게 하면 관계가 이어진다는 경험을 체험하게 됩니다. 산만한 아이의 도덕심과 사회성은 말로 가르쳐질 때보다 관계 속 결과를 몸으로 느낄 때 자랍니다.

도덕 판단은 시간이 지나서 설명하면 사라집니다.

산만한 아이는 지나간 일을 오래 기억하며 생각하는 게 어렵습니다. 그래서 나중에 설명하면 잘 와닿지 않습니다. 그 순간에 바로 느끼고, 바로 고치는 경험이 필요합니다.

즉각적인 피드백으로 아이 행동에 대해 바로 알려 주고 바로 결과를 보고 바로 다시 해 볼 수 있게 해 주는 것입니다.

이렇게 하면 됩니다.

바로 반응은 아이가 장난감을 뺏었을 때 아까 그거 왜 그랬어? 이렇게 말하는 것보다 "지금 친구가 놀라서 멈췄네"라고 지금 상황을 짚어 줍니다. 바로 결과는 긴 훈계하지 말고 이렇게 하니까 친구가 멀어졌네. 행동의 결과를 눈으로 보게 합니다.

그리고 바로 회복하는 시간을 줍니다. 지금 다시 말로 부탁해 볼까? 이번엔 어떻게 하면 좋을까? 즉시 다시 시도하게 합니다. 성공하면 그래, 그렇게 말하니까 친구가 다시 같이하네! 실패해도 괜찮아, 다시 한번 해 보자. 이 방식의 핵심은 혼내지 않기, 기다리게 하지 않기, 다시 할 기회를 뺏지 않기, 산만한 아이의 도덕심은 설명으로 배우는 게 아니라, 지금 바로 다시 해 보며 자랍니다.

바로 반응하고 바로 결과 보여 주고 바로 회복 기회 줍니다.

4) 멈추기 연습을 작은 단위로 하기

산만한 아이는 옳고 그름을 몰라서 행동하는 게 아닙니다.

하고 싶을 때 잠깐 멈추는 힘이 약해서 생각하기 전에 먼저 몸이 움직입니다. 그래서 큰 훈계보다 아주 짧은 멈춤 경험이 먼저 필요합니다. 지금 여기서 멈춰요, 엄마 얼굴 보기, 손은 무릎, 입은 쉬기, 5초만 쉬어 볼까? 이 5초가 중요합니다.

이때 아이의 뇌가 처음으로 말합니다.

아, 지금 멈추는 시간이구나. 이렇게 멈춰본 뒤에야 그다음이 가능합니다. 친구가 놀랐겠네, 다시 말로 해 볼까?

즉, 멈추고 잠시 생각하고 선택합니다. 그러면 이러한 순서가 만들어집니다. 산만한 아이에게 도덕심은 설명으로 배우는 것이 아니라 짧게 멈춰본 경험이 쌓이며 자랍니다.

5초 멈춤이 도덕 판단의 첫걸음입니다.

5) 행동 뒤 평가 대신 되돌아보기

잘했는지, 못했는지를 판단하면 방어가 먼저 나옵니다.

대신 이렇게 묻습니다. 그때 너의 마음 어땠어? 다시 한다면 어떻게 해 보고 싶어? 생각하게 하는 질문이 도덕심을 키웁니다. 산만하거나 예민한 아이는 "못했어"라는 말을 들으면 틀렸다는 느낌이 먼저 들고 마음을 닫거나 변명부터 하게 됩니다.

이때 아이의 머릿속은 생각하는 지금의 뇌와 마음이 어떤 상태로 작동하는 것이 어렵고 멈추고 방어하는 상태로 전환됩니다. 그래서 되돌아보는 질문으로 평가 대신 이런 질문을 던집니다. 그때 너의 마음은 어땠어? 다시 한다면 어떻게 해 보고 싶어? 이 질문은 혼내는 질문이 아니라 아이를 생각하게 하는 질문으로 아이는 변화의 마음으로 이렇게 일어납니다.

나는 나쁜 애가 아니야, 내가 어떤 마음이었지? 다음엔 이렇게 해 볼 수 있겠네, 아이 스스로 행동하고 마음을 다지며 다음 선택을 연결하게 됩니다. 이것이 바로 도덕심입니다.

도덕심은 하지 마, 그건 나빠, 을 많이 들어서 생기지 않습니다. 내 마음을 느껴 보고 다른 선택을 생각해 보고 다음에 더 나은 행동을 고르는 힘. 이 힘이 자라나는 과정이 바로 되돌아보기입니다. 평가는 아이를 멈추게 하고, 되돌아보기는 아이를 성장하게 합니다.

6) 어른의 모습이 가장 큰 교과서

산만한 아이는 말보다 어른의 행동을 복사합니다.

실수했을 때 사과하는 모습 화났을 때 멈추는 모습 관계를 회복하려는 모습 도덕은 가르치는 게 아니라 보여 주는 것 산만한 아이에게 도덕심은 규칙 암기가 아니라 감정을 이해하고 관계 경험하는 것입니다.

짧게, 지금 바로 다시 해 볼 수 있게 이렇게 배울 때 산만해 보여도 아이는 옳고 그름을 자기 안에서 만들어 갑니다.

7) 산만한 아이, 도덕심 기르는 가장 효과적인 6가지 방법

길게 말하지 않고, 보여 주기가 핵심입니다. 산만한 아이는 긴말은 금방 잊어버립니다. 하지만 눈으로 본 장면은 오래 기억합니다.

그림이나 상황 카드를 보여 주면서 이 행동은 어떤 느낌이 들까? 질문합니다. 작은 인형을 이용해 옳고 그른 행동 짧은 꽁트 만들기 AI 그림이나 영상으로 양심, 배려 상황을 시각화합니다. 시각적 자극은 산만한 아이에게 가장 강력한 도덕적 교육 도구입니다.

바로 실행 가능한 한 문장 규칙 만들기, 복잡한 규칙은 잘 안 지켜집니다. 따라서 단순하고 명확한 1~3개의 규칙이 가장 좋습니다. 남이 아프면 멈춘다. 물건은 빌리기 전에 말한다. 친구 마음을 들여다보고 말한다. 아이가 규칙을 기억하면 도덕적 행동의 기준이 됩니다.

즉각적인 칭찬을 통한 도덕적 강화, 산만한 아이는 행동은 바로 피드백이 중요합니다.

5분 뒤 칭찬해도 이미 잊어버립니다.

도덕심을 강화하는 칭찬으로 아이의 기분을 좋게 합니다.

와, 네가 먼저 양보해서 친구가 웃었어! 방금 말 예쁘게 해서 기분 좋았어. 친구를 기다려 준 거 정말 멋진 마음이야. 도덕적 행동을 기분 좋은 경험으로 인식하게 됩니다.

역할 놀이는 산만한 아이에게 최강 도구입니다. 왜냐하면 몸을 쓰면 주의가 올라가고, 상황 이해력도 같이 올라가기 때문입니다. 친구가 넘어졌을 때 어떻게 도와줄까? 장난감을 빌리고 싶은데 뭐라고 말할까? 내가 친구 역할 할게. 너는 뭐라고 말할래? 도덕적 상황을 몸으로 연습하면 실제 상황에서 훨씬 자연스럽게 행동합니다.

감정 교육은 도덕심의 기초, 공감 능력이 올라가면 도덕 행동은 자연스럽게 따라옵니다. 감정 언어 확장 방법을 사용합니다. 감정 카드 보면서 오늘 기분을 색깔로 감정 표현을 선택하게 합니다. 그림책 읽고 이 그림 속 주인공은 지금 어떤 마음일까? 질문하고 AI로 감정 상황 그림 생성 후 이야기 나누기합니다. 감정을 잘 아는 아이는 타인의 감정도 잘 이해하고 도덕적 행동이 쉬워집니다.

도덕적 행동은 아이의 작은 선택에서 시작됩니다. 산만한 아이에게 도덕심을 가르칠 때 중요한 건 거창한 가르침이 아니라 작은 선택을 존중하는 경험입니다.

일상의 작은 선택을 도덕성으로 연결하여 줍니다.

친구 먼저 가게 해 준 건 네가 배려를 선택한 거야!

나눠 준 건 네 마음이 따뜻하다는 뜻이야.

기다려 준 건 멋진 인내였어.

이렇게 말하면 아이는 도덕적 선택을 할 수 있는 사람이라는 정체성을 갖게 됩니다. 산만한 아이에게 꼭 기억해야 할 핵심, 도덕심은 타고나는 것이 아니라 배우고 경험하며 자라는 힘입니다.

산만함과 도덕성은 전혀 다른 영역입니다.

도덕심은 감정 이해력과 규칙의 단순성 그리고 즉각적 칭찬, 몸을 이용한 경험이 핵심입니다.

아이 스스로 나는 옳은 행동을 하는 사람이라는 자긍심을 갖게 해 주는 것이 가장 중요합니다.

   로봇과 살아갈 아이의 세상

6.

집중은 짧아도 배움은 깊어질 수 있다

---

1) 산만함 속에 숨은 배움의 즐거움 발견하기

산만한 아이는 집중하지 못하는 아이가 아니라 여러 가지에 동시에 관심이 많은 아이입니다.

눈에 보이는 것, 소리, 움직임에는 뇌가 빠르게 반응합니다. 그래서 한 가지에 오래 머무르기보다 자꾸 새로운 것을 찾는 모습으로 보입니다. 왜 배움이 안 되는 것처럼 보일까요? 산만한 아이의 배움은 천천히, 오래 듣는 방식이 아니라 짧게 보고, 바로 해 보는 방식이 좋습니다.

그래서 설명만 계속되면 멀어지고 직접 해 볼 때 갑자기 집중하는 모습이 나옵니다. 이때 사실 아이는 배움의 즐거움을 느끼고, 배우는 중입니다. 산만함 속에 숨은 배움의 순간들 이런 순간을 보면 알 수 있습니다. 갑자기 질문이 많아질 때 만지면서 이건 왜 이래? 할 때 실패해도 다시 놀

러보고, 다시 해 볼 때 이건 방해가 아니라 배움이 시작되는 신호입니다.

산만함은 문제가 아니라 출입구입니다.

그 출입구로 들어가면 아이 안에는 알고 싶어 하는 마음 해 보고 싶은 힘, 배우는 즐거움이 이미 있습니다.

어른이 할 일은 고치려는 것이 아니라 그 즐거움을 발견해 주는 것입니다.

2) 산만한 아이, 배움과 친해지는 길

아이가 산만해도 배움 자체를 싫어하는 것은 절대 아닙니다. 다만, 배움이 지루하게 느껴지는 방식으로 제공될 때 관심이 금방 떨어질 뿐입니다. 산만한 아이에게는 배움을 놀이처럼, 움직임처럼, 성공 경험처럼 느끼게 하는 방식이 훨씬 효과적입니다. 아래는 실제 교육, 상담 현장에서 가장 잘 작동한 전략들만 모아 정리한 실천 가능한 방법입니다. 산만한 아이에게 배움의 즐거움을 알려 주는 7가지 핵심 방법입니다.

몸을 쓰면 집중력, 즐거움이 동시에 올라갑니다.

산만한 아이는 정적으로 듣기만 하면 힘들어하고 지루하게 느낍니다. 반대로 몸을 조금이라도 움직이는 순간 배우는 동기가 확 올라갑니다.

글자 배우기 → 바닥에 대형 글자 붙여 밟으며 읽기

숫자 배우기 → 점프하며 숫자 순서 맞추기

영어 단어 → 몸으로 표현하기(acting out)

음악학습 → 리듬 스틱, 탬버린, 발구르기 활용

몸을 움직이게 하면 안 산만해지는 아이가 정말 많습니다.

로봇과 살아갈 아이의 세상

짧고 빠른 학습은 즉각적 성취감을 느낍니다.

산만한 아이에게 작은 성공이 자주 일어나는 구조가 중요합니다. 5분 과제 후 수행을 원활하게 잘했다면 바로 칭찬하여 줍니다. 오늘 목표 1개만 정해 놓고 달성하면 스티커로 보상하고 칭찬하여 줍니다.

또는 문제 1개만 풀었다면 바로 확인하고 글자 하나만 써도 우와! 너 벌써 한 걸음 전진했네! 이 방식은 자기효능감을 폭발적으로 끌어올립니다.

아이가 좋아하는 분야와 연결하면 배움이 재미가 됩니다.

산만한 아이의 관심사는 깊고 강렬합니다. 이 관심을 배우는 내용과 연결하면 집중 시간이 2~3배 길어집니다.

자동차 좋아하는 아이에게는 읽기 연습을 자동차 이름으로
공룡 좋아하는 아이에게는 숫자 세기를 공룡 장난감으로
음악 좋아하는 아이에게는 영어 단어를 노래로 만들기
그림 좋아하는 아이에게는 수학 문제를 그림으로 바꾸기
진행하는 것이 효과적입니다.

AI, 디지털 도구 활용하면 집중이 오래갑니다.

시각적이고 즉각적인 피드백이 있어 AI 그림 생성기로 단어나 개념을 이미지로 만들기, 음성인식 앱으로 영어 말하기 놀이. AI에게 이 문제를 만화처럼 설명해 줘! 요청하고 학습 앱에 5분 타이머 설정해 짧게 집중할 수 있도록 유도하고 산만한 아이에게는 눈으로 보는 자극이 큰 힘입니다.

역할 놀이 기반의 배움은 몰입감이 압도적입니다.

이 방식은 산만한 아이들이 집중력 최고치를 보이는 순간을 만들어 냅니다. 선생님 역할을 아이에게 맡기고 엄마가 학생 역할을 바꾸어 봅니다.

문해력은 편의점 주인 놀이 하면서 물건 이름 읽기

수학은 은행 놀이, 마트 계산 놀이

놀이 속에서 이뤄지는 배움은 본능적으로 재밌습니다.

배움 전에 마음을 쓰다듬는 짧은 예열 루틴 만들기

산만한 아이는 감정 조절과 학습 준비 루틴이 매우 중요합니다. 1분 루틴을 정합니다. 깊은숨 3번, 오늘 할 일 1개만 말하기, 할 수 있어! 파워 포즈, 책상 위를 10초 정리, 30초 긍정 문장, 나는 오늘 작은 걸 하나 성공할 거야. 이 루틴은 학습 두뇌를 정상 시키고 배움에 대한 저항을 줄여 줍니다.

칭찬은 구체적으로, 짧게, 행동 중심으로 합니다.

산만한 아이는 추상적인 칭찬보다 즉각적, 구체적 칭찬이 가장 효과적입니다.

와, 네가 책을 스스로 펼쳤네!

이미 절반 성공했어.

2분 동안 집중한 거 봤어! 대단한데?

어려웠는데 끝까지 한 너를 정말 자랑스러워.

이 정도면 오늘 배움 과제 완벽 성공이야!

칭찬은 배움을 향한 기분 좋은 경험이라는 연결고리를 만들어 주고 부

　　　　　　　　　　　로봇과 살아갈 아이의 세상

모의 말 한마디가 배움의 태도를 결정합니다.

산만한 아이에게 특히 효과적인 말들이 있습니다.

너는 배우는 힘이 정말 커.

조금씩 성장하고 있어.

실수해도 괜찮아.

도전한 게 더 멋져.

배움은 경쟁이 아니라 모험이야.

부모의 이런 말은 아이의 자신감, 학습 동기, 자아개념을 강화합니다.

산만한 아이에게 배움의 즐거움을 알려 주는 가장 좋은 방법은 몸을 움직이고 시각적으로 자극을 주고 작은 성공을 자주 경험하게 하고 놀이, 관심사, AI를 결합하는 것입니다. 이렇게 하면 아이는 배움은 힘든 게 아니라 재밌는 것, 이라는 강력한 경험을 갖게 됩니다.

7.

산만한 아이, 생각 깊게 하는 힘?

산만한 아이도 생각을 깊게 할 수 있는 능력은 충분히 있습니다. 다만, 생각을 깊게 하는 방식이 일반적인 아이들과 다를 수 있습니다.

핵심은 조용히 오래 생각하기가 아니라 짧게 구체적으로, 몸과 감정을 사용해 생각하게 만들기입니다. 아래는 실제로 산만한 아이들에게 가장 효과가 좋았던 생각을 깊게 하는 힘을 기르는 방법들입니다.

1) 산만한 아이, 깊은 생각을 키우는 7가지 방법

시각화하면 생각이 깊어집니다

산만한 아이는 머릿속에서 추상적 사고를 유지하기 어렵습니다. 그래서 생각을 눈앞에 펼쳐 주는 과정을 넣으면 깊은 사고가 가능합니다.

그림 그리면서 생각하기,

로봇과 살아갈 아이의 세상

스티커, 포스트잇으로 생각 정리,

생각지도 간단히 펼치기

역할, 감정 그림을 보고 무슨 일이 있었을까?

상상하기, 시각 자극은 사고를 깊고 천천히 이어 주는 가장 좋은 방식입니다.

말로 설명하게 하면 사고가 정교해집니다

산만한 아이는 머릿속에 오래 유지하는 게 약하지만 말로 표현하면 생각의 고리가 단단해집니다.

왜 그렇게 생각했어?

네 생각 중 가장 마음에 드는 부분은 뭐야?

다른 방법이 있을까?

그다음엔 어떻게 될까?

정답은 요구하지 않습니다.

과정과 질문은 깊은 사고가 자랍니다

몸을 쓰는 사고 활동은 산만한 아이에게 효과적입니다.

생각을 깊게 하는 것도 움직일 때 훨씬 잘 이루어집니다.

이야기 장면을 몸으로 표현해 보기

문제 상황을 짧은 연기로 해결해 보기

블록으로 아이디어 만들어 보기,

감정을 색깔 모양으로 표현하기

몸을 쓰면 주의가 올라가고 생각의 질도 함께 올라갑니다

짧은 시간을 자주 주면 깊은 생각의 습관이 생깁니다.

산만한 아이에게 긴 시간 생각하기는 무리입니다.

대신 짧지만 깊은 생각의 순간을 자주 만들어 주면 됩니다.

1분 생각 시간 30초 상상 후 말해 보기

짧은 이야기 듣고 질문 하나만 답하기

오늘 가장 기억에 남는 장면 하나 설명하기

짧아도 누적되면 사고력은 빠르게 성장합니다.

감정을 다루면 사고의 깊이가 생깁니다

감정을 인식하고 말하는 능력은 곧 깊은 생각의 기초입니다.

감정 카드 보고 왜 이런 감정이 들었을까? 생각해 보기

오늘 감정 3단계로 말하기

슬펐어? → 왜? → 어떤 상황 때문에?

그림책에서 주인공 감정 해석하기

AI 그림으로 감정 상황 만들고 이야기하기

감정이해는 사고의 층위를 자연스럽게 확장 시켜 줍니다.

비유적 사고는 마음속의 깊은 생각을 끌어올립니다

산만한 아이들은 상상력이 풍부해서 비유나 은유를 활용하면 큰 사고 확장이 일어납니다.

네 마음이 날씨라면 뭐 같아?

오늘 하루를 색깔로 표현하면?

로봇과 살아갈 아이의 세상

이 문제는 어떤 퍼즐 같아?

친구 마음을 동물로 표현하면?

이 질문들은 사고를 넓게, 깊게 전개하도록 돕습니다.

AI를 활용한 생각 도와주는 도구입니다

산만한 아이는 시각적, 즉각적 자극이 사고를 깊게 만들어 줍니다. AI에게 이 장면을 그림으로 그려줘 요청하여 그림을 보고 깊이 질문하는 방식입니다.

아이가 만든 이야기를 AI로 그림으로 변환하고 문제 상황을 AI에게 묘사해 달라고 하기.

이 그림 속 주인공은 어떤 생각 중일까?

질문합니다. 이럴 때 AI는 생각을 확장시키는 빠르고 강한 도구가 됩니다.

2) 부모가 사용할 수 있는 생각 깊어지는 질문 10가지

- 그건 왜 그렇게 느낀 거야?

- 다른 방법이 있다면 뭐가 있을까?

- 그다음 어떻게 될 것 같아?

- 네가 가장 중요하다고 생각한 건 뭐야?

- 이 상황에서 어려웠던 점은?

- 만약 친구였다면 어떻게 하고 싶어?

- 네 생각과 다른 사람 생각은 뭐가 다를까?

- 다시 한다면 어떤 점을 바꾸고 싶어?

- 그 마음을 색으로 표현하면?

- 그걸 한 이유는 뭐야?

이 질문들은 산만한 아이의 사고를 자연스럽게 깊어지게 합니다. 산만한 아이에게 깊은 생각을 가르치는 핵심은 조용히 오래 생각하게 하기가 아니라 짧고 구체적이며 감각, 몸, 언어를 활용한 사고 경험입니다.

이 방식을 반복하면 아이는 무조건 생각이 깊은 아이로 자라게 됩니다.

실패를 두려워하지 않게 하려면?

1.

실패를 통해 다시 설계하는 힘을 기르려면?

---

1) 실패를 끝이 아니라 신호로 바꾸기

실패를 통해 다시 설계하는 힘은 아이에게 버티는 힘이 아니라 고쳐서 다시 해 보는 힘을 길러 주는 것입니다. 특히 산만하거나 감정 조절이 어려운 아이에게 꼭 필요한 능력이기도 합니다. 아이에게 실패는 나는 할 수 없어, 라고 생각을 쉽게 합니다, 이럴 때는 그 방법은 안 맞았어, 로 바뀌어야 합니다.

2) 바로 고치지 말고, 한 칸 멈추기

실패 직후 바로 도와주면 아이는 생각할 기회 없이 포기하거나 어른에게 의존합니다. 짧은 멈춤 구조, 실패 발생, 잠시 멈춤 합니다. 지금 제일

　　　　　　　　　　로봇과 살아갈 아이의 세상

안 된 부분이 어디야? 이거 말고 다른 방법 떠오르는 거 있어? 멈춤이 곧 설계의 시작입니다.

3) 전체 수정이 아니라 부분 수정만 하기

아이에게 다시 해는 너무 큽니다. 대신 한 가지만 바꾸어 설계 질문을 합니다. 속도를 바꿔 볼까? 순서를 바꿔 볼까? 도구를 바꿔 볼까? 작은 변경은 다시 시도하게 하고 결과로 확인할 수 있습니다. 이 반복이 재설계 능력을 만듭니다.

4) 결과보다 수정 과정을 바로 칭찬하기

성공을 칭찬하면 아이는 맞히는 것에 집착합니다. 수정을 칭찬하면 아이는 고치는 것에 익숙해집니다. 즉각 피드백 예로 아까랑 방법을 바꿔 봤네, 안 되니까 다른 길을 찾았구나, 생각을 다시 한 게 진짜 멋졌어, 실패 후에도 자존감이 유지됩니다.

5) 어른이 실패 후 재설계를 모델링하기

아이는 말보다 장면으로 배웁니다.
이 방법은 안 되네.
그럼 순서를 바꿔 볼게.
다시 해 볼 기회가 있어서 좋다.

실패를 두려워하지 않는 태도는 가르치는 것보다 보여 주는 것이 더 빠릅니다.

실패를 통해 다시 설계하는 힘이란? 틀렸을 때 무너지지 않고, 전부 망한 것처럼 느껴져도, 딱 한 부분만 고쳐서 다시 해 보는 용기 다시 시작하는 힘입니다.

2.

실패해도 마음이 무너지지 않게 하려면?

아이를 더 강하게 만드는 게 아니라, 실패 순간에도 마음을 붙잡아 주는 구조를 만들어 주는 것입니다. 특히 감정 기복이 크고 산만한 아이일수록 방법이 분명해야 합니다.

1) 마음을 붙잡아 주는 구조를 만들어 주기

아이는 실패하면 생각보다 감정이 먼저 무너집니다. 이때 이유를 설명하면 더 폭발합니다. 아이가 실패하여 속상하고 있는데 그렇게 하면 안 된다고 했잖아, 라고 말하는 순간 아이는 포기하고 싶어 합니다. 속상했겠다 기대했는데 안 돼서 마음이 쿵 내려왔지, 마음이 먼저 안정해야 생각이 돌아옵니다.

너가 아니라 상황에 이름을 붙입니다

그럴 때 아이는 실패를 자기 자신으로 받아들입니다. 그래서 분리해 줘야 합니다.

분리 언어로 넌 왜 항상 이래, 이것보다 이건 좀 어려운 문제였어, 이번 방법이 아이한테 안 맞았나 보다. 가 더 좋습니다.

실패를 바로 해결하지 말고, 회복 루틴을 만듭니다. 무너지지 않는 아이는 회복하는 방법을 알고 있는 아이입니다.

3단 회복 루틴으로 30초면 충분합니다. 먼저 멈추고 손 내려놓기, 숨을 크게 3번 쉬고 혼자 말로 다시 해 볼 수 있어 한다. 이 방법 반복되면 자동화됩니다.

또한 작은 통제감을 다시 돌려줍니다. 실패 후 아이는 아무것도 할 수 없다고 느낍니다.

그래서 선택 하나를 줍니다. 선택 질문으로 지금 쉬었다 할까, 바로 한 번 더 해 볼까? 이대로 할까, 한 가지만 바꿔 볼까? 선택권은 마음의 안전 지대 같습니다.

결과보다 버텨 낸 시간을 칭찬합니다

성공을 칭찬하면 실패가 더 무서워집니다. 버틴 순간을 칭찬하면 마음이 단단해집니다. 칭찬 포인트는 그만두고 싶었는데도 자리에 있었네. 울컥했는데 손은 멈췄구나. 다시 해 보겠다고 한 게 진짜 용기야.

어른의 태도가 아이의 기준이 됩니다

어른이 실패 앞에서 짜증, 조급함, 실망을 보이면 아이는 실패가 위험

　　　　　　　　　　로봇과 살아갈 아이의 세상

으로 학습합니다. 어른의 모델링은 이렇습니다.

괜찮아, 이건 연습 중이야, 안 될 때가 있어도 괜찮아 아이는 실패를 대하는 어른의 표정을 기억합니다.

실패해도 마음이 무너지지 않는 아이는 실패하지 않는 아이가 아니라, 실패 후 다시 괜찮아질 줄 아는 아이입니다.

2) 정답보다 시도하는 용기를 키우려면?

아이가 이미 크게 실패한 경험(필패 경험)이 있을 때는 정답을 찾자는 말이 오히려 아이를 더 움츠러들게 합니다. 이때 필요한 건 성공 전략이 아니라 다시 움직일 수 있게 하는 심리 구조입니다.

아래는 필패 경험 이후, 정답보다 시도하는 용기를 키우는 실제 방법입니다.

실패 이야기를 분석하지 말고 정리부터 합니다

아이에게 필패 경험은 아직 끝나지 않은 사건입니다.

바로 원인 분석을 하면 마음이 다시 무너집니다.

먼저 해야 할 질문 그때 진짜 힘들었겠다, 그 일은 이미 끝났어, 지금 이 자리에서는 안전해 사건을 과거로 보내는 작업이 먼저입니다.

다음 성공이 아니라 다음 시도를 목표로 바꿉니다

필패 경험 이후 아이 머릿속 목표는 하나입니다.

다시는 실패하면 안 돼, 그래서 목표를 낮추고 방향을 바꿔야 합니다.

목표 재설정으로 이번엔 맞히자 가 아니라 이번엔 한 번 해 보자, 중간까지만 가 보자, 목표를 성공으로 두는 것이 아니라 목표는 시도하는 것으로 두어야 합니다.

실패 위험이 거의 없는 시도부터 제공합니다

용기는 성공 확률이 아니라 안전감에서 나옵니다. 안전 시도 조건으로 시간 짧게 결과 중요하지 않게 멈출 수 있게 합니다,

예시) 30초만 해 보기, 틀려도 끝나는 활동, 언제든 그만둘 수 있음, 도망칠 수 있다는 느낌이 아이를 다시 움직이게 합니다. 시도 직후, 결과가 아니라 '했다는 사실'을 크게 반응합니다. 아이는 이미 결과로 평가받은 기억이 강합니다.

즉각 반응 문장으로 해 봤다는 게 진짜 용기야, 손을 올린 것부터 대단해, 안 해도 됐는데 해 봤구나, 뇌에 새 메시지를 심습니다. 시도는 안전합니다.

실패해도 멈추는 법을 함께 연습합니다

필패 경험이 있는 아이는 시작은 끝까지 가야 한다고 느낍니다. 멈춤을 허락할 때 쓰는 문장으로 힘들면 멈춰도 돼,

여기까지만 해도 충분해,

그만두는 것도 선택이야,

멈출 수 있다는 감각이 시도할 용기를 만듭니다.

로봇과 살아갈 아이의 세상

어른이 시도만 하는 모습을 보여 줍니다

아이에게 용기는 성공한 어른이 아니라 도전하는 어른을 보고 자랍니다.

모델링으로 잘 될지는 모르겠지만 해 볼게,

틀려도 상관없어,

한번 해 보자,

아이는 말보다 장면을 기억합니다.

실패 경험이 있는 아이에게 용기란 성공을 믿는 힘이 아니라, 다시 해 봐도 안전하다는 확신입니다.

3.

실패를 수정의 시작으로 받아들이게 하려면?

아주 중요합니다. 실패를 수정의 시작으로 받아들이는 태도는 참아 내는 마음이나 이겨 내는 의지가 아니라, 실패 앞에서 취하는 다음 행동의 순서를 아는 힘입니다. 그래서 아이에게 필요한 것은 강해져라, 가 아니라 실패 후 행동 기술입니다.

아래는 아이가 실패를 수정의 출발점으로 바꾸는 데 필요한 태도와 방법을 단계별로 정리한 내용입니다.

1) 실패를 판정이 아니라 중단 신호로 인식하게 하기

아이에게 실패는 보통 끝났다, 나는 안 돼, 라는 판정으로 느껴집니다. 아이에게 가르칠 생각 바꾸기로 망했어, 가 아니라 여기서 멈추라는 신호야, 잠깐 고쳐야 할 타이밍이야라고 인식하게 합니다. 실패는 탈락이 아

로봇과 살아갈 아이의 세상

니라 실패는 일시 정지 버튼을 누르는 것입니다.

2) 감정을 넘어서기 전에 행동 멈춤을 먼저 하기

아이에게 감정 조절을 요구하면 실패합니다. 몸을 먼저 멈추는 행동이 필요합니다. 이 멈춤이 수정의 공간을 만듭니다.

3) "왜?" 대신 "어디?"를 묻게 하기

왜 실패했는지를 묻는 순간 아이는 자기 비난 모드로 들어갑니다. 아이에게 가르칠 질문 왜 안 됐지? 가 아니라 어디에서 막혔지? 어디를 바꾸면 좋을까? 질문이 바뀌면 실패의 의미가 바뀝니다.

4) 한 부분 수정만 허용하기

아이는 한꺼번에 고치려고 하면 포기로 갑니다.
수정 규칙으로 전체 다시 안 됩니다. 한 가지 수정으로 합니다.
예시) 속도만 바꾸기, 순서만 바꾸기, 도구만 바꾸기, 이러면 수정 성공
    경험이 쌓입니다.

5) 수정 후 결과보다 조정했다는 사실을 먼저 인정하기

아이는 결과가 좋아야만 의미가 있다고 배워 왔습니다.

인정 문장으로 방법을 바꿨네, 실패 다음 행동을 잘 선택했어, 고칠 줄 아는 사람이야 아이는 나는 수정할 수 있는 사람으로 자신을 인식합니다.

6) 실패 후에도 관계가 안전하다는 걸 반복해서 느끼게 하기

아이의 가장 깊은 두려움은 실패하면 혼난다 / 사랑받지 못한다 생각할 수 있습니다.

부모·교사의 태도가 중요합니다. 실망한 표정 숨기기, 조급한 말 줄이기, 실패 후에도 평소처럼 대하기, 관계가 안전해야 아이도 실패를 꺼냅니다.

7) 아이가 기억해야 할 '내면 문장'을 심어 주기

이 문장은 위기 때 아이를 다시 움직이게 합니다.

아이용 내면 문장으로 틀린 게 아니라 고치는 중, 지금은 수정 단계, 다시 시도할 수 있어 자신감 가지게 합니다.

실패를 수정의 시작으로 받아들이는 아이는 실패를 없애려는 아이가 아니라, 실패 뒤의 행동을 아는 아이입니다.

8) 실패 후 5단계 행동 카드

유아, 초등 모두 사용 가능, 말은 아이 눈높이로 구성되었습니다.

로봇과 살아갈 아이의 세상

멈춰요, 잠깐 멈춰요.

행동으로 손에 들고 있던 것 내려놓고 몸 멈추기

실패는 그만하라는 신호가 아니라 잠깐 쉬라는 신호.

숨 쉬어요, 숨을 크게 쉬어요. 하나, 둘, 셋.

행동을 코로 숨 들이마시기 입으로 천천히 내쉬기 (3번)

숨을 쉬면 마음이 먼저 진정돼요.

말 바꿔요, 나는 수 없어, 가 아니야. 지금은 연습 중이야.

행동으로 속으로 또는 소리 내어 말하기

이 단계는 자기 자신을 미워하지 않게 하는 단계예요.

한 가지만 고쳐요, 한 가지만 바꿔 볼까?

전부 다시 안 돼요. 한 가지만 수정

다시 해 봐요, 조금 다르게, 다시 해 봐!

짧게 다시 시도하기, 안 되면 여기서 멈춰도 OK, 다시 해 본 것 자체가 이미 성공입니다. 실패는 끝이 아니야. 고치는 시간이야. 부모가 아이와 함께 할 때 중요한 점은 아이가 ①~③까지만 해도 성공으로 인정해 줍니다. 결과 보다 멈췄네, 말을 바꿨네, 고치려고 했네, 꼭 말로 짚어 줍니다.

4.

실수 속에서 방법을 찾는 아이

실수 속에서 방법을 찾는 아이 똑똑한 아이가 아니라 실수해도 생각을 멈추지 않는 아이입니다. 그 지혜는 설명이 아니라 환경·언어·반복 구조로 가르쳐집니다. 아래는 부모·교사가 의식적으로 만들어야 할 7가지 지혜입니다.

1) 실수를 정보로 배우기

아이의 뇌가 자라는 방식은 아이가 몸으로 배우게 하려면, 설명보다 경험 구조가 필요합니다. 아이가 실수를 '정보'로 배우려면 먼저 실수가 나오면 먼저 감정부터 멈춥니다. 아이에게 실수는 곧바로 혼남, 비교, 좌절로 연결되기 쉽기 때문입니다. 그래서 제일 먼저 할 일은 평가를 멈추는 것입니다. 아, 이건 안 된다는 정보가 나왔네. 그냥 넘깁니다.

로봇과 살아갈 아이의 세상

자기 잘못 판단을 끊는 것이 핵심입니다. 실수를 관찰 대상으로 바꿉니다. 실수를 나와 분리해야 아이가 배울 수 있습니다. 아이가 실패한 사람이 되는 게 아니라, 실패한 행동만 잠깐 들여다본다는 것입니다. 아이가 실패할 때 이렇게 말하거나 느끼면 아이는 자기 자신을 문제로 받아들입니다.

너는 왜 항상 그래? 너는 집중을 못 해, 너는 또 실패했어. 아이의 머릿속 번역하기는 나는 안 되는 아이야. 나는, 못하는 사람이야. 이렇게 생각하기 쉽고 아이에게 이건 자존감에 바로 상처가 납니다. 아이의 행동을 관찰 대상으로 바꾸면 아이와 행동을 분리합니다. 아이는 판단 대상에서 행동의 관찰 대상으로 변화합니다. 어른의 언어는 이렇게 바꾸면 좋습니다.

이 행동을 한번 볼까?, 어디에서 멈췄는지 같이 보자. 이 방법은 잘 안 맞았네. 할 때 아이의 머릿속에서 번역하기를 "나는 괜찮고, 지금 한 방법만 바꾸면 되는구나."라고 생각하게 됩니다. 그러면 아이는 왜 자존감이 지켜질까요? 아이의 마음은 이렇게 느낍니다. 나는 틀린 사람이 아니다 지금 한 행동만 수정하면 된다. 다시 해 볼 자격이 있다. 그래서 아이는 방어하지 않고 울거나 포기하지 않고 다시 시도할 힘을 가집니다.

아이는 느낌으로 아, 방법이 문제였구나. 하고 문제를 파악하게 됩니다. 산만한 아이에게 특히 중요합니다. 산만한 아이는 실수가 잦아서 나는 항상 문제야'라는 생각을 쉽게 갖습니다.

그래서 더더욱 아이는 보호하고 행동만 꺼내 놓고 잠깐 보고 다시 넣어두는 구조가 필요합니다. 너는 괜찮아. 지금 한 행동만 잠깐 보자. 이 한 문장이 아이의 자존감과 배움을 동시에 살립니다.

2) 틀린 이유 대신 알려 준 것을 찾기

아이에게 정답 찾기를 시키지 않습니다. 힌트 찾기를 합니다.

질문은 항상 이 구조로 합니다. 이 실수가 알려 준 게 뭐였을까? 이렇게 하면 안 된다는 걸 알게 됐네? 다음엔 어떤 방법을 써 볼 수 있을까? 이 질문이 전두엽의 수정 회로를 키웁니다.

이 접근은 산만하거나 실패 경험에 민감한 아이, 특히 전두엽의 억제, 수정, 재시도 회로가 약한 아이들에게 정말 잘 맞습니다. 아이가 설명 듣는 사람이 아니라 생각하는 주체가 되게 하는 방법을 단계별로 정리해 드립니다. 어른이 먼저 기억할 것은 핵심 원리를 찾습니다.

왜 틀렸어? 하면 평가와 방어가 동시에 일어납니다. 이럴 때는 이 실수가 알려 준 건 뭐지? 먼저 정보를 수정하고 실수는 혼나는 사건 사건이 아니라 실수는 다음 행동을 알려 주는 것으로 알게 합니다.

3) 아이가 스스로 하게 만드는 4단계 구조

실수 직후, 말부터 줄입니다

전두엽은 감정이 가라앉아야 작동합니다. 어른 말은 최소화하고 아, 이건 안 되는 방법이었네. 아이에게 설명, 판단 결코 아이에게 좋지 않습니다. 단지 감정 안정과 정보 제공 역할만 합니다.

정답 대신 힌트 찾기 질문합니다

정답을 말하지 말고, 관찰하게 합니다. "이렇게 해야지."라는 말은 아이

　　　　　　　　　　　　　　　　　　　　　　로봇과 살아갈 아이의 세상

에게 거부감을 주기 때문에 이렇게 묻습니다. 이 실수가 알려 준 게 뭐였을까? 이 방법은 왜 멈췄을까? 어디까지는 잘 됐어? 이 말을 듣는 순간 아이의 뇌에서는 실패에서 원인을 추적하여 수정 시도 회로가 켜집니다.

선택지는 2개까지만 제시합니다

생각하라고만 하면 아이는 바로 멈춥니다. 힌트는 주되, 결정은 아이가 하게 합니다. 다시 해 볼까, 아니면 다른 방법을 써 볼까? 천천히 해 볼까, 순서를 바꿔 볼까? 전두엽이 가장 잘 작동하는 구조는 제한된 선택에서 스스로 결정하게 할 때입니다.

결과보다 수정 행동을 칭찬합니다

정답이 아니라 수정한 행동을 강화합니다.

아까 안 됐던 걸 기억하고 방법을 바꿨네. 실수가 힌트를 줬고, 네가 그걸 썼어. 아이의 머릿속 공식이 이렇게 바뀝니다. 실수를 생각하고 다시 시도하면 내가 해냈다 집에서 바로 쓰는 짧은 문장 카드로 사용할 수 있습니다. 이건 틀린 게 아니라 알려준 거야. 실수가 다음 행동을 가르쳐 줬네. 이번엔 어떤 힌트를 써 볼까? 안 된 방법 하나를 없앤 거야. 이러한 질문은 전두엽이 좋아하는 질문 구조로 전두엽의 수정 회로를 반복 사용하게 합니다.

멈추기(충동 억제), 돌아보기(원인 추적), 선택하기(대안 비교), 다시 시도하기(행동 수정). 이 경험이 쌓이면 아이 머릿속에는 틀리면 멈춘다, 가 아니라 틀리면 고친다, 가 기본 반응이 됩니다. 가장 중요한 한 가지는 어른이 먼저 정답을 참는 연습입니다. 아이의 전두엽은 어른의 설명이 아니라, 아이의 생각한 시간에서 자랍니다. 결과보다 배운 점을 말로 정리해 줍니다. 마지막은 꼭 배움 언어로 끝냅니다. 어른이 대신 말해줘도 됩니다. 오늘은 실패한 게 아니라 이 방법은 안 맞는다는 걸 배운 거네. 실수가 다음 시도를 도와줬구나. 아이의 뇌는 이렇게 기억합니다. 실수를 나쁜 기억에서 다음을 돕는 정보로 아이가 이렇게 변합니다. 이 과정을 반복하면 아이는 틀려도 바로 멈추지 않고 도망치지 않고 다시 시도하고 "모르겠어." 대신 "다시 해 볼래."라고 말하며 실패 후 감정 회복 속도가 빨라집니다. 이것이 AI 시대에 가장 중요한 학습 태도입니다.

정답을 빨리 찾는 아이보다 수정할 줄 아는 아이가 오래갑니다. 산만한 아이에게 실수는 정보가 특히 잘 맞는 이유는 이 아이들이 틀려서가 아니라 멈추고 정리하는 힘이 약해서 실수하게 됩니다. 그래서 핵심 생각하게 하는 것이 아니라 지금 여기에서 바로 느끼고 고치게 하는 구조입니다. 아래는 집에서 가장 잘 작동하는 적용 예시입니다.

문제를 풀다 중간에 포기하는 아이

연필 던지거나 몰라 하고 자리 이탈하는 아이는 일반적인 반응으로 끝까지 해봐, 집중 좀 해 하지 않습니다. 지금 멈췄네. 이건 정보야. 멈춤을 알게 하고 어디에서 손이 멈췄을까? 관찰하게 하며 아, 이 문제는 한 번에 하려니까 안 됐다는 정보네, 힌트를 찾기 합니다. 이번엔 한 줄만 해 볼까? 즉시 수정하고 오늘은 나눠서 하면 된다는 힌트를 얻었네. 배움의 언어를 알게 합니다. 이런 배움을 통해 아이의 뇌에는 나는 집중 못하는 아이에서 방식을 바꾸면 되는구나 기억에 남습니다.

   로봇과 살아갈 아이의 세상

놀이 중 규칙을 어기고 친구와 충돌하는 아이

줄서기 실패하고 차례 못 기다리고 밀치는 아이에게 규칙 어겼어, 왜 또 그래? 일반 반응을 하지 않습니다. 지금 친구가 멈췄네. 바로 멈춤을 알게 하고 네가 먼저 가니까 친구가 놀랐어. 감정 연결하여 줍니다. 아, 빨리 가면 놀이가 끊긴다는 정보네. 실수를 정보화하여 이번엔 손을 뒤로 하고 3초만 기다려 볼까? 즉시 수정하여 줍니다. 기다리니까 놀이가 다시 이어졌네. 배움 언어를 알게 하고 규칙을 머리로 외우는 아이가 아니라 관계로 느끼는 아이로 자랍니다.

활동 중 자꾸 다른 데로 가는 아이

교실 배회하거나 재료 만지작거리고 딴짓하는 아이 자리 좀 지켜, 왜 이렇게 산만해? 일반 반응하지 않습니다.

몸이 먼저 움직였네, 관찰하게 하고 이건 가만히 하기엔 너무 길다는 정보야. 실수 해석하여 그럼 3분 하고 일어나서 스티커 붙이고 올까? 구조 수정하면 움직임이 필요할 땐 이렇게 조절하면 되는구나. 아이는 깨닫게 됩니다.

아이는 나는 가만히 못 있는 아이가 아니라 내 몸을 조절하는 방법이 있네, 아이는 배웁니다.

계속 틀리면서도 같은 실수를 반복하는 아이

고쳐 말 안 함, 다시 확인 안 하는 아이. 아까도 그랬잖아, 왜 또 틀려? 일반 반응하지 않습니다. 이 실수, 또 나왔네, 실수를 자기와 분리하여 이건 확인 단계가 빠졌다는 신호야. 힌트 화합니다. 앞으로 끝나면 손가락으로 한 번만 짚어 볼까? 한 단계 추가하여 이제 실수가 나오면 확인하라는 알람이 울리는 거야. 과정을 통해 배우게 됩니다. 실수가 통제 신호로 바뀝니다. 아이에게는 이 한 줄만 기억하시면 됩니다. 실수는 정보로 바로 수정은 다시 연결로 단 설명, 훈계, 비교하시면 아이는 흥분합니다. 실수는 실패가 아니라 실수는 힌트로 봅니다.

실패 두려움 아이 전용 감정 연결 버전입니다.

1단계, 감정을 먼저 붙잡아 줍니다. (전두엽 열기)

이렇게 말합니다. 아 안 되니까 마음이 꽉 막힌 느낌이지. 실패 같아서 속상했구나. 틀리면 마음이 쿵 내려앉지. 아이는 이 감정을 느껴도 안전하다고 인식합니다.

2단계, 실패를 '나'에서 떼어냅니다.

실패를 아이의 능력이 아니라 방법의 정보로 분리합니다. 이건 네가 못해서가 아니라 이 방법이 여기까지밖에 못 간 거야. 너는 그대로고, 방법만 바꾸는 거야.

3단계, 감정에서 정보로 살짝 이동하는 질문을 합니다.

바로 뭘 배웠어? 라고 묻지 않습니다. 한 단계 완충 질문이 필요합니다. 이 방법이 알려준 건 뭐였을까? 아, 이렇게 하면 안 된다는 걸 알려 줬네. 그럼 다음엔 뭐는 빼면 좋을까?

4단계, 수정은 '작게' 선택하게 합니다.

실패 공포가 큰아이는 큰 변화는 또 실패로 느낍니다. 아주 조금만 바

로봇과 살아갈 아이의 세상

꾼다면? 순서만 하나 바꿔 볼까? 속도만 느리게 해 볼까? 작은 수정은 안전한 도전.

5단계, 결과가 아니라 '용기'를 언어로 남깁니다.

성공보다 더 중요한 것은 다시 해 본 행동 자체입니다. 무서웠는데도 다시 해 봤네. 실패한 느낌에서 멈추지 않았어. 그게 진짜 어려운 건데 해냈어. 아이 마음에 남는 메시지 나는 틀려도 다시 할 수 있는 사람으로 인식하게 됩니다.

4) 정답 질문 대신 방법 질문 쓰기

정답을 묻는 순간 아이는 멈추거나 도망칩니다.

방법 질문 3종으로 어떤 방법을 썼어? 다른 길도 있을까? 조금만 바꾼다면 어디를 바꿀까? 사고는 정답이 아니라 과정에서 자랍니다.

아이가 왜 정답 앞에서 멈추거나 도망치는지, 아이의 입장 들어 보았습니다. 정답을 말하래?. 이 말이 들리는 순간, 내 머릿속에서는 이렇게 느껴집니다. 틀리면 안 돼, 못하면 혼날지도 몰라, 지금까지 한 게 다 소용없을 수도 있어, 그래서 나는 생각을 멈추거나 자리를 피하거나 아예 모르겠어요. 하고 도망치고 싶어집니다. 생각을 못 해서가 아니라 틀릴까봐, 평가받을까 봐 멈추는 거예요. 그런데 방법 질문을 받으면 마음이 달라져요. 어떤 방법을 썼어? 이 질문을 들으면 나는 이렇게 느껴요. 아, 내가 한 게 먼저구나, 틀렸어도, 내가 뭔가 해 봤다는 건 중요하구나, 나의 시도가 인정받는 느낌이 들어요. 그래서 머리가 다시 움직여요. 다른 길도 있을까? 이 질문은 나를 이렇게 안심시켜요. 지금 방법 말고도 괜찮구나 하나만 맞아야 하는 게 아니구나, 실패가 아니라 탐색이 됩니다. 생각이 넓어져요. 조금만 바꾼다면 어디를 바꿀까? 이 질문을 들으면 나는 이렇게 생각해요. 전부 틀린 게 아니네, 조금만 고치면 되는 거구나 나를 부정하지 않고 생각을 수정해 보는 연습 하게 돼요. 그래서 나의 머릿속에서는 이런 변화가 일어납니다.

정답을 묻는 순간, 나는 평가 대상이 되고 방법을 묻는 순간,나는 생각하는 사람이 됩니다. 아이의 언어로 정리하면 나는 맞히는 사람이 아니라 생각해 보는 사람 되고 싶어요.

그래서 사고는 정답을 찾을 때가 아니라, 과정을 말할 때 자랍니다. 이 방식은 특히 실패를 두려워하는 아이, 산만하거나 멈추는 아이, 틀리면 끝이라고 느끼는 아이에게 가장 안전한 사고 성장 통로입니다.

5) 고쳐야 할 한 가지만 보이게 하기

실수 뒤에 한꺼번에 말하면 아이는 아무것도 못 고칩니다.

완벽한 공식보다 아이와 조정하여 해결합니다. (예: "다 틀렸어."가 아니라 "여기 한 줄만 다시 볼까?")

수정하면 아이가 실수했을 때, 아이 마음에서 먼저 일어나는 일이 아이는 실수하는 순간 이렇게 느낍니다. 어 또 틀렸네, 엄마가 뭐라고 할까, 다 고쳐야 하나? 이때 어른이 한꺼번에 말합니다. 여기도 틀렸고, 이것도 안 맞고, 왜 이렇게 했어? 아이 머릿속에서는 고칠 생각이 아니라, 도망칠 생각이 먼저 듭니다. 그래서 멍해지거나 고개를 숙이거나 "모르겠어

 로봇과 살아갈 아이의 세상

요."라고 말합니다. 못 고치는 게 아니라, 고칠 수 없는 상태가 되는 겁니다. 그래서 한 가지만 보이게 합니다. 아이는 여러 개를 동시에 처리할 힘이 아직 없습니다. 그래서 어른이 먼저 범위를 줄여 줍니다. 예를 들면 다 틀렸어, 아니라 여기 한 줄만 다시 볼까?" 이 말의 차이는 큽니다. 다 틀렸어, 는 나 전체가 틀린 느낌을 받고 한 줄만 이건 해 볼 수 있겠다. 생각합니다. 아이 뇌는 할 수 있을 것 같다는 신호를 받아야 움직입니다. 완벽하게 고치지 않아도 됩니다. 어른 마음에는 이왕이면 다 고치자 하지만 아이에게 완벽은 부담입니다. 아이는 이렇게 느낍니다. 다 고치려면 너무 많아, 또 틀리면 어떡하지? 그래서 이렇게 방향을 바꿉니다. 완벽하게 말고, 지금 고칠 수 있는 것 하나만 해 보자. 아이는 끝을 보는 경험을 합니다. 이게 정말 중요합니다. 조정은 어른이 답을 정해 주는 게 아니라 아이와 함께 결정하는 것입니다. 예를 들면, 이 줄이랑 저 줄 중에 어디가 더 쉬워 보여? 아이는 생각합니다. 그리고 고릅니다. 이 순간 아이는 지시받는 사람이 아니라 참여하는 사람이 됩니다. 실제 상황을 그대로 표현해 보면 아이가 문제를 많이 틀렸을 때 어른은 지금 이 종이에 틀린 게 몇 개 있지만 다 보지 말고, 여기 이 줄만 볼까? 아이는 고개를 끄덕입니다. 이 줄에서 한 가지만 바꿔 보자. 어떤 게 먼저 보이니? 아이 대답이 여기요, 그래, 그거 하나 고쳤네. 오늘은 여기까지 해도 충분해. 아이는 실수에서 수정으로 끝남을 통한 성취감 이러한 경험이 반복되면 아이는 이렇게 바뀝니다. 고치라는 말에 덜 긴장하고 "다시 해 볼게요."라는 말이 나옵니다. 왜냐하면 아이는 알게 됩니다. 실수해도 전부 다 고칠 필요는 없구나. 하나씩 하면 되는구나. 아이는 알게 됩니다. 부모는 기준을 세웁니다. 한 번에 여러 개 말하지 않기, 항상 한 가지만 짚기, 아이가 선택하게 하기, 완벽보다 끝내는 경험을 안겨 줍니다. 틀린 게 있어도 괜찮아. 지금 고칠 수 있는 것 하나만 하면 돼. 이 말이 쌓이면 아이의 도전하는 힘이 자랍니다.

6) 실수 후 바로 다시 해 볼 구조를 만들기

시간이 지나면 실수는 상처만 남습니다. 즉시 재시도 구조을 만듭니다. 실수는 짧은 멈춤으로 하고 바로 수정하여 결과 확인합니다. 이 반복이 실수에서 생각으로 생각에서 시도 회로를 만듭니다.

결과보다 생각한 흔적을 칭찬합니다

맞힌 것만 칭찬하면 아이는 방법을 숨깁니다. 칭찬 언어는 다른 방법을 떠올렸네, 아까랑 다르게 해 봤구나, 생각을 바꾼 게 진짜 지혜야, 지혜는 생각을 움직인 순간에 있습니다.

어른이 실수하는 모습을 숨기지 않습니다

아이에게 지혜는 완벽한 어른이 아니라 고치는 어른에게서 배웁니다. 모델링은 어, 이건 내 실수네. 다시 해 볼게, 방법을 잘못 골랐구나 실수해도 괜찮다는 정서적 허가가 생깁니다.

실수를 안전하게 만드는 관계를 지킵니다

아이에게 가장 중요한 질문은 이것입니다. 실수해도, 나는 사랑받을까? 관계가 안전하면 아이는 실수를 숨기지 않고 꺼냅니다. 그때 비로소 지혜가 자랍니다. 지혜 한 문장은 실수 속에서 방법을 찾는 아이는 틀리지 않는 아이가 아니라, 틀려도 생각을 계속하는 아이입니다.

실수 속에서 방법을 찾는 아이로 키웁니다.

아이에게 가장 깊은 상처는 실패가 아니라 이럴 때도 나는 괜찮은 사람일까? 라는 의심입니다. 부모의 위로는 문제를 해결하는 말이 아니라 아이를 자기편으로 다시 돌아오게 하는 말이어야 합니다. 아래는 현장에서 실제로 아이의 마음을 가장 빨리 살리는 위로의 방법입니다.

먼저, 결과를 위로하지 말고 존재를 위로합니다

아이 마음속 질문은 이것입니다.

못했어도, 나 괜찮아? 부모는 그래도 너는 괜찮아, 잘 안 돼도 너는 그대로 소중해 이 일 때문에 네 가치가 줄어들지 않아. 이 말이 자기혐오를 막는 방패가 됩니다.

감정을 고쳐 주지 말고 같이 있어 줍니다

힘들어하는 아이는 울 때 사실 이 감정을 없애 주세요, 라고 말하는 게 아닙니다. 아이 마음속에는 이런 말이 있습니다. 지금 너무 힘들어. 왜 이런 기분이 드는지 나도 잘 모르겠어. 이 마음이 나쁜 건 아니지? 그런데 어른이 괜찮아, 울지 마, 그만해, 라고 말하면 아이는 이렇게 느낍니다. 내 마음이 틀렸나 보다, 이 감정은 있으면 안 되는 거구나, 이럴 때 나는 혼자구나. 그래서 아이는 감정을 표현하는 대신 숨기거나, 혹은 더 크게 터뜨리게 됩니다. 하지만 이렇게 말해 주면. 그만큼 속상했구나. 울고 싶을 만큼 힘들었겠네. 그 마음, 괜찮아. 엄마가 여기 있어. 아이는 처음으로 이렇게 느낍니다. 내 감정은 틀리지 않았어, 나는 이런 마음을 느껴도 괜찮은 사람이야, 혼자가 아니구나, 이 순간, 아이는 감정을 고치는 법이 아니라 감정과 함께 살아가는 법을 배웁니다. 그리고 이것이 자기 자신을 미워하지 않게 만드는 가장 중요한 경험입니다.

위로하는 엄마의 입장은 엄마는 아이가 울면 본능적으로 빨리 멈추게 해 주고 싶습니다. 울면 안쓰럽고 감정이 커질까 불안하고 내가 뭘 잘못했나 마음이 급해지기 때문입니다. 그래서 무심코 이렇게 말합니다. 괜찮아. 별거 아니야. 그만 울어. 하지만 이 말은 아이를 진정시키려는 말이지, 아이 마음에 들어가는 말은 아닙니다. 엄마가 할 수 있는 가장 큰 역할은 감정을 없애 주는 사람이 아니라 감정을 견뎌 주는 사람이 되는 것입니다. 엄마가 이렇게 말해 줄 때 그 마음이 얼마나 아팠을지 느껴져. 지금은 해결 안 해도 돼. 엄마가 옆에 있으니까, 이 감정 지나갈 때까지 같이 있어 줄게. 엄마는 아이에게 문제 해결사가 아니라 안전한 바닥이 되어 줍니다. 아이는 감정은 혼자 감당하는 게 아니라 사람과 함께 지나가는 것이라는 걸 배웁니다. 감정은 고칠 대상이 아닙니다. 감정은 같이 있어 주면 저절로 지나갑니다. 아이가 자기 마음을 미워하지 않게 하는 것이며 특히 감정 조절이 느린 아이, 실패에 예민한 아이, 산만하고 폭발이 잦은 아이에게 가장 먼저 필요한 정서적 기초입니다. 아이의 감정을 빨리 없애려 하면 아이는 자기감정을 싫어하게 됩니다. 위로의 말로 괜찮아, 울지 마, 보다는 마음 아파서 울고 싶을 만큼 힘들었구나, 그 마음, 엄마가 옆에 있을게. 감정을 허락받은 아이는 자기 자신을 미워하지 않습니다.

아이가 스스로 비난할 때, 대신 말해 줍니다

아이는 이렇게 말합니다. 나는 못하는 아이야, 이때 침묵은 동의처럼

     로봇과 살아갈 아이의 세상

느껴집니다. 부모의 개입 문장으로 그건 네가 못해서가 아니야. 안 된 건 방법이지, 네가 아니야. 지금은 어려웠을 뿐이야. 아이의 내면 독백을 교정해 주는 순간입니다.

비교를 멈추고, 그 아이의 기준을 세워 줍니다

비교는 아이를 나는 항상 부족한 사람으로 만듭니다.

기준 바꾸기: "다른 애들은 다 하는데."가 아이의 마음을 아프게 합니다. 너한테는 이게 어려웠어. 어제의 너보다 오늘은 어땠어? 기준이 타인에서 자기 자신으로 이동합니다.

위로 후에야 다음 한 걸음을 제안합니다

위로 없이 해결책을 주면 아이는 사랑이 조건이라고 느낍니다. 순서로는 충분히 공감, 존재 위로, 선택 제안합니다.

예시) 지금은 쉬어도 돼. 조금 있다가 한 가지만 바꿔 볼까? 잘해야 사랑받는다는 믿음을 끊어 줍니다.

평소에 쌓아야 하는 자기편 언어

위로는 위기 때만 하는 게 아닙니다. 일상 문장으로 너는 네 편이 되어도 돼. 완벽하지 않아도 괜찮아. 틀려도 사랑은 그대로야. 이 말들이 쌓여 아이 안에 자기 위로의 목소리가 생깁니다. 부모 위로의 문장으로 잘 안 돼도, 너는 미워질 이유가 없어. 엄마는 항상 네 편이야. 이 말을 반복해서 들은 아이는 실패해도 자기 자신에게 돌아옵니다.

5.

잘 안 돼도 자기 자신을 미워하지 않게 하려면?

아이가 실패했을 때 부모의 위로만으로는 충분하지 않고,

아이가 스스로 자기 자신을 다시 붙잡는 방법도 함께 길러줘야 합니다. 아이에게 마음 회복 기술을 하나씩 가르치는 것입니다. 아래는 아이에게 실제로 가르쳐야 할 것들을 아주 구체적으로 정리한 내용입니다.

1) 아이는 먼저 내 마음을 알아차리는 연습하기

자기 자신을 미워하는 아이는 마음이 무너졌다는 걸 느끼기도 전에 자기를 공격합니다. 지금 내 마음이 아파, 속상해, 짜증 나, 감정을 말로 붙이면 자기혐오 대신 자기 이해가 시작됩니다. 아이가 자기 자신을 미워하기 전에, 자기 마음을 먼저 알아차리게 하는 과정을 정서의 흐름을 보겠습니다.

로봇과 살아갈 아이의 세상

자기혐오는 갑자기 생기지 않습니다

아이는 보통 이렇게 흘러갑니다. 실패, 거절, 비교는 마음이 아픔, 속상함, 긴장으로 그 감정을 알아차릴 시간 없이 나는 왜 이래, 나는 할 수 없어, 자기 공격, 자기 미움을 가져옵니다. 이것은 성격 문제가 아니라 아픈 마음을 처리할 언어가 없어서 생기는 반응입니다.

마음을 말로 붙이면, 공격이 멈춥니다

아이에게 감정 단어를 가르치는 이유는 착해지게 하려는 것이 아니라 자기 보호를 가능하게 하려는 것입니다.

아이가 나는 할 수 없어, 라고 말할 때 그 안에는 사실 이런 마음이 숨어 있습니다. 지금 아파, 속상해, 짜증 나, 불안해, 하지만 아이는 감정을 느끼는 법보다 자기를 평가하는 말을 먼저 배웠습니다. 그래서 감정을 느끼는 대신 자기를 때립니다.

지금 내 마음이 아파, 라는 말의 힘

이 한 문장은 아이의 뇌에서 큰 역할을 합니다. 감정과 나를 분리할 때 내가 나쁜 게 아니라, 마음이 아픈 거구나 알 수 있습니다. 감정을 대상화합니다. 그러면 마음은 살펴볼 수 있는 것이 됩니다.

자기 공격 회로를 멈춥니다

멈춤을 할 때 혐오 대신 이해의 방향으로 뇌가 이동합니다.

이게 바로 정서 조절의 시작점입니다.

어른이 먼저 번역기가 되어 줍니다

처음에는 아이가 스스로 말하지 못합니다. 그래서 어른의 역할은 훈계가 아니라 번역입니다.

지금 마음이 아팠구나, 속상해서 그런 말이 나왔네, 짜증이 꽉 찬 것 같아, 이때 중요한 건 감정을 없애려 하지 않는 것으로 해결보다 이해가 먼저 오는 것입니다.

감정을 말로 붙인 아이에게 일어나는 변화

이 경험이 반복되면 아이는 이렇게 변합니다. 실패 후 바로 자기를 미워하지 않고 감정이 올라와도 폭발 대신 멈출 수 있고 나는 할 수 없어 에서 지금 속상해, 바꾸어 집니다. 아이는 자존감이 아니라 자기 회복력이 자랍니다.

아이에게 가장 필요한 건 긍정적인 말이 아니라 자기 마음을 공격하지 않는 방법입니다. 감정을 말로 부를 수 있는 아이는 자기 자신을 적으로 만들지 않습니다.

2) 아이는 실패했을 때 자기에게 하는 말 바꾸기

아이가 실패했을 때 자기 비난 스위치가 켜지는 과정부터 풀어 설명하면, 부모개입 지점을 정확히 잡을 수 있습니다.

자기 비난 스위치는 어떻게 켜질까?

실패 순간 아이 머릿속에서는 아주 빠른 자동 회로가 작동합니다. 실패는 감정(불안, 수치)으로 자동 문장으로 자기 공격을 합니다. 틀렸어, 라

로봇과 살아갈 아이의 세상

는 사건보다 나는 왜 이래, 라는 해석 문장이 먼저 튀어나옵니다. 이 문장이 나오면 뇌는 위험 상황으로 인식하고 위축, 회피, 분노 중 하나로 반응합니다. 그래서 행동을 고치기 전에, 문장을 먼저 바꿔야 합니다.

스위치를 끄는 원리: '사실 문장'으로 전환

자기 비난 문장의 공통점은 나 전체를 평가하고 끝난 것처럼 말하며 도망치게 만듭니다. 그래서 대체 문장은 반드시 이 3가지를 만족해야 합니다. 좋은 대체 문장의 조건으로 지금 상황만 말한다. 나를 평가하지 않는다. 다음 행동이 남아 있다.

아이에게 직접 가르치는 스위치 끄는 공식

아이에게 이렇게 설명합니다. 실패하면 머릿속에 자동으로 나쁜 문장이 튀어나와. 그건 사실이 아니라 버튼이야. 우리가 다른 문장을 말하면 버튼이 꺼져.라고 이야기해 줍니다.

3단계 스위치 전환 연습으로 잡기(멈춤) 어, 지금 나는 왜 이래'가 나왔네. 바꾸기(대체 문장 말하기) 아래 중 하나만 말하게 합니다. 지금은 안 됐어, 연습 중이야, 아직 배우는 중이야, 다시 해 볼 수 있어 짧고 감정 없는 문장이 핵심입니다. 연결하기(행동 한 조각) 그럼 다음엔 뭐 하나만 바꿔 볼까? 다시 시도, 방법 바꾸기, 도움 요청, 행동이 붙으면 자기 비난 회로는 자동으로 약해집니다.

어른의 결정적 역할 (침묵 금지)

아이가 나는 할 수 없어, 라고 말할 때 어른이 가만히 있으면 아이는 그 말이 사실이라고 확정합니다. 대신 이렇게 바로 개입하세요. 그건 네가 아니라 방법이 안 맞았던 거야. 지금은 안 된 거지, 네가 안 된 게 아니야. 이 순간이 자기 비난 회로를 이미 만들어진 것을 끊고, 새로운 길을 다시 만드는 시간이 됩니다. 이 연습이 쌓이면 아이의 머릿속 자동 문장이 바뀝니다. 아이 안의 자기 비난 버튼을 끄는 스위치입니다.

3) 아이는 무너질 때 '멈추는 행동'을 배운다

생각보다 먼저 몸이 먼저 멈춰야 마음이 회복됩니다.

먼저, 부모가 멈춥니다

아이보다 부모의 속도가 먼저 느려져야 합니다. 말 줄이기
표정 부드럽게, 몸을 아이 눈높이로 낮추기, 이건 통제하려는 신호가 아니라 지금 안전해, 라는 신호입니다.

말보다 행동을 먼저 보여 줍니다

아이가 무너질 땐 설명이 절대 들어가지 않습니다. 부모가 같이 아이와 함께해 봅니다. 손을 천천히 내려놓기, 숨 크게 들이마시고 내쉬기 3번. 발바닥을 바닥에 꾹 누르기, 부모 말은 이 정도면 충분합니다.

감정 이름 붙이지 않습니다(지금은)

이 단계에서 왜 그래, 그 정도로 울 일 아니야, 이렇게 이야기하면 속상했구나 조차 늦을 수 있습니다. 지금은 회복 단계, 해석 단계가 아닙니다.

　　　　　　　　　　　로봇과 살아갈 아이의 세상

짧은 탈출 문장만 사용합니다. 아이 뇌가 받아들일 수 있는 문장은 딱 하나입니다.

아이가 다시 숨을 고르면, 그때 연결합니다

조금 진정된 후에만 말합니다. 아까 마음이 너무 세게 흔들렸구나. 무너지기 직전에 멈춘 거야. 그거 진짜 어려운 거야. 잘한 행동은 감정이 아니라 멈춘 시도입니다.

나중에 가르칩니다(사후 학습)

완전히 회복된 뒤, 다른 시간에 알려 줍니다. 다음엔 무너질 것 같을 때 어떤 신호가 먼저 올까? 오늘 멈추는 데 도움이 된 건 뭐였어? 이건 그 순간에 하면 역효과입니다. 아이가 무너질 때 부모는 조절 장치로 말은 줄이고 몸으로 같이 멈춥니다. 위기 탈출 기술을 반복 연습하면 아이는 점점 무너지는 아이가 아니라 무너지기 전에 멈출 수 있는 아이가 됩니다. 이건 훈계가 아니라 위기 탈출 기술입니다.

아이는 한 가지만 바꿔 다시 시도합니다

아이는 크게 다시 하려고 하면 더 좌절합니다. 아이에게 주는 과제로 한 가지만 바꿔 보자, 조금만 다르게 해 보자 성공이 아니라 재도전 경험이 목적입니다.

아이는 결과보다 버틴 나를 기억합니다

자기 자신을 미워하는 아이는 결과만 기억합니다. 그래서 기억을 바꿔

쥐야 합니다. 아이에게 묻게 할 질문 그래도 내가 한 건 뭐였지?, 끝까지 해 본 건 뭐야? 도망치지 않은 건 뭐야? 이 질문이 쌓이면 자기 존중의 뿌리가 생깁니다.

4) 아이는 도와달라고 말해도 괜찮다는 걸 배운다

자기 비난이 심한 아이는 도움 요청을 부끄러움으로 느낍니다. 아이가 틀리거나 멈칫했을 때 바로 설명하지 않습니다. 부모가 대신 말해 줍니다. 지금 어려운 단계야. 여기서 도움을 쓰는 자리야. 이 말은 실패에 도움을 써도 되는 신호로 연결됩니다.

도움 요청 문장을 선택지로 줍니다

아이에게 뭐라고 말해 볼까? 라고 묻지 않습니다. 이 질문 자체가 부담입니다. 대신 보여 줍니다. 이럴 때는 이렇게 말해도 돼. 도와주세요. 같이 한 번만 해 주세요. 힌트 주세요. 아이는 선택만 하면 되게 합니다.

부모가 먼저 대리 발화를 해 줍니다

아이가 말하지 못하면 부모가 아이의 목소리가 됩니다. 우리 아이가 지금 이렇게 말하고 싶은 것 같아 힌트 주세요. 이 단계가 아주 중요합니다. 아이는 도움 요청이 안전하다는 경험을 먼저 해야 합니다.

다시, 작은 도움을 줍니다

전체 정답을 주지 않고 아주 작은 힌트만 줍니다.

     로봇과 살아갈 아이의 세상

예시) 첫 글자만 알려 주기, 시작 위치만 표시해 주기, 여기까진 잘했어,

한 줄 짚어 주기, 아이의 뇌에 이렇게 연결됩니다.

도움 요청은 다시 할 수 있음을 알려 줍니다.

성공 직후, 도움 요청을 칭찬합니다

정답이 아니라 도움 요청 행동을 칭찬합니다. 포기 안 하고 도움을 불렀네. 혼자 끙끙대지 않은 게 정말 잘한 거야. 이 말이 쌓이면 도움 요청은 부끄러움 아니고 능력으로 바뀝니다.

반복 문장으로 마무리합니다(기억에 남게)

과제가 끝나면 항상 같은 문장으로 정리합니다. 잘 안 돼도, 너는 괜찮은 아이야. 지금은 배우는 중이야. 이 문장을 부모가 말해 주다가 아이가 따라 말하게 하고 아이 혼자 말하게 하고 이 흐름이 목표입니다.

5) 혼자일 때도 자신을 잃지 않는 용기

로봇, AI 시대에 혼자일 때도 자신을 잃지 않는 용기는 강해지는 용기가 아니라 사라지지 않는 감각에 가깝습니다.

사람이 기계보다 약해지는 순간은 능력이 부족해서가 아니라

나를 증명해 줄 대상이 없을 때입니다. 그래서 이 시대의 용기는 이렇게 만들어집니다. 비교를 멈추는 용기, 속도를 회복하는 힘이 필요합니다. 로봇은 항상 더 빠르고 정확합니다. 그 기준으로 나를 보면 인간은 반드시 무너집니다.

용기는 잘함이 아니라 내 리듬으로 가는 걸 허락하는 것에서 시작됩니다. 혼자일 때 이렇게 말해 줍니다.

나는 지금 나의 속도로 가고 있다. 이 문장은 자신을 잃지 않게 붙잡아 주는 닻입니다.

감정이 있어도 괜찮다는 용기 즉 인간성의 중심에 있어야 합니다. AI 는 감정이 없습니다. 하지만 인간은 흔들리는 마음을 느끼는 존재입니다. 외로움, 불안, 멍해짐은 뒤처졌다는 신호가 아니라 연결을 원하는 인간의 정상 반응입니다. 혼자 있을 때 감정을 없애려 하지 말고 이렇게 이름 붙여 봅니다. 지금 나는 외로움을 느끼고 있다. 감정을 말로 붙이는 순간 자신을 잃는 대신 자신을 인식하게 됩니다.

결과가 없어도 멈추지 않는 용기, 아직 증명된 게 없어도, 계속 서 있으려는 힘 자체가 용기는 보통 우리는 이렇게 배웁니다. 잘해야 계속한다. 성과가 있어야 의미가 있다고 합니다. 그래서 아이도 어른도 잘 안 되면 멈추고 결과가 없으면 자신을 의심합니다. 아무 결과가 없어도, 아직 증명된 게 없어도, 계속 서 있으려는 힘 자체가 용기라는 뜻입니다. 또한 성과의 존재 증명하기 위해 보통 우리는 이렇게 자신을 증명하려고 합니다.

성적, 성취, 인정, 비교에서의 승리하고자 하지만 나는 지금 여기 살아 있고 시도하고 있고 느끼고 있고 다시 해 보려 하고 있다는 그 자체로 이미 존재는 증명되고 있습니다.

즉, 잘해서 가치 있는 사람이 아니라 존재하기 때문에 멈추지 않아도 되는 사람이라는 것입니다.

로봇 시대에 홀로서기 중요합니다.

로봇, AI 시대는 결과가 빠르고, 비교가 즉각적이고, 성과가 수치로 보이는 시대입니다. 이럴수록 아이들은 이렇게 무너집니다. 난 쓸모없어, AI보다 못해, 못하면 사라져야 해 아이가 이렇게 느낀다면 그때 아이에게 이렇게 말해 줄 수 있습니다.

결과가 없어도 너는 계속 존재해도 돼, 멈추지 않아도 돼, 사라질 이유가 없어. 이에게 이렇게 풀어 말해 줄 수 있습니다.

잘 안 돼도 네가 틀린 건 아니야. 아직 결과가 없을 뿐이야. 지금 해 보고 있는 너 자체가 이미 충분해. 계속해 보는 네가 용기야. 용기는 성공을 증명하는 힘이 아니라 사라지지 않고 계속 존재하는 힘입니다. 이 말은 특히 실패를 많이 겪은 아이, 자기 비난이 강한 아이, AI와 비교되며 위축되는 아이에게 가장 필요한 기준입니다.

연결이 없어도 끊어지지 않는 용기는 내면의 동반자입니다.

사람은 혼자일 때 가장 약해집니다. 그래서 이 시대에 꼭 필요한 건 내 안에 나를 지지하는 목소리입니다. 혼자 있을 때 스스로 이 한 문장을 연습합니다.

지금 순간에도 지금 상태로도 버틸 힘이 있다.

이 문장은 자기 확신이 아니라 자기 방치에서 벗어나는 선언입니다. 로봇 시대의 진짜 용기는 더 똑똑해지는 것, 더 강해지는 것이 아닙니다. 사람인 나를 잃지 않는 것, 혼자여도 느끼고, 멈추고, 불안해지거나 무너질 때도, 결국 자기 자신을 잃지 않는 힘, 그게 이 시대의 용기입니다.

달라진 AI 교육, 부모가 할 일

1.

지금 당장 부모가 멈추거나 시작해야 할 건 뭘까?

아이가 선택하고 도전하도록 기다려 주고 과정에서 격려와 공감을 하는 것입니다.

1) 기다림의 힘은 아이가 스스로 선택할 때까지 멈춰 주기

AI 시대 아이는 스스로 문제를 정의하고 해결하는 능력이 필요합니다. 그 시작은 부모가 먼저 기다려 주는 것입니다. 실천 방법으로 즉시 개입하지 않기입니다. 아이가 문제를 해결하려 애쓸 때 그거 이렇게 해야지! 대신 지금 어떻게 해 볼까 생각 중이야? 한 문장으로도 아이의 사고를 멈추지 않게 할 수 있습니다. 선택의 기회를 작게부터 시작합니다.

이거 할래, 저거 할래? 같은 단순한 선택부터 시작하고 점차 이걸 어떤 방법으로 해 볼까? 발전시켜 봅니다. 시간을 확보해 주면 아이의 결정은 느릴

 로봇과 살아갈 아이의 세상

수 있습니다. 괜찮아, 천천히 생각해도 돼. 이런 말이 "내 선택이 존중받고 있구나."라는 확신을 줍니다. 격려는 결과보다 시도와 과정을 향해야 합니다.

AI는 정답을 주지만, 사람은 의미를 줍니다.

부모의 격려는 결과가 아닌 과정에 대한 인정이어야 아이의 도전이 지속됩니다. 말로 하는 격려할 때 네가 해 보려고 한 그 마음이 멋지다. 한 번 안 돼도 괜찮아, 다시 해 볼 용기가 있잖아. 이 부분은 네가 스스로 찾아냈구나! 이때 포인트는 결과 중심 잘했어! 보다 과정 중심 어떻게 해냈어? 가 아이의 자기효능감을 키웁니다.

공감은 조언보다 강합니다. 아이가 실패나 좌절을 겪을 때 부모가 감정을 먼저 들어 주는 사람이 되면 아이는 다시 도전할 힘을 얻습니다. 공감 대화의 3단계 살펴보면 다음과 같습니다. 감정 읽기 표현으로 속상했구나. 경험 인정하여 그럴 수 있지, 누구라도 그랬을 거야. 힘 실어 주기, 그래도 다시 시도해 보려는 네가 정말 멋지다. 이 과정을 거치면 아이는 '실패해도 괜찮다, 다시 해도 된다, 나는 할 수 있다.'라는 마음의 순환을 경험하게 됩니다. 정답 대신 방향을 제시합니다. AI는 수많은 정보를 알려 주지만 어떻게 살아가야 하는가의 방향은 부모의 몫입니다. 네가 중요하게 생각하는 건 뭐야? 이 일이 잘 안 됐을 때 너는 어떤 느낌이 들었어? 이런 질문은 아이 스스로 내면의 나침반을 세우는 연습이 됩니다.

2) AI 시대 부모 행동 가이드 북

아이가 선택하고 도전하도록 기다려 주는 부모의 힘

기다림은 신뢰의 표현입니다. AI 시대의 아이들은 정답을 배우기보다 탐험을 통해 배우는 세대입니다.

부모가 서두르지 않고 기다려 줄 때 아이는 '내 선택이 존중받고 있구나.'라는 신뢰를 느낍니다. 아이가 고민할 때 바로 답을 주지 않고 지금 어떻게 해 볼까 생각 중이야? 한마디로 스스로 결정할 시간을 줍니다.

결과보다 과정을 지켜봐 줍니다.

실패하더라도 괜찮아,

네가 시도했잖아 마무리합니다.

그리고 격려는 결과보다 과정을 향하여야 합니다.

잘했어! 그보다 더 강력한 말은 이걸 스스로 해 봤구나! 입니다. 결과보다 시도와 노력에 초점을 맞추면 아이는 계속 도전할 힘을 얻습니다. 전통적 칭찬 AI 시대형 격려로 부모의 언어 바꾸어 말합니다. 이거 잘했네! 이 부분은 네가 스스로 생각해 낸 거야? 틀리면 안 되지. 가 아니라 틀려도 괜찮아. 다시 해 보면 되잖아.

그건 어려워. 한번 해 볼까?

안 되면 다른 방법도 있겠지. 말해 봅니다.

공감은 아이의 마음을 다시 열게 합니다. AI는 정답을 알려 주지만 부모의 공감은 아이에게 다시 시도할 용기를 줍니다. 공감 대화법을 소개합니다.

감정 읽기로 속상했구나.

경험 인정하여 그럴 수도 있지,

누구라도 그럴 거야.

힘 실어 주기로 그래도 포기 안 한 네가 정말 멋지다.

부모도 완벽한 가이드가 아니라 함께 배우는 동행자입니다.

     로봇과 살아갈 아이의 세상

나도 이건 잘 모르겠는데,

우리 같이 해 볼까?

이 한마디는 아이에게 도전은 두려운 게 아니다. 라는 메시지를 줍니다. 부모의 완벽함보다 함께 탐구하는 태도가 아이의 자율성과 자신감을 키웁니다.

3) 부모의 모델링이 최고의 교육

아이에게 실패해도 괜찮아 가르치는 가장 좋은 방법은 부모가 직접 시도하고 실패하고 다시 도전하는 모습을 보여 주는 것입니다. 엄마도 처음엔 잘 몰랐는데 하다 보니까 조금씩 알게 되더라. 이 한 문장이 아이에게 나도 해 볼 수 있다는 신호가 됩니다.

격려, 공감 대화 다음과 같이 해 봅니다.

상황 1. 아이가 새로운 기술이나 놀이를 시도하려다가 실패했을 때

아이: 이거 잘 안 돼. 나 못 하겠어.

부모: 처음엔 다 그렇게 돼. 그래도 네가 해 보려는 게 멋져.

아이: 근데 계속 틀려.

부모: 그럼 이번엔 다른 방법으로 해 볼까? 네가 생각하기엔 어디서 막히는 것 같아? 부모는 해결책을 주지 않고, 아이 스스로 사고하게 도와줍니다.

상황 2. 아이가 도전을 망설일 때

아이: 이거 어려워 보여. 안 할래.

부모: 그래, 처음엔 어렵게 보이지. 근데 해 봐야 정말 어려운지 알 수 있잖아?

아이: 그래도 틀릴까 봐 무서워.

부모: 틀려도 괜찮아. 엄마(아빠)도 처음엔 다 틀렸어. 틀리면 배우는 거야.

실패에 대한 두려움을 줄여 주는 심리적, 안전감 제공

상황 3. 아이가 스스로 선택한 결과가 기대와 달랐을 때

아이: 내가 고른 색깔 이상해졌어.

부모: 네가 직접 골랐잖아. 그 용기가 참 멋지다. 다음엔 어떤 색으로 바꾸면 좋을까?

선택의 결과보다 선택 자체를 인정해 줍니다.

상황 4. 아이가 실수를 반복할 때

아이: 또 틀렸어. 나 진짜 못하나 봐.

부모: 계속해 보는 게 대단해. 그게 바로 배우는 과정이야.

아이: 근데 언제 잘하게 돼?

부모: 시간이 걸려도 괜찮아. 포기하지 않는 게 진짜 힘이야. 실패를 성장의 과정으로 재해석시켜 줍니다.

상황 5. 아이가 새로운 시도 성공했을 때

아이: 드디어 됐다!

로봇과 살아갈 아이의 세상

부모: 와, 네가 스스로 해냈네! 어떻게 이렇게 생각해 냈어?

아이: 그냥 여러 번 해 보다가 알았어.

부모: 그 여러 번의 시도가 바로 네 실력이야.

결과보다 과정을 언어로 구체적으로 칭찬하기. 부모인 나는 아이의 길을 만들어 주는 사람이 아니라 아이가 스스로 걸을 수 있도록 옆에서 불빛을 비춰 주는 사람입니다.

4) 부모가 도전하는 모습 보여 주기

아이들은 말보다 부모가 보여 주는 행동에서 더 크게 배웁니다. 도전하는 부모의 모습은 완벽하거나 대단한 것이 아니라 새로운 것에 용기 내어 시도하고 잘 안 돼도 다시 일어서는 모습입니다. 부모가 보여 줄 수 있는 도전하는 모습으로 작은 일상에서의 도전과 새로운 요리를 시도하는 모습 길을 잘 모르더라도 스스로 찾아가 보는 모습 영어 한 문장을 배우며 엄마도 아직 배우고 있어 말할 수 있습니다. 아이는 어른도 계속 배우고 실수하면서 성장한다는 걸 배웁니다.

실패를 인정하는 태도를 보여 줍니다.

아, 이번에 케이크가 좀 탔네. 다음엔 온도를 조금 줄여 봐야겠다. 잘못을 숨기지 않고 실패 속에서 배움의 기회를 찾는 모습을 보여 주시면 됩니다. 사실 조금 떨리지만 해 볼게. 도전 전 불안을 솔직하게 표현해도 됩니다. 아이는 용기가 두려움이 없는 게 아니라 두려움이 있어도 해 보는 것임을 이해합니다.

성공했을 때: 처음엔 어려웠는데 끝까지 해내니까 뿌듯하다.

실패했을 때: 이번엔 잘 안 됐지만 시도해 본 게 중요했어. 도전 후 결과를 나누기합니다. 결과보다 도전 자체의 가치를 알려 줄 수 있습니다. 부모와 아이가 함께 퍼즐 맞추기, 새로운 운동 배우기, 낯선 장소 탐험하기 등 함께 도전하는 일상생활의 경험 만들기로 함께하는 시간 속에서 자연스럽게 성공과 실패를 경험하게 합니다. 아이는 엄마, 아빠도 배우는 중이라는 동료 의식을 느끼며 자신도 도전할 힘을 얻습니다.

정리하면, 부모가 보여 줄 도전의 모습은 완벽한 성공이 아니라 새로움에 시도하는 용기, 실패를 받아들이는 태도 다시 해 보는 회복력, 이 세 가지입니다. 아이에게는 "도전은 특별한 사람이 하는 게 아니라, 누구나 일상에서 할 수 있는 거구나."라는 메시지가 전해집니다. 아이에게 실패해도 괜찮아 말로만 전하기보다 부모가 직접 보여 주는 모습이 가장 큰 힘이 됩니다. 엄마(아빠)도 이거 해 봤는데 잘 안 됐어. 근데 다시 해 보려고, 나도 AI 프로그램 배우는 게 어렵지만, 조금씩 알아가고 있어. 부모의 시도와 회복 탄력성 자체가 아이에게 용기의 모델이 됩니다. AI시대 부모는 아이를 끌고 가는 사람이 아니라, 옆에서 불빛을 비추는 사람입니다. 그 빛은 기다림, 격려, 공감이라는 세 가지 언어로 표현됩니다. 조급함 대신 신뢰로 지시 대신 질문으로, 비판 대신 공감으로. 이 세 가지를 기억하시면 아이의 도전은 실패로 끝나지 않고 배움으로 완성될 것입니다.

5) 로봇은 곁에 두고, 아이는 중심에 두는 교육

미래 사회에서 로봇은 장난감이나 도구를 넘어 '함께 일하고 배우는 존재'가 됩니다. 아이에게 필요한 준비는 기술보다 사람다움을 키우는 것입니다.

     로봇과 살아갈 아이의 세상

로봇을 대체자가 아닌 도움을 주는 것으로 인식시키기

아이에게 로봇은 말을 잘 듣는 친구가 아니라 일을 도와주는 도구라는 인식이 중요합니다. 로봇은 명령하는 대상이 아니라 함께 문제를 해결하는 도구이며 사람의 감정과 판단을 대신할 수 없다는 한계를 알려 주어야 합니다. 로봇은 우리를 도와주지만, 결정은 사람이 한다는 것입니다.

감정 이해와 공감 능력 먼저 키우기

로봇은 감정을 흉내 낼 수는 있지만 느끼지는 못합니다. 그래서 아이에게 가장 중요한 역량은 자신의 감정을 말로 표현하기, 다른 사람의 마음을 읽고 존중하기, 갈등 상황에서 대화로 해결하기, 특히 ADHD·정서 어려움이 있는 아이일수록 사람과의 관계 경험이 로봇 사용보다 먼저입니다.

질문하는 힘과 비판적 사고 기르기

미래에는 정답을 아는 아이보다 이게 맞을까? 를 묻는 아이가 살아남습니다. 로봇의 말이 항상 옳지 않을 수 있음을 알려 주어 왜 그렇게 말했을까? 함께 생각해 봅니다. 결과보다 과정과 이유가 중요하며 로봇을 믿는 아이가 아니라 판단할 수 있는 아이로 키우는 것이 중요합니다.

로봇과 올바른 상호작용 규칙 만들기

아이에게도 로봇 사용 규칙이 필요합니다. 예를 들어 사람에게 쓰는 말과 로봇에게 쓰는 말은 다를 수 있습니다. 로봇에게 무례한 말 습관은 사람에게도 이어질 수 있으므로 사용 시간과 목적이 분명해야 하고 로봇 앞에서도 예의는 연습해야 하는 능력을 길러야 합니다.

놀이, 협업, 창의 경험은 반드시 사람과 로봇 활용은 좋지만, 친구와 놀고 직접 몸으로 해 보고 배우며 감정을 조율하는 경험은 로봇이 대신할 수 없습니다. 로봇은 보조 교사 역할이며 사람은 관계의 주체입니다. 미래 준비란 로봇을 잘 다루는 법이 아니라 로봇이 있어도 흔들리지 않는 아이로 키우는 것입니다.

6) 사회성을 키우고, 건강한 친구 관계를 맺도록 도와주기

가족, 이웃, 친구와 함께하는 작은 활동에서 협력과 배려를 경험하게 합니다. 사회성과 친구 관계는 결국 함께하면서 배려를 배우는 작은 경험의 축적에서 자랍니다.

즉, 가족·이웃·친구와의 협력적 경험을 일상생활 속에서 자주 만들기가 핵심입니다. 아래는 가정에서 바로 실천할 수 있는 우리 아이 사회성과 친구 관계 키우기 실천 가이드 형식으로 정리했습니다.

우리 아이 사회성과 친구 관계는 어떻게 키워 줄까? 가족, 이웃, 친구와 함께 배우는 협력과 배려의 힘은 사회성의 작은 관계의 경험에서 시작됩니다. 아이의 사회성은 친구와 놀기 전, 가족 안에서의 소통과 협력 경험에서 자랍니다. 아이에게 첫 번째 친구는 가족입니다. 가족 속에서 기다려 주기, 나누기, 도와주기를 배웁니다. 이웃과의 인사, 친구와의 놀이 속에서 공감, 조율, 갈등 해결력이 확장됩니다. 가족과 함께하는 협력, 배려 활동은 가족 역할 바꾸기, 아이가 부모 역할, 부모는 아이 역할을 하루 동안 체험, 서로의 입장 이해하는 공감 놀이, 가족 미션 요리. 요리팀을 꾸려 역할 분담하기로 협력과 책임 분담을 경험합니다.

  로봇과 살아갈 아이의 세상

가족 감사 편지 교환하여 하루에 한 명씩 서로에게 감사 편지 쓰기 표현력, 정서 교류, 긍정적 언어 사용하기, 함께 봉사 과제 수행하기, 주변 정리, 반려동물 산책 돕기, 마을 청소 참여 이웃과의 관계 감각 키우기로 배움을 알아갑니다. 아이는 내가 관계 속에서 중요한 존재임을 느낍니다. 이웃과 함께하는 사회성 훈련은 작은 관계부터 자연스럽게 시작합니다. 이웃과 함께 살아가는 방법을 알려 주는 것도 큰 도움이 됩니다. 그리고 작은 인사 한마디가 사회성의 첫걸음이 됩니다. 친구와 함께 배우는 협력 놀이는 친구 관계에서 같이 노는 즐거움 속에서 협력과 배려를 익히는 과정 중 가장 중요한 부분입니다. 놀이 방법으로 같이 완성하기 그림, 두 친구가 한 장의 종이에 번갈아 그림 그리기, 순서 지키기, 이어받기, 공동과제로 놀이 블록으로 같이 성 만들기, 종이컵 탑 쌓기, 목표 공유, 역할 분담, 감정 주고받기 카드, 기분이 좋을 때, 서운할 때 카드로 표현, 감정 인식·공감 능력, 친구 칭찬 릴레이, 서로 한 가지씩 장점 이야기하기, 긍정 표현, 사회적 자신감, 문제해결 토론 놀이합니다.

장난감을 같이 쓰려면 어떻게 할까? 협의, 양보, 해결력 기르기. 놀이 후에 어떤 부분이 좋았어? 서로 도와서 뭐가 달라졌어? 대화로 마무리하고 친구와의 놀이 협력의 감정은 마음에 오래 남습니다. 그리고 부모의 사회성 언어 습관을 상황 바꾸어 말하기 시작하면 아이는 부모 따라 합니다. 싸우면 안 돼. 에서 다르게 생각할 수 있어. 어떻게 해결하면 좋을까? 빨리 사과해 에서 네 마음은 어땠어, 친구 마음은 어땠을까? 그냥 네가 양보해. 에서 이번엔 네가 양보했네. 다음엔 친구가 해 줄 거야. 그건 네 일이지. 에서 우리 같이 생각해 보자. 즉 사회성은 말을 바꾸는 데서 시작됩니다. 매일 하루 5분만 관계를 돌아보는 시간을 가져 보는 것도 좋습니다. 오늘 누구에게 고마웠니? 감사 표현하기, 친구에게 도움 준 적 있니? 구체적으로 칭찬하기, 서운했던 일은 있었니? 감정 나누기, 내일은 누구에게 웃어 줄까? 사회적 계획 세우기 사회성은 가르치는 게 아니라 함께 살아 보며 느끼는 것입니다.

가족이 먼저 협력하고 이웃과 어울리고 친구와 함께 웃는 순간마다 아이의 사회성은 자랍니다.

7) 집에서 스마트 기기 사용 방법

시간, 장소, 목적을 명확히 하고 부모도 함께 규칙을 지키는 모습을 보여 줍니다. 스마트폰과 태블릿은 이제 아이들의 일상 속 필수 도구가 되었습니다.

하지만 무엇을, 어떻게, 얼마나 사용하는지가 아이의 집중력과 정서, 가족 관계에 큰 영향을 줍니다. AI 시대의 디지털 양육은 금지보다 함께 사용하는 법을 배우는 과정입니다. 그러므로 아이와 함께 약속을 만들고 부모도 스스로 지키는 모습을 보여 주는 것이 시작입니다.

스마트 기기 사용, 3대 원칙을 정합니다.

첫째, 시간(Time)은 정해진 시간 안에서 사용하기. 하루 전체 이용 시간을 함께 정합니다. 하루 30분, 주말은 1시간까지. 타이머나 알람을 활용해 시간을 눈으로 볼 수 있게 합니다. 부모도 함께 타이머를 끄며 우리 오늘은 여기까지! 보여 줍니다.

부모가 먼저 저녁 식사 후 30분 영상 자유시간을 정하고 종료 후 가족

산책하기 부모도 SNS 확인은 아이 사용 시간대에만 하기로 규칙을 정하여 실천합니다,

둘째, 장소(Place)는 가족이 함께 지킬 기기 자유 구역 만들기. 식탁, 침실, 화장실은 기본 금지 구역! 거실에는 스마트폰 주차장(바구니)을 마련하여 줍니다. 부모가 먼저 기기를 내려놓는 모습을 보여 줍니다.

셋째, 목적(Purpose)은 왜 사용하는가를 분명히 말해 주기. 놀이, 학습, 탐구 목적을 구분해서 사용하게 하고 영상 시청 후에는 꼭 현실 활동으로 이어지게 해 줍니다. 영상에서 본 만들기를 우리도 해 볼까? 부모도 목적 사용 모델링을 보여 줍니다. 나는 저녁 메뉴를 검색하려고 핸드폰을 켰어. 부모와 자녀 대화에서 긍정적인 대화로 전환합니다. 사용 시간 초과할 때 시간 다 됐으니까 그만! 하는 것이 아니라 우리 약속한 30분이 끝났네. 내일은 보도록 하자, 밥 먹을 때 기기 사용할 때 지금 폰 그만 봐! 가 아니라 식사 시간에는 핸드폰도 쉬게 하자. 엄마도 같이 내려놓을게. 잘 때 사용하려 할 때 자야지, 아직도 보고 있어? 가 아니라 이제 핸드폰도 잠잘 시간 ~ 폰 주차장에 같이 두자. 사용 목적 묻기 왜 또 핸드폰이야? 가 아니라 이번엔 뭐 하려고 켰어? 공부 찾는 거야, 아니면 영상이야?"라고 말합니다.

넷째, 우리 집 스마트 사용 약속문 함께 정하는 약속 3가지 만들어 보기.
시간: 하루 ○○분까지만, 주말은 ○○분까지
장소: 식탁과 침대에서는 사용하지 않기
목적: 보고 싶을 때 이유를 말하고 허락받기

그리고 아이와 함께 서명합니다. 우리는 함께 스마트 기기를 똑똑하게 사용하기로 약속합니다.

(아이 이름) ＿＿＿＿＿ (부모 이름) ＿＿＿＿＿

스마트 기기 사용 지도는 통제보다 관계의 훈련입니다.

부모가 지키는 약속은 곧 아이의 자기 조절력으로 자랍니다. 함께 사용하는 법을 익히는 가정이 바로, AI 시대의 현명한 가정입니다.

8) 미래 직업이 달라지는데, 우리 아이 어떻게 준비시켜야 할까?

새로운 도전과 학습 기회를 다양하게 제공하며 스스로 탐색하게 해 줍니다. 세상이 바뀌고 있습니다. AI, 로봇, 기후변화, 새로운 직업이 생기고, 기존의 일은 빠르게 사라지고 있습니다. 그래서 중요한 건 지식보다 탐구력, 도전력, 협업력입니다.

아이가 내가 뭘 좋아하지?

이건 왜 그렇지?

라고 묻는 순간, 미래 역량이 자라고 있습니다.

집에서 할 수 있는 미래 직업 준비합니다.

다양한 경험을 열어 주기 위해 주말마다 새로운 장소나 직업을 탐험해 봅니다. 예로 과학관, 도서관, 목공 체험, 음식 만들기, 코딩 교실 단순한 견학보다 직접 해 보는 체험이 중요합니다. 이 일을 하면 어떤 기분이 들어? 재미있었어? 하고 질문합니다.

로봇과 살아갈 아이의 세상

스스로 탐색의 기회를 제공합니다.

정답을 알려 주기보다 선택하고 시도하게 합니다.

예로 오늘은 어떤 걸 먼저 해 볼까?

그림 그리기 블록 만들기 중 뭐가 끌려?

실패해도 괜찮습니다.

새로 시도한 것 자체가 멋진 거야.

어떤 부분이 어려웠는지 같이 볼까?

질문하는 힘을 길러 줍니다.

답보다 왜?

어떻게?

그럼 다음은? 함께 이야기합니다.

왜 로봇이 사람처럼 말할까?

그걸 더 잘하려면 어떤 기술이 필요할까? 아이가 모른다고 해도 괜찮습니다. 우리 같이 찾아보자. 탐구하는 즐거움을 배우게 됩니다.

미래 직업 놀이로 자연스럽게 접근합니다.

직업 놀이, 상상 인터뷰, 나의 미래 직업 포스터 만들기

2035년에 네가 하는 일은 어떤 걸까?

AI 친구랑 같이 일한다면 어떤 일을 하고 싶어?

놀이를 통해 상상력과 직업 이해가 동시에 자랍니다.

도전과 협력을 일상생활 속에서 가정의 작은 일도 프로젝트처럼 함께 진행해 봅니다.

오늘 저녁 메뉴를 네가 기획해 볼래?

가족 여행 계획서를 같이 만들어 볼까?

계획, 실행, 피드백 과정을 경험하면서 미래 직업에 꼭 필요한 문제 해결력, 협업력이 자랍니다. 아이가 미래를 준비하도록, 스스로 탐색하고 도전할 수 있는 환경을 만들어 줍니다. 작은 실천부터 시작해 봅니다.

2.

부모로서 로봇 사용, 어디까지 허용하면 좋을까?

1) 금지할 것인가, 맡길 것인가

로봇과 함께 사는 시대, 부모는 어디까지 허용하면 좋을까 고민합니다. 부모가 금지할 것인가, 맡길 것인가 가 아니라 어디까지는 괜찮고, 어디부터는 사람이 필요하다, 정해 주는 것이 핵심입니다. 요즘 아이들은 로봇과 인공지능을 아주 자연스럽게 만납니다. 부모가 잠깐 자리를 비운 사이, 아이는 로봇에게 질문을 하고, 함께 놀고, 도움을 받습니다. 이럴 때 부모 마음에는 두 가지 감정이 함께 올라옵니다.

편하긴 한데 이게 괜찮은 걸까? 사실 중요한 건 로봇을 쓰느냐, 쓰지 않느냐가 아닙니다. 어떤 역할까지 맡기느냐가 더 중요합니다. 로봇은 아이에게 정보를 알려 주고 놀이를 돕고, 생각의 재료를 건네줄 수 있습니다. 하지만 아이의 외로움을 달래 주거나 감정을 대신 받아 주거나 선택을 대신 내려 주는 존재가 되어서는 안 됩니다. 그건 로봇이 아니라 사람의 몫이기 때문입니다. 부모가 기준을 잡아 주지 않으면, 아이는 편한 쪽을 선택합니다. 말대답하지 않고, 기다리지 않아도 되고, 언제든 반응해 주는 로봇이 더 안전하고 쉬운 존재가 될 수 있습니다. 그래서 부모는 금지보다 선 긋기를 해 주어야 합니다.

로봇은 도와주는 도구야. 하지만 네 마음을 듣고, 네 결정을 함께하는 건 사람이야. 이 기준만 분명해도 아이의 방향은 크게 달라집니다. 특히 아이가 화가 나 있거나, 울거나, 흥분했을 때는 로봇을 켜는 것이 아니라 사람이 먼저 다가가야 합니다. 이때 로봇은 아이를 안정시키는 도구가 아니라, 부모의 자리를 대신해 버리는 존재가 되기 쉽기 때문입니다.

반대로 아이가 차분할 때, 궁금할 때, 함께 무언가를 만들어 보고 싶을 때 로봇은 아주 좋은 생각 파트너가 될 수 있습니다. 부모가 옆에서 함께 보고, 로봇은 이렇게 말하네. 너는 어떻게 생각해? 라고 물어 주는 순간, 로봇은 아이의 생각을 키워 주는 도구가 됩니다.

결국 부모가 해 주어야 할 일은 단순합니다. 로봇을 멀리하게 하는 것이 아니라, 사람이 꼭 필요한 자리를 비워 두지 않는 것. 아이에게 이렇게 말해 줄 수 있다면 충분합니다.

로봇은 함께 쓰는 도구야. 하지만 네 마음과 선택은, 사람과 함께 만들어 가는 거야. 그 한마디가 아이와 로봇 사이의 건강한 거리를 만들어 줍니다.

   로봇과 살아갈 아이의 세상

아이에게 들려주는 이야기

어느 날, 네 옆에 똑똑한 로봇 친구가 왔어.

로봇은 노래도 불러 주고, 질문에 대답도 해 주고, 같이 놀아 주기도 해.

로봇은 정말 열심히 도와주는 친구야.

그런데 말이야, 로봇은 마음을 느끼지는 못해.

네가 속상해서 울 때 로봇은 왜 울어? 라고 물을 수는 있지만 네 가슴이 얼마나 답답한지는 느끼지 못해.

그럴 때는 엄마, 아빠, 선생님, 친구처럼 마음을 가진 사람에게 말해 주는 게 좋아.

로봇이 잘하는 일은 알려 주는 일, 같이 연습해 주는 일, 심심할 때 잠깐 놀아 주는 일은 잘해. 그래서 우리는 이렇게 말해. 고마워, 로봇아. 이제 내가 해 볼게. 라고 할 수 있어

사람이 더 잘하는 일은 네 마음을 느껴 주고, 안아 주고, 함께 웃고, 함께 속상해할 수 있어. 그래서 가장 중요한 건 사람이랑 이야기하고, 사람이랑 지내는 거야.

로봇이랑 놀 때는 이렇게 약속하자.

로봇은 도와주는 친구, 마음 이야기는 사람에게, 결정은 내가 직접, 이렇게 하면 로봇도 잘 쓰고, 사람이랑도 더 행복해질 수 있어. 이 설명은 불안한 아이 로봇에 정서적으로 기대기 쉬운 아이 감정 조절이 어려운 아이에게 특히 효과적입니다.

로봇과의 거리는 막을까, 풀어 줄까, 의 문제가 아니라 기준을 잡아 주는 문제입니다. 로봇은 친구가 아니라 도구라는 것을 아이에게 이렇게 말해 주서야 합니다. 로봇은 우리를 도와주는 똑똑한 도구이며 마음을 나누는 친구는 사람이라는 것을 분명하게 알려 주어야 합니다. 아이가 로봇에게 애정을 느끼는 건 자연스럽습니다. 하지만 외로움, 위로, 의존을 로봇이 대신하게 두면 안 됩니다.

부모 역할은 감정은 부모, 사람에게 정보, 놀이, 학습은 로봇에게 있다는 것을 아이에게 인식시켜야 합니다.

사용 시간보다 중요한 건 사용 이유입니다. 얼마나 오래 쓰느냐보다 더 중요한 질문은 왜 지금 로봇을 쓰고 있을까? 입니다. 단지 궁금해서, 만들고 싶어서, 함께 과제 수행하려고. 심심해서, 혼자 있기 싫어서, 부모 대신 대화하려고 체크해 보서야 합니다. 부모가 해 줄 말은 지금은 로봇 말고, 엄마랑 먼저 이야기해 볼까? 이건 로봇이 도와주면 좋겠네! 로봇이 사람을 대체하지 않도록 방향만 잡아 주시면 됩니다. 로봇과 놀 때도 사람 규칙은 그대로입니다. 로봇과 있을 때도 지켜야 할 기본 약속이 있습니다. 화나면 끄거나 던지지 않기, 말투는 부드럽게, 로봇과 일이 끝나면 정리하고 쉬기입니다.

로봇이랑 놀 때도 사람과 지낼 때처럼 예의가 필요하다는 것을 아이에게 설명해 줍니다. 이건 기술 교육이 아니라 관계 교육이기 때문입니다. 그래서 부모는 관리자보다 안내자가 되면 좋습니다. 아이는 선택의 기준을 배웁니다. 로봇은 아이를 키우는 주체가 아니라, 아이를 키우는 부모를 돕는 도구입니다. 이미 아이의 정서, 관계, 자율을 깊이 고민하시는 분이라면 이 거리 잡기는 통제가 아니라 안정감이 될 것입니다.

로봇이랑 지낼 때, 마음의 거리 이야기

어느 날, 아이 옆에 작은 로봇이 있었어요. 로봇은 말을 잘했고, 금방 대답해 주었고, 아이가 궁금한 걸 척척 알려 주었죠.

아이는 생각합니다. 로봇이랑 있으면 혼자 같지 않아. 그걸 본 엄마가 아이 곁에 앉아 말했어요.

로봇은 참 똑똑하지? 그런데 로봇은 마음을 안아 주는 손은 없단다. 아이는 고개를 갸웃했어요. 엄마는 아이 손을 꼭 잡고 이어서 말했어요.

속상할 때, 무서울 때, 화날 때 그 마음을 알아주고 들어주는 건 로봇이 아니라 사람의 마음이야. 로봇은 그저 옆에서 도와주는 친구였어요. 문제를 풀어 줄 수는 있어도, 눈을 보고 웃어 줄 수는 없었죠. 엄마는 이렇게 약속했어요.

네가 궁금할 땐 로봇이 도와줄게. 하지만 네 마음이 울 때는 엄마가 제일 먼저 안아 줄게. 아이는 그 말을 듣고 조금 안심했어요. 그래서 이렇게 정했어요. 로봇은 함께 배우는 도구

마음은 사람에게 맡기기, 로봇이 끝나면, 사람에게 돌아오기

아이는 이제 알아요. 로봇은 가까이 있어도 되고, 하지만 마음만큼 가까이 오게 하지는 않아도 된다는 걸요.

그리고 아이 마음속에는 언제나 사람이 먼저 있었습니다.

아이에게 필요한 건 더 똑똑한 로봇이 아니라 기다려 주는 어른의 마음입니다.

3.

AI 시대, 우리 아이 맞춤형 학습,
어떻게 시작할까?

---

1) 우리 아이는 어떤 아이인가?

AI 시대, 우리 아이 맞춤형 학습을 시작하려면 먼저 우리 아이에 대하여 알아야 합니다.

AI보다 아이 이해가 먼저입니다.

좋아하는 것, 싫어하는 것, 집중이 잘 되는 시간, 혼자 vs 함께 할 때 차이, 말, 놀이, 그림 중 어떤 표현이 편한지 알아야 합니다. 부모, 교사의 관찰 기록이 최고의 맞춤 데이터입니다.

AI는 아이를 대신 알아주지 않기 때문에 부모는 아이를 잘할 때가 아니라 편안할 때를 관찰해야 합니다. 많은 부모가 언제 잘하지? 를 먼저 보지만 언제 가장 편안하지? 를 보면 아이가 보입니다.

관찰 포인트는 혼자 놀 때 vs 함께 놀 때, 지시가 있을 때 vs 자유로울

    로봇과 살아갈 아이의 세상

때, 성공했을 때보다 실패해도 계속하는 순간, 편안한 상태가 아이의 기본 기질입니다.

하루 3분 아이 행동을 길게 적을 필요 없고 딱 3가지만 메모해 보면 아이의 패턴이 1주만 지나도 아이의 모습과 행동이 보입니다.

오늘 아이가 가장 즐거워한 순간에 무엇을 할 때 웃었는지, 얼마나 집중했는지, 혼자였는지, 함께였는지 살펴봅니다.

예시) 블록 놀이 20분 집중, 표정 편안함, 오늘 아이가 힘들어했던 순간은 언제 멈췄는지, 어떤 자극이 있었는지(사람, 말, 상황 변화), 행동으로 어떻게 표현했는지.

예시) 친구가 끼어들자 소리 지르고 블록 던지려 합니다. 그때 부모가 한 말 & 아이의 반응 훈계와 설명은 하지 않고 실제로 한 말 그대로 기록합니다.

예시) 속상했겠다 에서 울음 멈추고 다시 블록 쌓기 시작

이 메모가 쌓이면 보이는 것은 1주일만 지나도 이런 패턴이 보입니다. 아이는 언제 집중이 길어지는지, 어떤 상황에서 가장 흔들리는지 알 수 있습니다.

부모의 말 중에 아이를 진정시키는 말, 오히려 화남을 키우는 말은 아이가 산만하다, 예민하다 묶지 않아도 이 아이는 이런 조건에서 잘 된다, 가 보이기 시작합니다.

아이 행동은 갑자기 나오는 게 아니라 반복되는 반응입니다.

기록하면 감정적으로 해석하지 않고 아이의 생활이 보이게 됩니다. 그러면 혼내야 할 순간이 떨어지고 도와줘야 할 타이밍을 알 수 있습니다.

부모의 반응이 바뀌면 아이의 행동도 조금씩, 그러나 분명히 달라집니

다. 이 메모는 아이를 잘 키우기 위한 숙제가 아니라 이미 충분히 애쓰고 있는 부모가, 아이를 더 정확히 이해하기 위한 도구입니다.

하루 3분이면 충분합니다. 아이의 문제가 아니라 아이의 방식이 보이기 시작합니다.

우리가 아이가 예민한 아이, 산만한 아이, 느린 아이처럼 한 단어로 부르면, 그 순간부터 아이는 고정된 성격처럼 보이기 시작합니다. 그러면 무의식적으로 원래 저런 아이야, 이 아이는 늘 그래, 라는 생각이 붙고, 왜 그런 반응이 나왔는지를 더 이상 보지 않게 됩니다.

이것이 바로 관찰이 멈추는 순간입니다.

하지만 아이들은 사실 상황에 따라 반응이 달라지는 존재입니다. 피곤할 때는 예민해지고 불안할 때는 산만해지고 익숙하지 않으면 느려질 수 있습니다. 이건 성격이 아니라 상태입니다. 그래서 아이를 문제 있는 아이로 보지 않고 지금 이 상황에서 도움 방식이 필요한 아이로 보면 시선이 달라집니다. 아이를 규정하면 판단으로 끝나지만, 아이를 이해하려 하면 질문이 생깁니다.

지금 이 아이에게 어떤 도움이 필요할까?

환경을 바꿔야 할까?

방법을 달리해야 할까?

어른의 기대가 너무 높지는 않았을까?

이 질문들이 쌓일수록 지원 방법이 보이기 시작합니다.

즉, 이 문장의 핵심은 이것입니다.

아이의 행동은 정답이 아니라 도움을 요청하는 신호입니다.

아이를 한 단어로 정리하지 않을 때, 우리는 아이를 고쳐야 할 대상이

　　　　　　　　　　　　　　　　로봇과 살아갈 아이의 세상

아니라 함께 조율해 가야 할 존재로 만나게 됩니다.

 부모 마음도 같이 점검합니다. (아주 중요)

 아이 모습보다 부모의 해석이 아이를 덮는 경우가 많이 있습니다. 내가 불안할 때 아이가 더 문제처럼 보이는지, 비교하고 있을 때 판단이 빨라지는지 체크 하셔야 합니다. 아이 이해의 출발점은 부모 마음의 속도 줄이기입니다.

 우리 아이는 어떤 상황에서 가장 나다운 모습을 보이는 아이인가를 알아가는 과정입니다.

2) 우리 아이 이해 체크리스트(부모용)

정답은 없습니다. 자주 그렇다. 체크하시면 됩니다.
아이를 판단하지 말고 경향만 봅니다.

① 정서, 감정 영역

□ 감정 표현이 말보다 행동(울기, 소리, 몸짓)으로 먼저 나온다

□ 감정이 올라오면 진정하는 데 시간이 필요하다.

□ 공감해 주면 행동이 빨리 가라앉는다.

□ 지적받으면 더 예민해진다.

□ 안정적인 어른 옆에서 가장 편안해한다.

감정 조절보다 감정 이해가 먼저 필요한 아이

② 변화, 환경 반응

□ 새로운 장소나 사람을 어려워한다.

□ 예고 없이 바뀌면 불안하거나 화를 낸다.

□ 반복되는 일상에서 더 안정된다.

□ 규칙을 한 번에 이해하기보다 경험이 필요하다.

미리 알려 주기와 시각적 안내가 큰 도움

③ 집중·놀이 스타일

□ 좋아하는 놀이에는 오래 집중한다.

□ 관심 없는 활동에는 쉽게 이탈한다.

□ 앉아서 하는 것보다 움직이며 배우는 게 낫다.

□ 혼자 놀이를 더 편해한다. / 함께 놀 때 에너지가 빨리 소진된다.

집중력 문제가 아니라 흥미 기반 학습형

④ 선택, 결정 성향

□ 선택 상황에서 망설임이 많다

□ 아무거나 라고 말한다.

□ 선택 결과에 대한 불안을 보인다.

□ 선택지를 줄여 주면 편안해진다.

결정 연습이 필요한 아이(의존 아님)

⑤ 관계, 사회성

□ 특정 어른이나 친구에게 강하게 의존한다.

    로봇과 살아갈 아이의 세상

□ 또래보다 어른과 있을 때 안정적이다.

□ 친구 관계에서 상처를 쉽게 받는다.

□ 갈등 상황에서 말보다 행동이 먼저 나온다.

사회성 부족이 아니라 관계 안전감이 먼저 필요한 아이

⑥ 부모 반응과 아이 변화

□ 혼내면 행동이 더 커진다.

□ 짧고 부드럽게 말할 때 더 잘 따른다.

□ 공감 후 설명하면 수용도가 높다.

□ 하지 마보다는 이렇게 해 보자에 반응한다.

3) 잘하는 것부터 AI에 맡기지 않기

왜 잘하는 것을 먼저 AI에 맡기지 말아야 할까요?

아이에게 잘하는 것, 좋아하는 것은 자신감의 근원이고 내가 해냈다. 라는 주도성의 경험입니다. 이 영역을 처음부터 AI가 대신해 주면 아이는 성공의 주체가 자신이 아니라 도구라고 느끼기 쉽습니다. 내가 한 게 아니라 AI가 해 준 거야, 라는 감각이 남습니다. 그래서 강점과 흥미는 아이의 손으로 시작하고, AI는 옆에서 돕는 역할로 두는 것이 중요합니다.

맞춤형 학습의 출발점은 부족함이 아니라 강점입니다.

많은 어른은 이렇게 접근합니다.

이 아이는 부족한 게 뭘까? 못하는 걸 AI로 보완하자 하지만 아이에게 맞는 학습은 이렇게 시작합니다.

이 아이는 뭘 좋아하지?

어떤 방식이 편할까?

어디에서 눈이 반짝일까?

강점과 흥미는 학습의 엔진입니다. 엔진이 켜져야 부족한 부분도 함께 따라옵니다.

예시) 공룡을 좋아하는 아이

아이가 먼저 공룡 이야기 상상하여 말로 설명하면 AI는 그림으로 시각화해 주는 도우미 역할을 하는 것입니다. 상상은 아이의 것이며 표현 확장은 AI의 도움을 받습니다.

질문이 많은 아이가 먼저 AI에게 궁금한 걸 쏟아 내면 AI는 질문을 묶고 정리해 주는 것, 말보다 그림이 편한 아이의 경우 아이가 먼저 그림으로 생각 표현하여 말하면 AI는 그림을 확장하거나 다른 장면 제안하는 경우 생각의 출발은 항상 아이가 변주는 AI가 담당합니다. 정리하면 AI는 아이의 능력을 대신하는 도구가 아니라, 아이의 생각을 확장 시켜 주는 조력자입니다. 주인공은 언제나 아이이고, AI는 아이 뒤에 서서 밀어주는 손이어야 합니다.

왜 목적 있는 10~15분이 중요한가?

AI 사용에서 진짜 기준은 시간이 아니라, 이유와 구조입니다. 아이에게 AI를 켜 주는 순간은 소비 시간이 될 수도 있고 사고를 여는 도구가 될 수도 있습니다. 심심하니까 AI 켜 줄게는 아이를 소비 시간 입장에 두지만,

　　　　　　　　　　　　　로봇과 살아갈 아이의 세상

이 질문을 같이 해결해 볼까? 는 아이를 생각의 주인으로 세웁니다. 아이 질문 또는 과제에서 출발점은 아이이어야 합니다.

왜 달은 따라오는 것 같아?

이거 다른 방법은 없을까?

이 이야기를 더 재밌게 만들 수 있을까?

여기서 중요한 건 부모가 문제를 주는 게 아니라 아이의 궁금증, 막힘, 호기심을 잡아 주는 것입니다.

AI는 답을 대신 내리는 존재가 아니라, 생각의 범위를 넓혀 주는 생각 파트너로 도구로만 AI 도움받아야 합니다. 부모와 다시 이야기 나누는 것이 가장 중요한 단계입니다. 여기서 학습이 완성됩니다.

너는 어떤 설명이 제일 이해됐어?

AI 말 말고, 너 생각은 어때?

우리 경험이랑 연결해 볼까? AI 사용 후 반드시 사람과 대화가 이어져야 합니다. AI는 아이를 대신 생각해 주는 도구가 아니라, 아이의 생각을 꺼내는 대화의 시작점이어야 합니다.

4) AI 시대에 맞는 우리 아이 개인별 학습 방향

맞춤형 학습은 요즘 교육의 핵심 키워드인데 막상 부모는 어디서부터 어떻게 시작해야 하는지가 가장 궁금하실 겁니다.

첫째로 아이 맞춤형 학습 시작은 아이 관심과 속도에 맞춘 학습 계획이 좋습니다. 먼저 아이의 기질과 관심 파악하고 먼저 아이가 어떤 스타일인지 관찰합니다. 활동적인지 차분한지 또는 혼자 하기 좋은지 함께 하기 좋아하는지 그리고 그림, 이야기, 숫자 등 무엇에 끌리는지 파악하여 아이의 적성에 맞는 맞춤형 프로그램을 작성하는 것이 효과적입니다. 예로 글자에 관심 없지만 블록 쌓기를 좋아한다면, 글자 학습도 블록 놀이와 연결해 시작할 수 있습니다.

둘째, 발달 수준과 강·약점 확인합니다.

아이가 또래보다 잘하는 것과 어려워하는 것을 파악하고 예로 숫자 개념은 잘 잡혀 있는데 집중력이 약하다면, 짧은 활동 위주로 수학 놀이를 구성합니다.

셋째, 작은 목표 세우기입니다.

수학 잘하기 같은 큰 목표 대신 1부터 10까지 세기. 5까지 블록으로 표현하기, 이처럼 작은 단계를 만듭니다. 맞춤형 학습의 핵심은 작게 쪼개고 성공 경험을 쌓아 가는 것입니다.

넷째, 아이의 흥미와 연결합니다.

학습 주제를 아이가 좋아하는 것과 연결합니다. 예로 자동차 좋아하는 아이면 자동차 그림으로 덧셈 문제 만들기 이렇게 하면 억지 학습이 아니라 즐거운 몰입이 됩니다.

다섯째, 피드백은 과정 중심으로 합니다.

틀렸네, 대신 여기까지는 잘했어,

다음엔 이렇게 해 보고 말해 주고 아이가 실패해도 도전할 수 있도록 격려와 조율이 필요합니다. 부모가 기억할 점은 맞춤형 학습은 특별한 교재가 아니라 부모의 관찰과 태도에서 시작됩니다. 우리 아이는 어떤 방식으로 배우면 더 즐거울까? 라는 질문이 출발점에서 시작됩니다.

작은 성취는 반복 경험에서 자신감으로 더 큰 학습으로 확장됩니다.

　　　　　　　　　　　　　로봇과 살아갈 아이의 세상

5) 눈, 귀, 손 다 쓰는 오감 학습, 집에서도 할 수 있을까?

집에서 할 수 있는 오감 학습 방법으로 만들기, 요리, 실험 등 오감을 활용한 활동을 매일 10~15분씩 경험하게 할 수 있습니다.

눈(시각) 활용

그림책 읽기로 글자만 보는 게 아니라 그림 속 표정, 색깔, 상황을 함께 관찰하여 색깔 분류 놀이로 집에 있는 블록, 과일, 옷으로 색깔별로 모아 보기 할 수 있습니다.

(관찰 일기 통해 창밖 풍경을 그려 보고, 달라진 점 찾기)

귀(청각) 활용

소리 맞히기 게임으로 종이 찢는 소리, 물 따르는 소리, 종소리 듣고 맞히기, 또는 동화 들려주기 통해 부모가 목소리 톤을 바꿔 읽어 주면 이해력이 깊어집니다.

(노래로 학습으로 알파벳, 숫자, 동요를 활용한 학습)

손(촉각) 활용

밀가루 반죽·점토 놀이 통해 모양 만들며 수학, 언어 개념 연결(예: 동그라미= 공, 세모= 산)할 수 있습니다.

감각 상자 만들기로 상자 안에 다양한 물건 넣고 만져서 맞히기, 가위·풀 사용하여 오리고 붙이기 활동으로 소근육 발달을 할 수 있습니다.

코(후각) 활용

향기 구분 놀이로 커피, 귤껍질, 비누, 허브 냄새 맡고 어떤 느낌인지 말하기, 음식 향 맡기로 요리할 때 향 맡고 고소하다, 새콤하다 표현할 수 있습니다.

입(미각) 활용

맛 비교하기에서 단맛(사과), 짠맛(김), 신맛(레몬), 쓴맛(코코아) 구분합니다. 새 음식 시도하여 새로운 재료를 맛보며 표현(이건 아삭아삭해) 표현해 봅니다. 요리 함께하기는 재료 맛보며 수학(계량), 언어(이름 말하기) 연결할 수 있습니다.

부모가 기억할 점은 오감 학습은 교재 공부가 아니라 생활 속 경험에서 가능하며 재밌다, 기억에 남는다, 배움으로 연결됨, 순서로 진행하고 부모가 함께 놀아 주며 감각을 말로 표현해 주면 학습 효과 배가 됩니다.

6) AI로 집중력 키우는 방법, 집에서도 가능할까?

AI는 반복 연습, 흥미 자극, 즉각적인 피드백이 강점이어서 아이의 집중력 훈련에도 충분히 활용할 수 있습니다.

다만, AI가 알아서 집중력을 키워 준다. 가 아니라 부모가 AI를 올바르게 활용할 때 효과가 커집니다.

집에서 AI로 집중력 키우는 방법입니다.

첫째, 짧고 단계적인 학습 활용, AI 학습 앱이나 프로그램을 5분에서 10분에서 15분으로 점차 늘려 사용합니다. 아이가 성취감을 느끼며 집중 시

로봇과 살아갈 아이의 세상

간이 자연스럽게 늘어납니다.

둘째, 맞춤형 학습 콘텐츠 제공, AI에게 우리 아이가 6세 공룡을 좋아한다, 입력하면 공룡 그림 퀴즈, 이야기 만들기 제공으로 흥미 있는 주제로 집중 유도 가능합니다.

셋째, 즉각 피드백 받기, 아이가 문제를 풀면 AI가 바로 좋아! 조금만 더 해 보자 하고 반응하면 기다림 없이 즉시 반응을 받으니 아이의 몰입 유지에 효과적입니다.

넷째, 게임형 학습 활용, AI 기반 집중력 게임(짝 맞추기, 기억력 게임, 주의력 훈련 등) 놀이처럼 반복 가능하여 게임 요소가 집중을 즐겁게 만듭니다.

다섯째, 부모와 함께 목표 설정, 오늘은 AI 선생님이 내 준 문제 5개 풀기처럼 구체적 목표 제시, 끝나면 부모가 함께 칭찬과 집중 경험이 긍정적으로 각인을 시켜 줍니다.

주의할 점, 사용 시간제한으로 AI 학습은 하루 20~30분 정도로 짧게 하고 과다 사용은 오히려 집중력 저하로 이어질 수 있습니다. 부모의 역할은 AI가 코치라면, 부모는 감독자로 옆에서 관찰, 격려하며 아이가 스스로 집중력을 확장해 가도록 돕습니다. AI는 집에서도 아이의 집중력을 키우는 훈련 도구가 될 수 있습니다. 하지만 부모의 조율과 균형 잡힌 활용이 꼭 필요합니다.

7) 사회성과 감정 조절 훈련, AI가 도와줄 수 있을까?

AI가 사회성과 감정 조절 훈련을 완전히 대신할 수는 없지만, 보조적인 역할로 역할 놀이, 대화형 AI 활용으로 감정 인식과 조절은 충분히 할 수 있습니다. 특히 반복 연습, 상황 시뮬레이션, 즉각적인 피드백 같은 부분에서 효과적입니다.

AI가 도와줄 수 있는 영역으로 감정 인식 훈련으로 아이가 AI와 대화할 때, AI가 목소리 톤, 표정(카메라 기반)·단어를 분석해 지금 화난 것 같아, 맞니? 하면 피드백 가능하며 감정을 말로 표현하는 연습을 돕습니다. 또한 사회적 상황 시뮬레이션으로 또래 친구와의 갈등, 차례 기다리기, 부탁하기 등 가상 역할극을 AI가 제공합니다.

아이는 안전한 환경에서 다양한 대처 방법(친구가 네 장난감을 빼앗았어. 어떻게 말할래?) AI가 반응해 주기 시도해 볼 수 있습니다. 아이가 싫어! 라고 소리치면, AI가 즉각적으로 다른 표현도 해 볼까? 그건 내가 먼저 쓰고 싶어 말할 수도 있어. 라고 대안을 이야기합니다. 부모가 늘 옆에서 훈련하기 어려운 부분을 보완해 주어야 합니다. AI 캐릭터(로봇, 앱)가 아이와 게임처럼 훈련을 반복하여 흥미 유지하고 반복 훈련 동기 부여로 감정 카드 맞추기, 공감 대화 퀴즈, 차례 기다리기 게임을 할 수 있습니다. 하지만 중요한 한계점도 있습니다.

정서적 공감으로 AI는 진짜 마음을 느껴 주기는 불가능합니다. 부모의 공감과 안아줌이 꼭 필요합니다. 사회성은 규칙과 가치(존중, 배려 등)를 배우는 과정으로 이는 인간의 지도자가 반드시 해야 합니다. AI 훈련만으로는 실제 또래 관계에서 발휘되지 않으므로, 실제 놀이, 관계 경험과 병행해야 효과 있습니다. AI는 아이의 사회성과 감정 조절을 훈련하는 도구로 활용할 수 있지만 진짜 사회성은 결국 또래, 부모와 실제 관계 경험 속에서 길러집니다. 다만 AI는 반복 연습·상황 시뮬레이션 즉각 피드백을

                                   로봇과 살아갈 아이의 세상

통해 보조 교사 역할을 하는 것입니다.

AI 시대에 부모가 어떻게 AI 도구를 활용할지가 앞으로 교육의 성패를 좌우할 것입니다. 핵심은 AI를 아이 대신 공부하는 도구가 아니라 아이가 더 잘 배우도록 돕는 도구로 쓰는 것입니다. AI 도구를 활용하는 방법은 개인 학습 지원으로 아이 수준에 맞는 읽기, 수학 문제를 AI에게 만들어 달라고 요청하면 아이가 관심 있는 주제(恐龍, 우주 등)와 연결된 학습자료 제공합니다. 질문과 탐구 습관 길러 주기, 생활 속 동반자, 맞춤형 수업 설계, 수업 확장, 아이디어 발상, 시뮬레이션(예: 역사 장면 재현, 과학 실험 가상 체험) 활용, 평가와 피드백 보조, 글쓰기 첨삭, 발음 교정 등 반복적인 피드백을 AI가 돕습니다.

그러나 부모가 함께 지켜야 할 점은 AI는 답이 아니라 도구라는 것이며 AI가 제시한 정보를 그대로 믿지 않고, 함께 검토, 비판하며 활용하는 방법, 윤리, 안전 교육 동반, 개인정보 보호, 저작권, 온라인 예절 같은 디지털 시민성 지도, 사람만이 줄 수 있는 것 지키기, 공감, 정서적 지지, 관계 형성 등 부모는 AI가 이를 대신할 수 없음을 아이에게 명확히 알려 주어야 합니다.

4.

로봇을 도구로 활용하는 아이,
미래 사회의 주인공이 될 수 있을까?

---

1) 왜 도구로 활용하는 아이가 중요한가?

미래 사회에서 로봇은 경쟁 상대가 아니라 생각을 확장해 주는 도구가 됩니다.

주인공이 되는 아이들은 공통점이 있습니다.

로봇에게 맡기기만 하지 않고 로봇을 질문하고, 조정하고, 선택하는 존재 즉, 로봇이 해 줬어, 가 아니라 이렇게 해 보자고 내가 시켰어, 라고 말하는 아이 이 차이가 미래를 가릅니다.

왜 도구로 활용하는 아이가 중요할까?

한 문장으로 말하면 도구로 활용하는 아이는 끌려다니는 사람이 아니라 이끌어 가는 사람이 되기 때문입니다.

로봇과 살아갈 아이의 세상

망치 이야기로 아이에게 이렇게 설명할 수 있습니다.

망치는 혼자서는 아무것도 못 합니다.

누가 어떻게 쓰느냐에 따라 집도 만들고, 장난감도 고칩니다.

로봇도 똑같습니다.

망치가 사람을 움직이지 않듯이,

로봇도 아이를 움직이게 하면 위험합니다.

로봇은 네가 쓰는 도구야. 로봇이 널 이끄는 건 아니야. 라고 설명할 수 있습니다. 즉 AI나 로봇에 끌려가는 아이가 아니라, 필요할 때 꺼내 쓰고 판단하는 아이, 중요기술 위에 서서 생각을 잃지 않는 아이입니다.

2) 도구로 활용하는 아이는 뭐가 다를까요?

로봇을 친구처럼, 주인처럼 대하면 로봇이 알려 주지 않으면 멈추고 스스로 생각하려 하지 않고 로봇이 해 줬어, 만 남습니다. 이건 똑똑해 보이지만 사실은 생각 근육이 줄어드는 상태입니다. 도구로 활용하는 아이는 로봇이나 AI를 많이 쓰는 아이가 아니라 생각의 주도권을 아이가 쥐고 있는 아이입니다.

이 아이의 핵심은 순서입니다.

먼저 생각합니다.

어떻게 해 볼까?

이건 내가 아는 걸로 해결할 수 있을까? 바로 묻지 않고, 자기 머리로 한 번 고민합니다. 완벽하지 않아도 괜찮습니다. 생각을 시작하는 게 중요합니다.

도구에게 도움을 요청합니다. 그다음에 로봇이나 AI를 부릅니다. 답 알려줘 가 아니라 이 생각이 맞는지 도와줄래? 다른 방법도 있을까? 도구를 대신 생각해 주는 존재가 아니라, 함께 점검해 주는 조력자로 씁니다.

결과를 보고 다시 생각합니다. 로봇이 준 결과를 그대로 믿지 않습니다. 이건 내가 생각한 거랑 비슷하네, 아, 이 부분은 다시 고쳐야겠어, 이 방법이 더 나을 수도 있겠다. 비교, 선택수정이 일어납니다. 그래서 이 아이는 이렇게 자랍니다.

생각에 이르면 도구 사용하여 다시 생각하여 결과물을 만들어 냅니다. 이 과정을 반복하면서 아이 안에 이런 힘이 쌓입니다. 스스로 판단하는 힘, 실패해도 다시 고치는 힘, 도구에 휘둘리지 않는 중심, 내가 결정한다는 감각이 생겨납니다.

미래 사회에서는 도구를 잘 쓰는 사람보다 도구를 언제, 왜 쓰는지 아는 사람이 필요합니다.

도구로 활용하는 아이는 로봇이 없어도 생각할 수 있고, 로봇이 있을 땐 더 똑똑해집니다.

미래에 왜 더 중요해질까?

앞으로는 로봇이 계산하고 로봇이 정리하고 로봇이 빠르게 해 줍니다. 사람은 질문하기, 선택하기, 책임지기, 사람 마음 이해하기 이건 로봇이 못하는 일입니다. 그래서 로봇을 도구로 쓰는 아이만 사람 역할을 계속할 수 있습니다.

 로봇과 살아갈 아이의 세상

3) 로봇을 잘 쓰는 아이 vs 로봇에 끌려가는 아이

로봇에 끌려가는 아이

로봇을 도구로 쓰기보다 관계·자극에 이끌려 반응하는 아이를 말합니다. 잘못된 아이가 아니라, 어른의 안내가 더 필요한 상태의 아이입니다.

로봇에 끌려가는 아이의 모습을 살펴보면 생각보다 반응이 먼저 나옵니다. 이걸 왜 쓰지? 보다 로봇이 말하면 바로 따라 합니다. 스스로 질문을 만들기보다 로봇이 주는 질문, 과제에 반응합니다. 그리고 판단을 로봇에게 맡깁니다.

맞아? 이렇게 하면 돼? 계속 묻습니다. 틀리면 스스로 고치기보다 로봇 답을 그대로 바꾸거나 포기합니다.

때로는 멈춤이 어렵습니다. 활동을 더 지속하려는 욕구가 강하며, 중단 요청 시 짜증 또는 거부 반응이 나타납니다. 스스로 멈추기보다 외부 자극이 행동을 이끄는 상태가 있습니다.

관계처럼 느낍니다. 로봇 말은 잘 들지만, 부모와 교사 말은 덜 듣는 것처럼 보일 수 있습니다. 그리고 로봇의 칭찬과 반응에 감정이 크게 움직입니다.

왜 이런 모습이 나타날까요?

생각하는 힘이 부족해서가 아니라 아직 판단과 조절을 연습 중인 발달 단계이기 때문입니다. 특히 산만한 아이 불안이 있거나 확신이 부족한 아이 욕구가 큰아이에게 이 모습이 더 잘 보입니다. 로봇에 끌려가는 아이는 심심하고 외로워서 로봇을 찾습니다. 혼자 무엇을 시작하기엔 마음이 허전하고, 로봇은 가장 빨리 반응해 주는 존재이기 때문입니다.

아이의 마음은 이렇습니다.

지금 뭐라도 재미있는 게 있었으면 좋겠어, 생각 안 해도 바로 놀아 주면 좋겠어, 내가 잘못해도 대신해 주니까 편해, 그래서 아이는 깊이 생각하기보다 그냥 뭐 해? 하고 로봇을 부릅니다. 아이에게 로봇은 함께 있어 주는 친구 같고 시키면 다 해 주는 도와주는 어른 같고, 가끔은 내가 따라가야 하는 주인 같은 존재이기도 합니다. 그래서 아이는 로봇을 도구라기보다 관계 맺는 대상으로 느낍니다.

결과에 집착하는 이유는 아이의 마음속에는 이런 바람이 있습니다. 잘하고 있다는 느낌을 빨리 받고 싶어, 실패해서 속상해지고 싶지 않아, 그래서 과정은 건너뛰고, 결과가 바로 나오는 로봇에게 기대게 됩니다.

겉으로 보이는 주도성의 진짜 모습처럼 아이 스스로 선택하는 것처럼 보여도, 실은 결과가 이끌어 주는 길을 따라가고 있습니다. 특징으로 겉으로는 주도적으로 보이나 실제로는 결과의존형 주도성으로 보일 수 있습니다. 선택과 판단, 수정은 로봇이 하고 아이는 따라가기만 합니다. 로봇에 끌려가는 아이는 심심함을 해결하기 위해 로봇을 사용하고, 생각 없이 질문하며, 로봇을 친구나 주인처럼 인식하고, 결과에 의존하는 가짜 주도성을 보입니다.

아이는 아직 기다리는 힘, 생각을 이어 가는 힘, 스스로 해 보는 용기가 자라는 중이기 때문입니다. 로봇에 끌려가는 아이는 게으른 아이가 아니라, 혼자 버티기엔 마음이 아직 여린 아이입니다. 아이에게 필요한 건 통제가 아니라 같이 생각해 줄 사람입니다.

로봇을 도구로 쓰는 아이

　로봇을 도구로 쓰는 아이는 로봇이 재미있어서가 아니라, 필요해서 다가갑니다. 이 아이의 마음속에서는 이런 일이 일어납니다. 이건 내가 해결하고 싶은 문제야, 이 아이는 먼저 막히는 지점을 느낍니다. 왜 안 되지? 다른 방법은 없을까? 답을 바로 주는 어른이나 로봇을 찾기보다, 궁금함과 답답함을 참고 인내하는 힘이 있습니다. 그래서 질문이 자연스럽게 나옵니다. 이 아이에게 로봇은 친구도, 주인도 아닙니다. 도구로 필요할 때 쓰는 연필 같은 존재, 조력자로 혼자 하기 어려울 때 잠시 빌리는 도움, 로봇이 대신해 주는 것이 아니라 내가 하려는 것을 조금 쉽게 만들어 주는 존재로 느낍니다.

　답보다 과정이 더 중요하게 생각하고 이 아이는 결과에 매달리기보다 왜 이런 답이 나왔을까? 조금 바꾸면 어떻게 될까? 생각합니다. 그래서 로봇의 답을 그대로 믿지 않고 다시 보고, 고치고, 스스로 판단합니다. 이 과정에서 자기 주도 감이 자랍니다. 로봇을 도구로 사용할 때 정서적으로 안정된 이유는 궁금함을 참을 수 있고 틀려도 다시 해 볼 수 있다는 믿음이 있음, 그리고 누군가 대신하지 않아도 된다는 안전감이 있습니다. 그래서 로봇에 끌려가지 않고, 로봇을 손에 쥐고 사용하는 아이가 됩니다. 결국 로봇을 도구로 쓰는 아이는 내가 중심이고, 로봇은 도움일 뿐이라는 마음을 가진 아이입니다. 이 마음이 자라면 로봇이 있어도 흔들리지 않고, 로봇이 없어도 생각할 수 있는 아이로 자랍니다. 자신 생각을 로봇에게 전달하고 다시 생각하는 아이입니다. 이 차이는 아이의 능력 차이가 아니라 어른의 개입 구조 차이에서 생깁니다.

4) 미래 사회의 주인공이 되는 핵심 능력 4가지

질문하고 확장하는 사고력(사고 확장 능력)

질문을 잘 던지는 사람이 가치를 가지고 로봇은 질문에 따라 완전히 다른 답을 줄 수 있으며 질문은 만드는 아이가 주도권을 가져야 합니다.

이거 말고 다른 방법도 있을까?

왜 이런 결과가 나왔을까? 왜 그럴까?

다른 길은 없을까? 이건 무엇을 알려 줄까?

스스로 생각하고 선택하는 힘(자기 결정력)

로봇이 여러 답을 줄 때 고르고 결정하는 능력 중요합니다.

이 중에 어떤 게 더 좋을까? 이유는?

어떤 방법을 써 보고 싶어?

조금 바꾼다면 어디를 바꿀까?

정답보다 선택의 근거를 말하게 하기

혼자서도, 함께도 잘 있는 힘(관계 유연성)

미래 사회는 사람과 협업 사회입니다. 하지만 동시에 혼자 버티는 힘도 필요합니다. 로봇과 이야기 나눈 후 로봇은 감정을 느끼지 않으므로 공감과 조율, 책임은 여전히 꼭 사람과 이야기 나누어야 하며 혼자 있을 때도 나를 잃지 않는 힘과 다를 수 있는 사람과도 함께하는 힘을 길러야 합니다.

감정을 알고 조절하고 통제하는 힘(정서지능)

미래에 더 중요해지는 능력은 내 감정을 알아차려야 합니다.

감정에 휘둘리지 않고 행동 선택하기

타인의 감정을 읽고 함께 일하기

오늘은 여기까지 써도 충분해

사용 종료를 성공 경험으로 만들어 주기

로봇을 도구로 활용하는 아이는 더 편해지는 아이가 아니라 더 많이 생각하는 아이가 됩니다. 미래 사회의 주인공은 기술을 많이 아는 아이가 아니라, 기술을 사람답게 쓰는 아이입니다.

나 자신을 미워하지 않는 힘(자기 존중)

가장 중요하지만 가장 자주 놓치는 능력입니다.

미래 사회의 주인공은 잘할 때만 괜찮은 사람이 아니라 잘 안 될 때도 나를 버리지 않는 사람, 나는 완벽하지 않아도, 계속해 볼 수 있는 사람입니다. 미래 사회의 주인공 AI를 도구로 쓰며 자기 생각으로 선택하고 실패해도 회복하며 감정을 다루고 사람과 연결되고 자기 자신을 지키는 사람입니다.

5) 로봇과 함께 생각하는 아이

로봇과 협력하는 아이는 단순히 기계를 다루는 기술을 가진 아이가 아닙니다. 그 아이는 미래 사회에서 로봇과 함께 일하며, 새로운 가치를 만들어 내는 있는 힘을 지닌 아이입니다.

앞으로의 세상은 로봇이 도구이자 동료가 되는 세상입니다.

따라서 아이가 지금 어떤 준비를 하느냐에 따라, 훗날 살아가는 방식은 크게 달라질 것입니다.

로봇과 협력하는 아이는 이렇게 살아갑니다.

로봇이 반복적이고 단순한 일을 대신하고 아이는 창의적인 발상과 의사결정 그리고 사람과의 관계에 집중합니다.

예를 들어, 로봇이 방대한 자료를 정리해 주면 아이는 그 자료를 토대로 새로운 아이디어를 만들어 낼 수 있습니다.

의학 분야를 떠올려 봅니다.

로봇이 환자의 데이터를 빠르게 분석해 주지만 최종적으로 환자와 공감하며 치료 방향을 결정하는 것, 바로 사람의 몫입니다.

이것처럼 협력 능력이 있는 아이는 다양한 미래 직업 세계 속에서 더 많은 기회를 누리게 됩니다. 로봇 프로그래머, 로봇 윤리 관리자, 로봇 치료 코치, 교육용 로봇 가이드처럼, 로봇과 함께 새로운 길을 열어 가는 직업은 점점 늘어날 것입니다.

그러나 로봇에게는 한 가지 결정적인 한계가 있습니다. 바로 감정을 공감하는 능력입니다. 로봇이 아무리 발전해도 사람의 마음을 느끼고, 타인을 이해하며, 관계를 이끌어 가는 일은 오직 사람만이 할 수 있습니다.

그래서 공감과 협력의 경험을 풍부하게 가진 아이일수록 앞으로 사회에서 더 중요한 역할을 맡게 됩니다.

결국, 로봇이 많은 일을 대신해 주는 사회일수록 아이에게 필요한 것은 스스로 생각하고 판단하는 힘입니다.

무엇을 로봇에게 맡기고 무엇을 내가 직접 할지 선택할 수 있는 자율성과 책임감이야말로 미래를 주도적으로 살아가는 핵심 능력이 됩니다.

부모가 할 수 있는 가장 좋은 준비는 아이가 팀워크와 협력 활동을 생활 속에서 자주 경험하도록 돕는 것입니다.

그 경험이 쌓일수록 아이는 로봇이 할 수 없는 인간다운 힘, 즉 창의성, 공감, 관계 이어 가기를 키워 갑니다.

5.

미래 세상을 살아갈 아이,
지금 무엇을 배워야 할까?

1) 공부보다 먼저 길러야 할 것은 무엇일까?

결론부터 말하면 자기 조절력과 공감 능력 그리고 생각하는 힘 이 세 가지가 공부보다 먼저입니다. 이 힘이 없는 상태에서 디지털을 먼저 만나면, 아이는 도구를 쓰는 주체가 아니라 끌려가는 사용자가 되기 쉽습니다. 아이가 디지털 앞에서 멈추지 못하는 모습은 의지가 약해서도, 버릇이 없어서도 아닙니다. 아직 멈추는 근육이 자라는 중이기 때문입니다. 자기 조절력은 멈출 수 있는 마음의 힘입니다. 지금 당장 재미있어. 조금만 더 하면 더 좋아져, 라고 디지털은 아이에게 이렇게 말합니다. 영상, 소리, 반응이 바로바로 오기 때문에 아이의 뇌는 기다리거나 참는 연습을 할 틈이 없습니다. 그래서 자기 조절력이 아직 약한 아이는 그만하자는 말에 폭발하고 정한 시간보다 더 많이 하려고 버티고 잠깐의 심심함도 견디지 못해 화

　　　　　　　　　　　　로봇과 살아갈 아이의 세상

면을 찾습니다. 이건 공부 능력의 문제가 아니라 감정을 멈추고 전환하는 힘의 문제입니다. 그만해! 가 더 어려워지는 이유는 아이에게 갑자기 그만해! 라고 말하면 아이 마음에서는 이런 일이 일어납니다.

재미있던 게 갑자기 끊겼어. 내가 통제당하고 있어. 준비할 시간도 없었어. 그래서 아이는 고집, 짜증, 울음으로 반응합니다. 말을 안 듣는 게 아니라, 멈출 준비가 안 된 상태인 것입니다. 멈추는 힘은 훈련으로 자라며 자기 조절력은 혼내서 생기지 않습니다.

예고해 줍니다. 이제 그만해! 가 아니라 5분 뒤에 멈출 거야. 알람 울리면 같이 끄자. 아이 마음이 스스로 천천히 정리할 시간을 갖습니다.

작은 선택권을 줍니다. 지금 끝까, 한 판 더 하고 끝까? 억지 종료가 아니라 내가 선택해서 멈췄다는 경험이 됩니다. 멈춘 뒤, 꼭 인정해 줍니다. 멈추기 진짜 어려웠을 텐데, 잘했어. 아이는 이렇게 느낍니다. 아, 나는 멈출 수 있는 아이구나. 이 말 한마디가 다음번 멈춤을 가능하게 합니다.

꼭 기억해야 할 것은 자기 조절력은 통제해서 만드는 힘이 아니라, 훈련으로 길러지는 힘입니다. 오늘은 5분, 내일은 조금 더, 실패했다면 다시 연습하면 됩니다. 공감 능력은 사람을 먼저 보는 힘입니다. 디지털 세상은 얼굴에 표정 없고 감정 반응이 느리고 상대의 아픔이 잘 안 느껴집니다. 공감이 자라지 않으면 말이 거칠어지고 댓글, 게임, AI에게도 함부로 대합니다. 관계가 아닌 사용만 남습니다. 공감 능력 기르는 방법으로 문제 해결보다 감정 먼저 살피고 왜 그랬어? 가 아니라 속상했겠다 표현해 줍니다. 공감은 가르치는 게 아니라 존중받는 언어를 자주 듣게 하여 경험하게 하는 것입니다. 왜? 을 묻는 아이는 생각하는 힘이 생깁니다. 생각하는 힘이 없으면 질문 없이 소비만 하고 AI가 주는 답을 그대로 믿고 스스로 판단하지 못합니다. 생각하는 힘 기르는 방법으로 정답보다 과정 묻기, 이건 왜 이렇게 했어? 부모는 답을 늦게 주기, 넌 어떻게 생각해? 와 같이 생각하는 아이는 AI를 대체자가 아니라 도구로 씁니다. 디지털 세상에서 바르게 크는 아이는 많이 아는 아이가 아니라 스스로 조절하고 사람을 느끼고 생각하며 선택하는 아이입니다. 공부는 그다음에 충분히 따라옵니다. 하지만 이 세 가지는 지금 이 시기에 놓치면 다시 세우기 어렵습니다.

아이를 키우다 보면 우리는 자주 협력해야 합니다.

창의성을 길러야 한다는 말을 듣습니다.

그런데 정작 그 출발점이 어디서 시작되는지 곰곰이 생각하면 답은 의외로 단순합니다.

바로 공감입니다.

AI와 로봇이 아무리 똑똑해도 사람 마음을 진짜로 알 수는 없습니다. 웃는 얼굴을 흉내 낼 수는 있지만, 친구가 속상해서 우는 마음을 똑같이 느끼진 못합니다. 그래서 우리 아이들에게 가장 먼저 가르쳐야 할 것은 계산 능력이 아니라 다른 사람의 마음에 다가가는 힘입니다. 아이와 하루를 보내다 보면 공감이 필요한 순간이 정말 많습니다.

블록을 쌓던 아이가 이거 내 거야! 만지지 마!

하고 소리칠 때, 그냥 왜 이렇게 이기적이니? 라고 말해 버리면 마음의 문이 닫혀 버립니다. 하지만 네가 열심히 만든 거라서 건드리면 속상하구나 하고 한마디 공감해 주면 아이의 표정이 금세 누그러집니다. 그리고 엄마랑 같이 차고를 지어 볼까? 하고 제안했을 때 아이는 자기 마음을 인정받은 기쁨으로 부모와 함께 새로운 놀이를 펼쳐 나갑니다. 이 작은 순간이 바로 공감이 협력으로 이어지는 장면입니다.

숙제 앞에서 울상을 짓는 아이도 마찬가지입니다.

왜 하기 싫어? 빨리 해! 말보다 어려워서 하기 싫구나.

엄마도 그럴 때 있어. 이해의 말이 아이에게는 더 큰 힘이 됩니다. 그때 부모가 우리 한 문제씩 나눠 풀어 볼까? 하고 손을 내밀면, 아이는 혼자가 아니라는 안정감을 느끼며 참여하게 됩니다. 친구와 다투고 울며 돌아온 아이 역시 그렇습니다. 속상한 마음을 쏟아 낼 때, 부모가 그럴 땐 네가 참아야지, 훈계하면 아이는 위로받지 못합니다. 하지만 친구가 안 빌려줘서 정말 속상했구나. 네 마음 이해돼. 공감해 주고, 네가 친구라면 어떻게 해 줬으면 좋을까? 물어보면, 아이는 스스로 해결책을 찾아 볼 수 있는 힘을 얻게 됩니다. 바로 이때 공감이 창의적인 해결력으로 자라나는 것입니다. 이렇듯 공감은 단순한 위로나 동의가 아니라, 아이와 부모가 마음을 이어 주는 다리입니다. 그 다리를 건널 때 협력이 가능합니다. 협력 속에서 새로운 것을 발견하고 반대로 공감 없는 협력은 그저 시키니까 억지로 하는 분업일 뿐, 아이에게는 즐거움도 배움으로 연결되지 못합니다. 그래서 부모가 먼저 아이의 마음을 이해해 주는 연습이 필요합니다.

지금 어떤 기분이야? 묻고, 스스로 엄마도 힘들 때는 속 상해 솔직히 말하는 것, 작은 배려를 함께 실천하는 것, 역할을 바꿔 놀이해 보는 것, 과정 자체를 칭찬해 주는 것, 그리고 일상 속 질문으로 아이의 생각을 묻는 것. 이런 소소한 순간들이 쌓일 때, 아이는 자연히 공감과 도덕심을 배우게 됩니다.

AI 시대는 우리 아이들에게 꼭 필요한 힘은 남보다 빨리 계산하는 능력이 아니라 함께 행복하게 살아가는 힘입니다.

공감은 사람과 사람을 이어 주는 다리이고 도덕심은 사회를 지탱하는 뿌리입니다.

이 두 가지는 결코 기계가 대신할 수 없는 인간만의 고유한 힘입니다.

2) 디지털 세상, 아이를 어떻게 지켜 줄 것인가?

디지털 세상에서 아이 바르게 키우기

요즘 아이들은 스마트폰과 태블릿, AI와 다양한 디지털 도구 속에서 성장합니다. 부모가 보기에 이런 환경이 때로는 걱정스럽기도 하지만, 잘 활용하면 아이의 호기심과 창의성, 문제해결력을 길러 주는 기회가 되기도 합니다.

핵심은 시간과 목적을 함께 정하고 지켜보는 것입니다.

단순히 사용을 제한하는 것이 아니라 이 시간에는 학습용 앱을 이 시간에는 놀이와 탐구용 앱을 목적을 분명히 하고 아이와 약속을 나누는 겁니다. 짧은 집중 시간(10~20분) 후에는 쉬는 시간을 가지며 아이가 스스로 집중력과 자기조절을 경험하도록 도와줍니다. 디지털 친화력과 안전 의식도 함께 길러야 합니다. 아이에게 기술을 도구로 활용할 수 있게 안내하고 개인정보, 인터넷 예절, 사이버 위험 등 기본 규칙도 함께 학습합니다. 예를 들어, 온라인에서 친구 사진을 함부로 올리면 위험해 이같이 구체적인 상황으로 이야기하며 단순한 규칙이 아닌 아이 스스로 안전을 생각하도록 대화를 나눕니다.

또한, 디지털 도구 사용은 관찰과 대화를 중심으로 해야 합니다. 아이 혼자 화면 속에 빠져들기보다 부모가 옆에서 함께 보고 이야기하며 이 앱에서 무엇이 재미있었어?

이 게임을 하면서 어떤 생각이 들었어?

같이 질문을 던지고 느낌을 나누어 주세요. 그렇게 하면 단순한 화면 속 활동이 정서와 사고를 연결하는 경험이 됩니다.

AI와 디지털 도구는 아이의 보조 도구일 뿐입니다.

AI가 만들어 주는 것에 그치지 않고, 모방, 창작, 확장의 재료로 활용하도록 지도하면 좋습니다. 예를 들어, AI가 만든 그림에 아이가 이야기를 붙이거나, 질문을 던져 새로운 상상을 이어 가는 활동이 바로 그것입니다. 단순히 답을 찾는 것이 아니라 생각하고 질문하고 표현하는 힘으로 연결해 줍니다. 무엇보다 중요한 것은 인간적 역량입니다. 공감, 도덕심, 협력, 문제 해결 능력은 AI가 결코 대신할 수 없는 힘이며 디지털 활동 후에는 친구나 가족과 경험을 공유하며 현실 세계와 연결하여 줍니다. 이 과정을 통해 아이는 디지털 세상 속 경험을 사람과 관계 속에서 의미 있게 소화할 수 있습니다.

결국, 부모의 역할은 단순한 사용 관리자가 아니라, 안전, 가치, 균형을 지도하는 길잡이입니다. 기술 능력과 인간적 역량을 함께 길러 주는 경험이 쌓일 때, 아이는 미래 사회에서 자기 주도적으로 생각하고 선택하고 살아가는 힘을 갖게 됩니다.

3) 디지털 세상, 아이 바르게 키우기: 단계별 체크리스트

1단계: 사용 시간과 목적 정하기

스마트폰·태블릿 사용 시간과 목적을 아이와 함께 정한다.

예시) 학습용 앱 20분, 놀이, 탐구용 앱 20분으로 하고 단순 제한보다 목적 있는 사용을 강조합니다. 짧은 집중 세션 후 휴식 시간 갖기, 집중력, 자기조절 훈련을 합니다.

2단계: 안전 의식과 디지털 예절 가르치기

개인정보, 인터넷 예절, 사이버 위험 등 기본 규칙 학습을 지도합니다. 예시) 온라인에서 친구 사진을 함부로 올리면 안 돼, 아이가 안전하게 사용하도록 부모가 대화와 관찰 병행하고 규칙을 설명 후 아이와 함께 실천 사례 만들어 봅니다.

3단계: 관찰, 대화 중심 사용

아이가 앱, 게임, AI를 사용할 때 함께 보고 이야기 나누기하며 디지털 활동을 정서와 사고 연결 유도하여 활동 중 느낀 점, 흥미로운 부분 질문하여 봅니다.

4단계: AI·디지털 도구 활용

AI, 디지털 도구는 보조 수단임을 알려 주며 단순 답 찾기보다 생각, 질문, 표현과 연결하여 AI 그림에 이야기 붙이기, 질문 던지기로 AI 활용하여 모방하고 창작으로 이어져 확장으로 단계적 활용합니다.

5단계: 인간적 역량 함께 키우기

공감, 도덕심, 협력, 문제 해결 능력 강조하고 디지털 활동 후 경험을 친구, 가족과 공유하며 현실 세계와 연결하여 의미 있는 경험으로 발전합니다.

6단계: 부모 역할

안전, 가치, 균형을 지도하는 길잡이 역할로 기술 능력과 인간적 역량을 동시에 길러 주기로 아이가 자기 주도적으로 생각하고 선택하도록 격려합니다.

4) 다양성과 배려, 아이에게 어떻게 가르칠까?

아이를 키우다 보면 종종 다른 사람과 함께 잘 지내는 법이 고민이 될 때가 있습니다.

특히 요즘처럼 다양한 사람과 상황이 공존하는 사회에서는 다양성을 이해하고 배려하는 힘이 무엇보다 중요합니다. 가장 먼저 할 수 있는 것은 다양성을 자연스럽게 보여 주는 것입니다. 그림책 읽거나 동화를 보고 영상을 함께 볼 때 다양한 문화, 언어, 신체 능력, 관심사를 가진 인물들을 아이와 이야기합니다. 예를 들어, 서로 다른 나라에서 온 친구가 함께 문제를 해결하는 이야기 몸이 불편해도 재치와 끈기로 친구들을 도와주는 이야기 등을 함께 나누는 것입니다.

이때 부모가 해 줄 말은 다르다, 틀렸다가 아니라, 다르지만 함께할 수 있다는 것을 알려 줍니다. 아이는 이런 경험 속에서 다름을 자연스럽게 받아들이는 눈을 배우게 됩니다.

그다음은 배려 행동을 보여 주는 것입니다. 부모나 교사가 문을 열어 주거나, 친구를 도와주거나, 함께 물건을 나누는 작은 행동을 일상생활 속에서 보여 줄 때 아이들은 말보다 행동을 먼저 보고 배웁니다. 부모가 작은 배려를 실천하는 모습을 보면서 아이도 자연스럽게 나도 이렇게 해야지 생각하게 됩니다. 또한 협력과 역할 놀이를 통해 다양한 입장을 체험하게 해 주는 것이 좋습니다. 팀 활동이나 가상 상황극에서 가족과 집에서 하는 역할 바꾸기 놀이 등은 아이가 친구나 가족의 다른 관점의 입장에서 마음을 바꾸어 봅니다. 예를 들어, 친구 입장이 되어 문제를 해결하거나 부모와 아이의 역할을 바꾸어 보는 놀이를 하면서 아이는 서로 다른 관점을 이해하고 존중하는 경험을 하게 됩니다.

칭찬과 피드백도 매우 중요합니다. 혼자 잘한 성과를 칭찬하는 것보다, 협력이나 배려 행동을 인정하고 칭찬하여 줍니다. 예를 들어, 친구가 실수했을 때 도와주다니 멋지다 이때 포인트는 행동 자체에 의미를 두고 내적 동기를 강화하는 것입니다. 칭찬이 결과 중심이 아니라, 아이가 스스로 배려의 가치를 느낄 수 있게 도와주는 것입니다.

마지막으로, 일상에서 직접 배려를 실천할 기회를 자주 줍니다. 장난감을 나누거나, 가족이나 친구를 돕는 작은 활동으로 간단한 봉사 경험 등이 이에 해당합니다.

이 경험을 통해 아이는 느끼고 성찰하며 자연스럽게 배려를 내면화하게 됩니다.

결국, 아이가 다양성을 경험하고 배려하는 행동을 보고 배우며 서로의 자리를 바꾸어 생각해 보고 칭찬과 실천을 통해 내면화할 때 아이들은 자연스럽게 다름을 존중하고 다른 사람을 배려하는 힘을 갖게 됩니다.

 로봇과 살아갈 아이의 세상

6.

사람과 로봇이 함께 만드는 새로운 세상,
우리 아이는 준비됐을까?

---

1) 아이가 길러야 할 것

로봇 시대, 우리 아이는 정말 준비가 됐을까?

많은 부모가 이렇게 생각합니다.

코딩을 배워야 하나?

AI를 빨리 익혀야 뒤처지지 않는 거 아닐까?

하지만 로봇 시대의 준비는 기술보다 아이의 힘에서 시작됩니다. 로봇은 빠르게 계산하고 정확히 기억하고 시키는 일을 반복합니다. 그러나 아이에게 필요한 건 다릅니다.

아이가 준비해야 할 힘은 이것입니다.

스스로 생각하는 힘 로봇에게 뭐 해? 가 아니라 이걸 해결하려면 어떻게 도와줄 수 있어? 라고 묻는 아이.

재밌어도 멈출 수 있고 안 될 때 감정을 다루는 힘, 사람과 관계 맺는 힘, 도구로 사용하는 태도 중요합니다.

미래 사회는 무엇을 하느냐 보다 어떻게 하느냐가 중요한 과제입니다.

교실 한쪽에는 아이와 로봇이 함께 있습니다.

처음에는 아이가 로봇을 친구처럼 느끼며 때로는 로봇에게 기대기도 합니다.

미래 사회에서 아동과 로봇이 함께 살아가는 길은 단순히 기술을 배우는 것을 넘어 아동의 정서와 사회성, 윤리적 기준, 안전한 환경, 디지털 리터러시가 조화롭게 어우러지는 길이어야 합니다.

먼저, 로봇은 아이의 감정을 대신하거나 지배하는 존재가 아니라 보조적 친구가 되어야 합니다.

아이가 속상할 때 공감하고,

스스로 부모나 친구에게 마음을 전할 수 있도록 안내하며

또래와의 상호작용이 항상 우선될 수 있도록 돕는 존재여야 합니다.

로봇은 아이의 감정을 읽고 안정시키지만 인간관계를 대체하지 않습니다. 윤리적 설계와 사용 원칙 또한 필수적입니다.

로봇은 아이의 감정을 조작하지 않고 기능과 한계를 투명하게 안내하며 사생활을 존중해야 합니다.

아이는 로봇이 단순한 기계임을 인식하고 로봇의 정보와 조언을 비판적으로 받아들이는 법을 배워야 합니다.

안전과 심리적 건강은 무엇보다 중요합니다.

로봇과의 관계가 중독이나 과도한 의존으로 이어지지 않도록 시간 관리 기능을 갖추고 오류가 발생했을 때 스스로 대처할 수 있는 능력을 길

러야 합니다.

교육적 관점에서는 로봇이 학습의 동반자가 됩니다.

질문을 유도하고 사고를 확장하며 또래와 함께 문제를 해결하도록 협업을 설계합니다.

창의적 활동과 STEAM 교육을 연결하여 아이가 기술의 주체가 되고 자신이 가지고 있는 상상력과 창의력을 실현하는 경험을 제공합니다.

일상의 작은 장면에서도 로봇의 역할은 분명합니다.

아이가 속상함을 털어놓을 때 로봇은 공감을 표현하고 사람과 이야기하도록 부드럽게 유도합니다.

아이가 그림을 완성했을 때 로봇은 칭찬과 함께 친구와 나누도록 제안합니다.

아이가 로봇과만 놀려 할 때 로봇은 또래와의 놀이를 권장하여 사회적 관계를 넓히도록 돕습니다.

결국 미래 교육의 목표는 AI가 흉내 낼 수 없는 인간만의 능력을 극대화하는 것입니다.

창의력, 상상력, 설득력, 협업 능력을 통해 문제를 해결하고 작은 아이디어가 협업 속에서 생명을 얻어 확장되는 경험이야말로 미래형 교육의 정수입니다.

로봇과 AI는 그 과정의 동반자일 뿐, 인간의 가능성을 대신할 수 없습니다.

이를 위해서는 로봇과 함께 배우고 실전 속에서 협업하며 자신이 가지고 있는 상상력과 감성을 마음껏 발휘하도록 돕는 교육이 필요합니다.

2) 로봇 시대, 아이를 지키는 네 가지 기준

미래 사회에서 아동과 로봇이 건강하게 공존하기 위해서는 단순히 기술 활용 능력을 키우는 것을 넘어 아동의 인성, 사회성, 비판적 사고를 함께 기르는 방향이 중요합니다.

크게 네 가지 측면으로 볼 수 있습니다.

관계의 균형 잡기

아이가 로봇을 사람과 같이 착각하거나 지나치게 의존하지 않도록 지도해야 합니다.

로봇은 도와주는 도구임을 분명히 하고, 사람과의 관계가 중심이 되도록 이끌어야 합니다.

로봇은 친구처럼 느껴질 수 있지만 진짜 마음과 감정은 사람에게서 온다는 메시지를 꾸준히 알려 줄 필요가 있습니다.

사회성, 감정 교육과 연결

로봇은 감정 교육, 사회성 훈련의 좋은 파트너가 될 수 있습니다.

예시) 아이가 화났을 때 로봇에게 감정을 설명해 보는 연습하여 언어적 감정 표현 훈련합니다.

하지만 최종적으로는 사람과 공감하고 소통하는 능력으로 이어져야 하므로 로봇 활동 뒤에는 반드시 또래 부모 교사와 함께 대화하는 시간을 두는 것이 좋습니다.

 로봇과 살아갈 아이의 세상

비판적 사고와 디지털 리터러시

아이들이 로봇이 말하는 정보를 무조건 믿지 않고 판단하고 비교하는 힘을 키우도록 해야 합니다.

예시) 로봇이 알려 준 답과 책, 선생님 설명을 비교하여 정보 검증하는 습관을 익혀야 합니다.

이를 통해 기계는 완벽하지 않다는 사실을 배우고 스스로 사고하는 힘을 기르게 됩니다.

책임감 있는 활용 태도

로봇과의 상호작용에서도 예절과 책임을 가르칠 수 있습니다. 로봇을 함부로 때리거나 부수지 않기, 기계 존중, 타인 존중의 기초, 로봇을 올바르게 다루는 경험은 아이가 미래의 다양한 디지털 기기와 인공지능을 대하는 태도의 바탕이 됩니다.

추천 도서 및 리뷰 논문

Marina Umaschi Bers, Blocks to Robots: Learning with Technology in the Early Childhood Classroom(2008)

유아기 아동이 로봇과 상호작용하며 과학·수학적 사고를 높일 수 있는 교육 모델을 제시하고 구성주의 학습 방법을 기반으로 한 실제적 로봇 교육 사례를 제공합니다.

Elyakim Kislev, Relationships 5.0: How AI, VR, and Robots Will Reshape Our Emotional Lives(2022)

AI·VR·로봇이 감정과 인간관계 형성 방식에 어떤 변화를 가져올지를 역사적 흐름 속에서 분석한 사회학적 논의 도서입니다. 위키피디아

Max Tegmark, Life 3.0: Being Human in the Age of Artificial Intelligence(2017)

AI의 발전이 인류의 삶, 직업, 교육, 윤리 등에 미칠 장기적 영향을 종합적으로 분석합니다. 아이들의 미래 사회를 예측하는 데 큰 시사점을 줍니다. 위키피디아

Robin Hanson, The Age of Em: Work, Love and Life When Robots Rule the Earth(2016)

"뇌 업로드"와 완전한 디지털 인간이 주도하는 세계를 상상하며 아이 세대가 겪을 경제·문화·사회적 구조를 탐구합니다. 위키피디아

로봇과 살아갈 아이의 세상

The Future of Child Development in the AI Era(2024)

AI가 어린이의 인지·정서·사회적 발달에 미치는 영향을 전문가들이 다학제적으로 분석한 보고서. 규제·교육 디자인·윤리적 고려사항을 강조합니다.

Child-Robot Relationship Formation: A Narrative Review(2000-2017)

로봇과 아동이 친밀감 및 신뢰를 형성하는 구조 및 과정을 체계적으로 정리한 리뷰 논문입니다.

The Child Factor in Child-Robot Interaction(2024)

발달 단계와 개인차가 아동-로봇 상호작용에 어떻게 작용하는지 분석하고, 이를 바탕으로 미래 상호작용 디자인 방향을 제시합니다.

Ethical and Inclusive Perspectives on Educational Robots(2023)

포용성과 윤리성을 강조하면서, 다양한 배경의 아동이 로봇과 상호작용할 때 고려해야 할 요소들을 다룬 연구입니다.

Developmental Cybernetics and Child-Robot Interactions(2023)

심리학 기반의 발달 사이버네틱스 관점으로 로봇과 아동의 교감을 설명하며, 자아·타인 인식을 중심으로 논의합니다.

Robot-Mediated Learning & Social-Emotional Play(2021, 2023)

로봇 장난감과 부모/친구와의 상호작용이 아동의 정서발달, 사회기술,
문제 해결 능력에 미치는 효과를 사례 중심으로 분석합니다.

                    로봇과 살아갈 아이의 세상

Chatbots and AI Exposure in Early Childhood

2025년 7월 21일에 발표된 기사입니다. Axios 기사는 제목은 "Chatbots' new job: minding tots"로, 5세 미만 어린이들이 챗봇·생성형 AI에 노출하는 경우 뇌 발달, 신뢰 형성, 감정적 유대 등에서 우려가 있으나, 초기 연구에서는 언어 능력(어휘력 및 이해력) 향상 가능성도 시사된다고 보도하고 있습니다.

Children's Preference for Robots over Adults

3~6세 아이들이 로봇에게 더 신뢰를 보내는 경향이 있다는 실험 결과는 2024년 5월 31일 뉴욕 포스트(New York Post)에서 소개되었습니다. reddit.com+1nypost.com+1.

118명의 3-6세 어린이를 대상으로 진행된 연구에서는 영상으로 로봇과 인간이 물체에 잘못 이름을 붙이는 실험을 했고,

양쪽이 신뢰할 수 있는 정보를 제공했을 때도, 어린이들은 로봇의 답변을 더 자주 신뢰했습니다. 특히 로봇이 잘못했을 경우 어린이들은 이를 실수로 간주합니다. 반면, 인간의 실수는 의도적 오류로 받아들이는 경향이 있었습니다.

nypost.com, psypost.org

또한 대부분 어린이가 로봇에게 비밀을 털어놓고 싶다거나 로봇을 친

구나 교사로 선호한다는 응답도 있었습니다.

nypost.com, economictimes.indiatimes.com

이 연구는 교육 설계에 있어서 로봇 기반 학습 도입을 고려하는 데 중요한 시사점을 제공합니다.

M. Umaschi Bers(2008) 『유아 로봇 교육의 구성주의 접근』

유아들이 로봇과 같은 디지털 도구를 활용해 놀이 기반의 구성주의 학습을 경험할 수 있도록 설계된 교육 접근입니다.

구성주의 철학 기반으로 로봇을 통한 놀이와 탐색을 통해 창의적인 활동을 하며 문제 해결 능력과 논리적 사고를 키우고. 또래와 협력하여 로봇을 만들거나 문제를 해결하면서 협업 능력과 디지털 기술을 활용한 표현 활동이 자아정체성과 정서 발달에도 긍정적 영향을 줄 수 있음을 강조합니다.

E. Kislev 2022 감정, 인간관계에서 AI/로봇의 역할 변화

E. Kislev (2022). AI와 로봇이 감정과 인간관계에서 도구적 존재에서 정서적 동반자로 변화하고 있다고 설명합니다.

AI/로봇은 외로움을 해소하고 정서적 지원을 제공하는 역할을 하며, 특히 고립된 개인에게 감정적 유대의 대상이 될 수 있고 인간은 점점 AI/로봇과도 관계를 맺고, 이로 인해 전통적인 인간관계의 형태와 의미가 확장되고 있음을 밝히고 있습니다. 이러한 변화는 감정의 진정성, 인간다움의 정의, 사회적 기준에 대한 윤리적 고민이 필요하며 즉, AI는 단순한 기술을 넘어 새로운 관계의 주체로 떠오르고 있음을 강조하고 있습니다.

　　　　로봇과 살아갈 아이의 세상

M. Tegmark(2017) AI가 인류의 삶 전반에 끼치는 사회·경제·윤리적 영향

AI는 일자리 구조와 인간관계, 교육, 정치에 큰 변화를 일으키고 있으며 인간의 역할과 가치에 대한 재정의가 필요합니다. 자동화로 인해 노동 시장의 불균형과 소득 양극화 가능성이 커지고, AI 부의 분배 문제는 새로운 경제 시스템 논의를 유도합니다. AI의 결정이 인간의 생명과 권리에 영향을 미칠 수 있으며 책임 주체와 기준이 필요함을 주장하고 있습니다.

초지능(슈퍼인텔리전스) 출현 시, 인류의 존속과 자유를 위협할 수 있다고 말합니다.

즉, Tegmark는 AI 발전이 가져올 긍정적 가능성과 동시에 통제, 가치, 책임에 대한 깊은 윤리적 논의가 반드시 수반되어야 한다고 강조합니다.

"Future of Child Development in the Age of AI"(2024) AI시대 아동 발달 문제 및 정책 대응

AI 시대에 아동 발달이 직면한 문제와 정책적 대응의 필요성을 느끼며 발달 단계에 맞춘 AI·디지털 리터러시 교육이 필수임을 주장합니다.

아동 보호 기준 마련하여 알고리즘, 개인정보, 중독 방지 등 교사·부모 역량 강화로 AI를 활용하되 인간 중심 발달 지원이 중요하고 사회 전체의 책임 있는 기술 활용, 가이드라인 필요성을 이야기합니다, 즉, AI 시대에는 아동의 건강한 성장과 균형 있는 발달을 위해 적극적인 정책 개입과 교육적 지원이 필수적임을 강조합니다.

"Child-Robot Relationship Formation"(2000-2017) 아동-로봇 간 친밀감 및 신뢰 형성 요인

연구들은 아동이 로봇과 친밀감과 신뢰를 형성하는 주요 요인으로 감정 표현 및 반응성, 로봇이 표정, 말투, 제스처 등으로 감정을 표현하고 있습니다.

로봇이 예측 가능한 방식으로 행동할 때 아동은 더 안전하게 느낌을 받고 공감과 사회적 역할 수행으로 칭찬, 위로, 질문에 관심 표현 등 로봇이 사회적 파트너 역할을 할수록 신뢰도 증가하고 있음을 밝히고 있습니다.

즉, 아동은 로봇을 단순한 기계가 아닌 감정적 상호작용이 가능한 존재로 인식할 수 있으며, 일관성과 공감성, 친근한 디자인 등이 친밀감과 신뢰 형성의 핵심 요인이 되고 있음을 전하고 있습니다.

로봇과 살아갈
아이의 세상

초판 1쇄 발행 2026년 3월 12일

지은이   김영란
펴낸이   이기봉
편집   좋은땅 편집팀
펴낸곳   도서출판 좋은땅
주소   서울특별시 마포구 양화로12길 26 지월드빌딩 (서교동 395-7)
전화   02)374-8616~7
팩스   02)374-8614
이메일   gworldbook@naver.com
홈페이지 www.g-world.co.kr

ISBN   979-11-388-5555-6 (03370)